本书得到西安财经大学2023年学术著作出版资助

Research on the Effect of Fiscal and Tax Policy Incentives for Enterprise Technological Innovation

财税政策激励对企业技术创新的影响效应研究

周　宇◎著

人民出版社

策划编辑：郑海燕
封面设计：牛成成
责任校对：周晓东

图书在版编目（CIP）数据

财税政策激励对企业技术创新的影响效应研究 /
周宇著 . -- 北京 ： 人民出版社，2025. 9. -- ISBN
978－7－01－027528－4

Ⅰ. F279.23

中国国家版本馆 CIP 数据核字第 20256RG966 号

财税政策激励对企业技术创新的影响效应研究
CAISHUI ZHENGCE JILI DUI QIYE JISHU CHUANGXIN DE YINGXIANG XIAOYING YANJIU

周　宇　著

人 民 出 版 社 出版发行
（100706　北京市东城区隆福寺街 99 号）

中煤（北京）印务有限公司印刷　新华书店经销

2025 年 9 月第 1 版　2025 年 9 月北京第 1 次印刷
开本：710 毫米×1000 毫米 1/16　印张：20.75
字数：250 千字

ISBN 978－7－01－027528－4　定价：108.00 元

邮购地址 100706　北京市东城区隆福寺街 99 号
人民东方图书销售中心　电话 （010）65250042　65289539

前　言

为落实党的二十大报告提出的加快建设现代化产业体系和完善现代财税体制和发展新质生产力的要求,本书尝试建立一个解释财税政策激励企业技术创新的理论分析框架,深刻解读并揭示财税政策激励企业技术创新的产业逻辑,实证检验财税政策激励对企业技术创新的影响,并指明财税政策激励企业技术创新的实现路径,为建设制造强国和质量强国提供参考。

本书从财税政策的激励视角对企业技术创新的影响效应进行研究,构建了一个财税政策激励的理论分析框架,从动因和作用机理探究财税政策对中国企业创新行为影响的内在逻辑及其影响过程,并结合中国财政体制演进,进一步剖析了支持企业技术创新的财税政策实施现状,最后实证分析和检验财税政策激励对不同区域、行业、产业和企业创新效率的线性和非线性影响效应,提出更有针对性的政策建议。

本书沿着"理论分析—政策剖析—实证检验—对策建议"的逻辑思路展开,主要包括以下八个方面:

一是就财税政策激励对企业技术创新影响的相关理论进行分

析。创新的外部性、成本竞争性和激励性是财税政策激励企业技术创新的主要动因,降低企业研发成本和内部化技术溢出的正外部性是其影响机理。在企业技术创新过程中,政府行为决定了财税政策如何发挥正向激励效应以及激励机制的形成,激励效应包括溢出效应、非线性效应和异质性效应等。这是本书研究的一个理论分析框架。

二是对中国财政体制的演进进行研究。随着社会主义市场经济体制的逐步确立,政府职能也在不断变化,开启了由全能政府向服务型政府建设的历程,促进经济社会和人的全面发展。国家财政开始转向公共财政制度建设,尤其是 1994 年分税制财政体制改革,是一次中央和地方经济"分权"的尝试;以基本公共服务均等化为主题的公共财政制度建设,明确国有企业是我国国民经济的支柱,确立各级政府财政支出责任。不断完善我国财税体制改革,建立现代财政制度,揭示政府干预经济的有效性和必要性。这为本书研究财税政策对企业的激励效应提供了制度依据。

三是对企业技术创新的财税政策激励进行分析。分别从财政科技投入、税收优惠、政府采购和技术再创新等具体的政策实施情况,分析它们在促进企业技术创新上的实际政策效果。

四是对财税政策激励企业数字化转型进行研究。当下,在企业数字化转型过程中,财税政策激励能提高企业转型的边际收益或降低边际成本,使企业数字化转型的正外部性内部化。其中,税收优惠可以使企业研发投入的正外部性内部化,进而使企业有意愿进行数字化转型。值得注意的是,财政补贴和税收优惠的力度都存在一个适度的问题,即存在门槛值。本书发现,财税政策对企业数字化转型的正向作用超过某一阈值时开始减弱甚至出现抑制。其中,创新氛围、市场化水平、财政透明度、地区人均受教育程度对财税政策激励企业数字化转型产生的门槛效应具有调节作用。

五是从区域和行业层面实证检验财税政策激励对企业技术创新的影响效应。首先,采用莫兰指数法进行空间相关性检验,利用线性计量模型分析财税政策激励对研发创新效率的影响效应。其次,利用门槛模型分析财税政策激励对研发创新效率的非线性影响特征,进一步揭示财税政策激励对企业技术创新效率的影响规律及存在门槛效应。再次,在行业层面采用随机前沿方法对基于价值链研发创新双环节效率进行测度,构建线性计量模型检验财税政策激励对工业企业技术效率的促进作用。最后,进一步分析基于价值链的技术转换效率和技术转化效率可能存在的非线性关系,并实证检验财税政策激励对企业技术创新的非线性影响特征和门槛效应。

六是从制造业层面分析增值税税负对企业创新绩效的影响效应。本书构建固定效应模型和双重差分模型,建立一个"税收政策调整—企业税负降低—企业利润增加、成本降低—投资增加、绩效增加—制造业发展"的传导机制模型。本书研究发现,一方面"营改增"扩围政策实施后制造业企业增值税税负下降,促使企业的绩效提升,原来缴纳营业税的企业改征增值税后对制造业企业的发展具有间接激励作用;另一方面,制造业企业增值税税率下调能够直接提升企业的绩效,对制造业企业的发展具有直接激励作用。两种政策相比较,国家两次下调增值税税率的政策对制造业企业创新绩效的影响更加显著,同时"营改增"扩围政策和税率下调政策都具有异质性特征,它们对不同存续期、不同所有制企业的创新影响均存在差异。

七是从减税降费视角分析对高新技术企业技术创新的影响效应。本书实证分析减税降费能提高高新技术企业技术创新能力，但同时存在异质性效应。研究发现:(1)减税激励效应下企业存在实质性创新和策略性创新两种情况,而降费激励效应下企业只有策略性创新。(2)从主要税种增值税和企业所得税来看,增值税税负对高新技术企业技术创新能力的影响更大。(3)从企业的区域分布来看,与东部地区相比较,减税降费对中部地区、西部地区的促进作用更明显。(4)从企业所有制类型和生命周期来看,减税降费对非国有企业、处于成长期和成熟期的高新技术企业有更显著的促进作用。因此,为了更有效地促进企业实质性技术创新,要加快增值税和企业所得税制度改革,不断优化以所得税为主的税制结构,并合理调整企业法定社保缴费率。

八是提出财税政策激励企业技术创新的相关政策建议。针对以上研究结论,提出以下政策建议:(1)要充分发挥市场在资源配置中的决定性作用,企业就是技术创新体系建设中的主体。必须使企业从技术应用主体向技术创造主体转换,加强公平的企业技术创新市场环境建设,加快建设创新要素向企业集聚的平台。(2)推进地方政府制度创新。充分利用各种社会科技资源搭建具有独立性和自主性的产业技术创新战略联盟,不断提升政府的服务水平和公共治理能力,建立"亲""清"新型政商合作关系。(3)完善财税政策激励的建议。构建中国式财政分权,激发各级政府活力,使各级政府财力与事权、责权相匹配;地方政府开展有序的财政竞争和合作,使创新资源在不同的地区间充分流动;加大对中部地区、西部地区的财政科技投入,以缩小与东部地区技术创新能力的差距;加强财政科技支出绩效管理,提高财政资金使用效率。

本书认为,在对企业创新尤其是技术创新方面的财税政策(如财政科技投入、税收优惠等)激励过程中,无论是在空间上还是行业上,它们具有明显的非线性关系和异质性特征,会不同程度地呈现倒"U"型或"U"型的门槛效应,并在中国不同区域、不同行业和企业创新活动的两个阶段(技术转换阶段和技术转化阶段)均具有一定的差异性。(1)从区域层面来看:一是财政科技投入对全国和东部地区企业技术创新表现出"挤出效应",而在中部地区、西部地区,则表现为区间条件或整体的"激励效应";除了西部地区外,全国、东部地区、中部地区企业创新活动两个阶段的财政政策激励效应均表现出了相似的一致性。二是减税对全国和东部地区企业技术转换效率的影响更多凸显"挤出效应",但对企业技术转化效率则具有区间条件性的"激励效应"。三是对企业研发费用的税收优惠在企业创新的两个阶段产生了显著影响。从全国、东部地区、中部地区来看,只有适度的研发税收优惠才能有效提升企业技术转换效率,西部地区企业在该阶段则凸显"扭曲"效应;从全国和中部地区、西部地区来看,研发税收优惠对企业技术转化效率的积极影响有"度"的上限,而东部地区企业研发税收优惠有"度"的下限,超过这个"度"才能在技术转化阶段产生激励效应。(2)从行业层面来看:一方面,财政科技投入虽然对企业创新的两个阶段均有积极影响效应,具有边际效应递减非线性特征,但在高新技术企业和中低技术企业中存在一定的差异,即异质性效应。另一方面,税收优惠对企业技术创新的影响是较为复杂的非线性效应,税负过高时减税激励效应最明显,减税对高新技术企业技术转化效率有显著的激励效应。在创新效率两阶段中企业研发费用税收优惠的影响效应整体上呈现出正向倒"V"型规律,但对高新技术企业的激励效应有边际效应递减的非线性特征,对中低技术企业则呈现不同程度的边际效应递增的特征。(3)从企业层面来看:一是增值税改革中不同政策的激励作用存在较大差异。"营改增"扩围政策对制造业企业创新绩效具有间接激励作用。直接的增值税税率下调政策对制造业企业绩效激励效应显著,对比两次增值税税率下调,边际效应是递减的。二是增值税改革的政策效果对不同存续期的制造业企业存在明显差异。"营改增"政策的激励效应对经营期较短的制造业企业更显著,而增值税税率下调政策的激励效应则对经营期长的制造业企业更为显著。三是不同所有制制造业企业受增值税政策改革的影响也存在较大差异,非国有企业对税制改革的敏感度要强于国有企业,政策激励效应更显著。四是减税降费政策能减缓企业融资约束,对高新技术企业绩效的影响效应具有差异性。无论是减免增值税、企业所得税,还是降低社会保险费,对高新技术企业绩效提升均有激励效应。其中,增值税减免政策的激励效应最大,降费政策则能激励企业策略性创新;从区域角度看,减税降费政策对中部地区、西部地区高新技术企业绩效提升有较明显的效果;从企业生命周期角度看,减税降费政策对衰退期高新技术企业没有影响,更有利于成长期和成熟期的高新技术企业技术的发展。

目　　录

绪　论

　　企业自主创新能力直接关系一国总体创新体系建设的进度和质量,尤其在我国市场化进程中,企业成为技术创新的主体是市场经济发展的根本要求。中国企业发展的要素红利和投资驱动日趋减弱,工业企业要想实现由大变强,必须走"新型化"道路,加快经济发展方式的转变,坚定不移实施创新驱动发展战略,努力实现由要素驱动向技术创新驱动转变,让企业成为技术创新的主体,最终形成市场新的经济增长动力。研究财税政策激励企业技术创新的影响效应,对加快建设制造强国和质量强国具有重要的理论价值和现实意义。

第一节　研究背景与意义

一、研究背景

(一)推动技术进步和创新成为发达国家的国家战略

德国政府近年越加重视高科技领域的发展变化。该国在

2006 年和 2010 年陆续提出了《国家高科技战略 2006—2009》和《国家高科技战略 2020》两个全国性的高科技政策,旨在强化高科技领域的竞争力。其中重点选择了气候和能源、健康和营养、交通、安全、信息通信等面向未来社会发展的五大领域,进一步进行优先项目示范,并分别对它们展开了一系列规划部署。2016 年德国政府又制定了《数字化战略 2025》,通过发展基础设施、增加投资和推动创新加快实现数字化转型,利用云计算、物联网、人工智能、虚拟现实以及安全等前沿技术再塑商业竞争模式,让德国在全球新一轮技术与商业模式变革中领先。2019 年德国政府发布了《国家工业战略 2030》草案,强调保持企业全球竞争力,有针对性地扶持重点优势工业领域,并进一步将德国工业 4.0、数字化战略、人工智能等新兴技术作为国家战略的终极目标。不难发现,德国政府制定的全国性产业科技政策的指导思想是致力于完善创新体系,持续提升企业的创新能力,继续推行熊彼特式的非价格竞争战略。[①]

　　美国政府一直十分重视对推动经济发展起关键性作用的科技政策。2009 年美国政府发布了《美国创新战略:推动可持续增长和高质量就业》报告后,2011 年 2 月又发布了《美国的创新战略:确保美国的经济增长和繁荣》报告,强调创新仍是美国赢得未来经济增长与繁荣的关键。这份报告是美国政府在未来一段时期内激发本国创新活力的一份重要的纲领性文件,部分政策措施的财政预算当时就安排进入联邦财政预算案。报告提出构建一个把基础设施建设视为塔基、把促进私人部门创新视为塔身、把国家优先

---

　　① 黄阳华:《德国"工业 4.0"计划及其对我国产业创新的启示》,《经济社会体制比较》2015 年第 2 期。

领域的技术和产业突破视为塔尖的金字塔型的国家创新战略体系。同时,2011 年的创新战略报告更加强调政府在创新中扮演创新促进者的角色定位。2013 年,美国政府又发布了《国家制造业创新网络:初步设计》的报告,强调政府、民众和企业都要支持科技创新,尤其在制造业的互联网科技创新中,加强公私、"官产学研"的合作及资源和设施的共享等。2015 年又再次发布《美国创新战略》报告,强调改革政府职能,为大众创新创业服务,通过税收减免政策促进中小微企业创新,政府促进国家优先领域发展取得重大突破和建设创新者国家等。2017 年美国政府又陆续发布了《美国优先能源计划》《美国优先外交政策》《美国优先:让美国再次伟大的预算蓝图》等国家战略方案,尤其在 2018 财年预算中许多内容与科技创新有关。简言之,美国十分强调政府在创新活动中的推动和干预作用、私营部门的创新引擎作用,提出政府、企业、民众应当合力创新并形成举国创新体系。①

日本从依靠"技术引进"国家战略到转向"科学技术创新立国"发展战略。2007 年,日本政府发布了《日本创新战略 2025》报告,明确指出满足国民需求,建设一个有活力的创新型社会,培养领军人才,赢得未来成为全球具有重要影响力和一定领导力的国家。科学技术创新、社会创新和人才创新成为日本政府推进创新的基本战略,并试图采取以下政策措施:增加科技投资尤其是信息技术投资,不断推进"科学技术立国"的体制改革,重视培养高技术、高素质人才和努力推动大学改革,积极扶持企业的技术创新活动,尝试摆脱困境力争引领世界经济增长。

---

① 金相郁、张换兆、林娴岚:《美国创新战略变化的三个阶段及对中国的启示》,《中国科技论坛》2012 年第 3 期。

对中国而言,很早就意识到了企业自主创新的重要性,党的十八大报告明确提出了实施创新驱动发展战略,要求加快建设国家创新体系,着力构建以企业为主体、市场为导向、产学研相结合的技术创新体系。从国家的整体层面来讲,提高我国企业的自主技术创新能力是提升我国综合竞争力的需要。从企业发展来看,仅依靠企业内部有限的知识和资源开展研发活动仍比较困难,影响企业的自主创新活动积极性和创新能力,迫切需要政府通过宏观调控来改善当前企业技术创新效率不高的局面。另外,随着我国经济社会的进一步发展,我国逐步废除了一些与当前经济发展态势不协调不相适应的科技管理办法措施,取而代之的是科技部、财政部等部委陆续颁布实施的一系列新措施,这对促进我国企业技术创新有极其重要的作用。

(二)内生增长理论关于经济增长新动力

随着经济发展,新古典增长理论的适用性受到了经济学家的质疑,内生增长理论在一定程度上弥补了该理论的不足,解释了经济持续增长的可能。库兹涅茨(Kuznets,1930)[1]认为,以科学发展为基础的技术进步,如在电力、内燃机、电子、原子能和生物等领域,成为发达国家经济增长的主要源泉。经济史学家兰德斯(Landes,1983)[2]、罗森伯格(Rosenberg,1984)[3]、莫基尔(Mokyr,

---

[1] Kuznets S. S., *Secular Movements in Production and Prices*, Boston and New York: Houghton-Mifflin,1930,pp. 168-189.

[2] Landes D. S., *Revolution in Time: Clocks and the Making of the Modern World*, Boston: Harvard University Press,1983,p. 10.

[3] Rosenberg N., "Inside the Black Box: Technology & Economics", *Southern Economic Journal*, Vol. 125, No. 4,1984,pp. 156-157.

1990)①等认为,知识的积累和技术的革新对现代经济增长有很大甚至决定性的作用。面对新的经济增长就需要经济学家把这些因素纳入模型来解释。20世纪80年代中后期,经济学家保罗·罗默和罗伯特·卢卡斯等在对长期占据正统地位的新古典增长理论缺陷进行反思的基础上相继发表了一系列研究经济增长的论文,逐步形成了流行于西方的"新经济增长理论",也称内生增长理论(The Theory of Endogenous Growth),成为西方宏观经济理论的一个分支。它没有基本模型,只是一些持相同或类似观点的经济学家提出的各种增长模型的集合体,但其共同观点是:经济增长是由经济系统的内生变量决定的,而不是新古典增长理论认为的外生因素作用的结果,政府实施的某些经济政策对经济增长有重要的影响。② 该理论的核心思想是,经济能够不依赖外力推动而实现持续增长,内生的技术进步是保证经济持续增长的决定性因素。因此,大多数内生增长模型认为,企业是经济增长的最终推动力,着重考察企业如何积累知识从而实现技术进步,这种知识的积累主要表现为人力资本增加、生产新产品、产品质量升级、边干边学和技术模仿等。对技术进步实现机制的分析是该理论的一大特色。

此外,内生增长理论认为,一国的长期增长是由一系列内生变量决定的,这些内生变量对政策(特别是财政政策)是敏感的,并受政策的影响。具体来说,大多数内生增长理论模型表明,知识积累过程会出现人力资本积累、技术创新等外部性问题或知识外溢效应,需要政府的干预;政府制定各种政策旨在扶持研究与开发、

---

① Mokyr J.,"Punctuated Equilibria and Technological Progres",*American Economic Review*,Vol. 80,No. 2,1990,pp. 350-354.

② 朱勇:《新增长理论》,商务印书馆1999年版,第78页。

革新、人力资本形成甚至关键性产业部门。新古典增长理论的缺陷之一是把技术进步看成外生变量，认为经济长期增长完全是由外生因素决定的，政府无论采取什么政策，都不能影响长期增长，确切地说，财政政策充其量只有短期的经济效应。但是经济现实又告诉人们，政府的一些政策影响经济的长期增长。由此，阿罗（Arrow，1962）[①]是最早建立模型用内生技术进步解释经济增长的经济学家，他假定技术进步或生产率提高是随着资本积累而产生的副产品，即投资产生溢出效应，不仅进行投资的厂商可以通过生产经验的积累提高其生产率，其他厂商也可以通过"学习"即模仿提高生产率。阿罗假定整个经济范围内存在技术的溢出，不存在政府干预时的均衡增长率是低于社会最优增长率的，这种竞争性均衡是一种社会次优，因此，政府可以采取适当的政策解决这种外部性问题，提高经济增长率，使经济实现帕累托改进。在罗默（Romer，1986）[②]的知识溢出模型中，内生的技术进步是经济增长的唯一源泉。罗默假定知识具有溢出效应，它会造成厂商的私人收益率低于社会收益率，不存在政府干预时厂商用于生产知识的投资会偏少，因此，政府可以向生产知识的厂商提供财政补贴，或在对知识生产提供财政补贴的同时对其他生产课税，激励私人厂商生产知识，引导一部分生产要素从消费品生产部门流向研究部门，提高经济增长率，实现社会最优增长率。在罗默的知识驱动模

---

① Arrow K. J., "The Economic Implication of Learning by Doing", *Review of Economic Studies*, Vol. 29, 1962, pp. 155-173.

② Romer P. M., "Increasing Returns and Long-Run Growth", *Journal of Politicol Economy*, Vol. 94, No. 5, 1986, pp. 1002-1037.

型(Romer,1990)①中,经济资源配置扭曲有两种原因,即知识的外部性和中间产品的垄断定价,此时政府应向企业的研发提供补贴以及向中间产品的购买提供补贴以促进经济增长。在卢卡斯(Lucas,1988)②的模型中,由于存在整个经济范围的人力资本溢出,不存在政府干预时的经济增长均衡是一种社会次优,私人厂商对人力资本的投资将会减少,并解释了现实中存在的资本和劳动力均从发展中国家流向发达国家的现象。巴罗(Barro,1990)③认为,政府是经济得以实现内生增长的决定力量,因为政府提供服务(如基础设施建设)使生产呈现规模收益递增。巴罗假定政府提供具有非竞争性和非排他特征的公共产品,政府活动具有溢出效应,它对私人厂商而言相当于一种外部经济。当政府采取比例税制时,均衡增长率是低于社会最优增长率的;当政府采取平衡预算政策时,政府可以规定适当的政府支出水平和采取一次总付税制使经济增长向最优社会增长率靠近。巴罗还假定政府提供具有部分竞争性和非排他性特征的公共产品,在这种情况下政府可以确定适当的比例税率,使分散化的均衡增长率达到社会最优增长率。但是,这时政府若采取一次总付税制,将会降低经济增长率及社会福利水平。技术进步是通过资本的不断积累影响经济增长的,在内生增长理论中凸性增长模型认为资本积累是决定经济增长的关

---

① Romer P. M., "Endogenous Technological Change", *Journal of Political Economy*, Vol. 98, No. 5,1990,pp. 71-102.

② Lucas R. E. Jr., "On the Mechanics of Economic Development", *Journal of Monetary Economics*, Vol. 22,1988,pp. 3-42.

③ Barro R., "Government Spending in a Simple Model of Endogenous Growth", *Journal of Political Economy*, Vol. 98, No. 5,1990,pp. 103-125.

键因素,雷贝洛(Rebelo,1991)①认为,政府应制定一些有利于资本积累的税收政策,应减免核心资本生产税,因为生产核心资本品的部门是经济的增长点。雷贝洛认为,收入税率较高及产权保护较差的国家其经济增长率相对较低,这种增长率的国际差异源于各国实施了不同的经济政策,伴随经济增长过程将出现穷国向富国转移人力资本。随着社会知识存量的增加,生产新知识所需的固定成本将下降,促使了分工演进和经济增长,在格罗斯曼—赫尔普曼模型(Grossman 和 Helpman,1991)②中,由于知识的外部性造成经济资源配置的扭曲,政府只需向新知识生产提供适当的补贴就能解决这种外部性问题。格罗斯曼和赫尔普曼假定技术具有外部性,认为当创新规模为外生给定时,分散经济的均衡增长率可能高于或低于社会最优增长率,政府必须对创新激励是过大还是不足给出判断,若对研究与开发的市场激励过大,政府的最优政策是向研发厂商征收适度的税收;相反,最优政策是向研发厂商提供适当的补贴,根据不同情况相机抉择,使经济达到帕累托最优。当创新幅度由经济系统内生决定时,均衡增长率一般将低于社会最优增长率,政府可以采用加强重大创新保护力度的专利政策,促进创新幅度的提高,有利于增长率提高和社会福利改善。阿格亨—豪伊特模型(Aghion 和 Howitt,1992)③认为,研究较高的生产率将使其他研究产品遭淘汰的危险加大,这种创新具有破坏效应,有削弱

---

① Rebelo S., "Long‐Run Policy Analysis and Long‐Run Growth", *Journal of Political Economy*, Vol. 99, No. 3, 1991, pp. 500−521.

② Grossman G. M., Helpman E., *Innovation and Growth in the Theory*, MIT Press, 1991, pp. 403−426.

③ Aghion P., Howitt P., "A Model of Growth Through Creative Destruction", *Econometrica*, Vol. 60, No. 2, 1992, pp. 323−351.

整个社会研究努力的可能,经济增长率将降低。该模型指出了与经济增长过程相伴而生的是旧产品不断遭到淘汰,试图说明技术创新存在负的外部性,可能将导致分散经济的增长率过高,从而使经济的福利水平降低,各国政府不应单纯追求经济增长率指标的上升,而应制定和实施相应经济政策,致使经济增长率达到一个合理阈值,实现经济福利的最大化。内生增长理论是继古典经济增长理论、新古典经济增长理论之后的第三次理论革命,把生产要素作为内生变量解释经济增长本身,为政府实施技术创新政策尤其是财税政策提供了依据。[①] 简言之,内生增长理论为本书研究提供了非常有价值的参考,是本书研究的理论依据和逻辑起点。

二、研究意义

(一)现实意义

我国依靠要素驱动和效率驱动实现了经济高速增长,现在必须依靠创新驱动实现经济高质量发展,才能在经济全球化和激烈的国际竞争中赢得发展的主动权和话语权,从而进入世界前列。现阶段从国内外经济形势来看是实施创新驱动发展战略的一个最佳战略机遇期,必须实施有效的财税政策支持企业技术创新,加快推进创新型国家建设步伐,进一步充分发挥财税政策激励效应,推动企业由加工、制造向"智造"、创造转变。把增强自主创新能力作为国家的基本战略,贯穿现代化建设各个方面[②],由

---

① 惠宁:《技术进步、人力资本溢出、政府作用与西部经济增长》,《西北大学学报(哲学社会科学版)》2004 年第 5 期。

② 张宇:《从马克思主义的观点看"中等收入陷阱"》,《光明日报》2015 年 5 月 6 日。

经济大国向经济强国转变。

（二）理论意义

本书的理论意义在于：一是进一步深入研究企业技术创新理论的最新发展。研究的出发点是新古典学派内生经济增长理论，强调技术创新是经济增长和发展的核心，研发和人力资本即知识资本在技术创新中发挥着非常重要的作用。但是，目前该理论研究往往忽略了制度等因素的作用，故本书强调政府实施的财税政策对企业技术创新有一定的推动作用。二是把宏观经济政策与微观企业行为交叉起来探讨，有利于研究宏观经济学和微观经济学之间的关系。本书研究政府实施的财税政策作用于企业创新的机理和过程，并通过中国不同区域近十年的数据实证检验企业在研发和技术成果市场化两个阶段所产生的财税政策激励效应，丰富了宏观经济政策的微观传导机制理论研究和国家战略、产业政策、区域及财税政策等与微观企业行为互动的研究。三是对市场经济是否实施产业政策和如何实施产业政策提供了较好的理论参考。在市场经济发达国家学者通常认为产业政策是没有必要存在的，因为它往往容易扭曲市场价格、带来不正当竞争和缺乏效率，在我国也有新自由经济学派学者认为政府干预产业结构升级只会越来越糟。本书为发展中国家通过实施科技产业政策促进企业技术创新和经济增长提供了理论参考。

本书认为，构建一个财税政策与企业技术创新之间关系的理论分析框架对进一步实证研究财税政策对企业技术创新的影响具有重要的理论意义。由于现有实证研究主要是基于财税政策激励企业技术创新的溢出效应来探讨的，使学者在研究过程中主要从单一的视角分析二者之间的关系,而忽视财税政策与企业技术创新之间的动态性和异质效应。本书在前人研究的基础上,结合经济新常态下中国财税政策改革与全面深化创新改革的实际,试图在现有主流理论框架下,融入非线性和异质性的理念,分析它们影响企业技术创新的逻辑和过程,从而初步构建财税政策与企业技术创新之间的理论分析框架。一方面为本书实证分析财税政策对企业技术创新的影响提供理论依据;另一方面也是对现有财税政策影响企业技术创新等相关理论研究的补充和完善,在一定程度上丰富了二者之间的理论研究。

第二节　相关概念界定、研究思路及研究方法

这里有必要先廓清自主创新与技术创新的概念及二者的关系、财税政策与产业政策的概念及二者的关系,然后再介绍本书研究思路及具体的研究方法,提供该研究的一个基本线条。

一、相关概念界定

(一)自主创新

"自主创新"一词被广泛使用,但也易于与"技术创新"一词混淆,我们有必要在此澄清一下二者的关系。笔者认为,"自主创新"实质上就是"创新+自主",创新是主体和核心,自主只是一种强调和方式。早在约瑟夫·熊彼特的创新理论中就提到,"创新指企业家对生产要素的新的组合,创新的五种情况是:引进一种新

的产品或产品的某个新的特性;采用一种新的生产方法(主要是工艺);开辟一个新的市场;控制某种原材料或半制成品的新的供应来源;实现某种新的工业组织(建立起垄断或打破垄断)"①。20世纪50年代,现代管理学之父彼得·德鲁克将熊彼特的创新概念从经济学领域引入管理学领域,发展成管理创新理论,主要指创造一种新的更有效的资源整合范式,包括企业领导者管理思想和方式的创新、战略管理创新、财务管理创新、技术管理创新、业务流程创新、组织结构创新,以及人力资源管理创新等。② 在德鲁克的有生之年甚至用创新理论诠释了除企业之外关于社会、政府、各种组织、社区的创新及经济形态、社会发展、人类命运等一系列问题。由此,笔者认为,创新理论是不断发展的,包含丰富的内涵和外延,对企业来说要从更多视角来审视和研究其创新能力。2006年,中国颁布的《国家中长期科学和技术发展规划纲要(2006—2020年)》指出:自主创新,就是从增强国家创新能力出发,加强原始创新、集成创新和引进消化吸收再创新。结合中国实际,笔者认为"自主创新"包含三层含义:一是原始的基础创新或称一次创新;二是在集成、引进和模仿的基础上经过消化吸收后的创新,即集成创新和模仿创新或称二次创新;三是"自主创新"是针对后发优势的国家(地区)或努力赶超发达国家的国家(地区)提出的,与字面意义上的"非自主"没有对立关系,要从"拿来主义"来理解"自主"及"自主创新"。

---

① [美]约瑟夫·熊彼特:《经济发展理论》,张培刚等译,商务印书馆1990年版,第49页。
② [美]彼得·德鲁克:《创新和企业家精神》,《世界经济科技》周刊编辑室译,企业管理出版社1989年版,第85页。

（二）技术创新

通过上述自主创新的内涵界定结合中国实际，笔者认为，技术创新是狭义的自主创新，它更加强调企业通过研发攻破技术难关，形成潜在的、具有巨大商业价值的技术领先成果，并依靠企业自身的能力推动该技术的产业化，实现技术成果的转化，获取超额利润的创新活动；企业需要攻破或突破的技术既可以是原始技术，也可以是集成、引进和模仿的技术。

（三）财税政策

财税政策并不是一个标准用语，在此有必要说明一下它与财政政策、税收政策之间的联系与区别。从字面意义说是财政政策和税收政策，其实规范的学术用语应该是财政政策。税收政策只是财政政策的一部分内容，二者不属于同一个层面的概念，由于财政政策在执行中依赖于财政收入尤其是税收收入，税收政策往往被单独提出来与财政政策并列进行讨论。

财政政策是宏观经济调控非常重要的手段之一。随着凯恩斯主义经济政策在 20 世纪 50—60 年代开始流行，财政政策成为宏观经济学里非常重要的概念。财政政策（fiscal policy）是指，"为促进就业水平提高，减轻经济波动，防止通货膨胀，实现稳定增长而对政府财政支出、税收和借债水平所进行的选择，或对政府财政收入和支出水平所作的决策。或者说，财政政策指政府变动税收和支出以便影响总需求进而影响就业和国民收入的政策。变动税收指改变税率和税率结构。变动政府支出指改变政府对商品与劳务的购买支出以及转移支付。它是国家干预经济的主要政策之一"[1]。财政政策包括国民收入分配政策、预算收支政策、财政投融资政策、财政补贴政策、税收政策、国债政策等。财政政策的手段主要有税收优惠、赤字预算、发行公债、购买性支出、转移性支出、补贴和转移支付等手段。

（四）产业政策

产业政策是政府为了弥补市场失灵而实施的一种政策。国际上较通行的概念是现代经济理论认为市场是资源配置的基础，一般来说是有效的，但由于市场的配置有时会有偏差，并存在长期最优配置和短期最优配置之间的不一致性，因此政府可以进行适当的指导去弥补偏差，并追求长期最优配置。特别是对一些后进国家来说，既然看到了先进国家发展所走过的道路，政府就可以有所作为，避免弯路而找到一条捷径。[2] 产业政策的目标是当一国自由竞争的市场机制不能有效增加经济福利时，政府需要实施产业政策以增进这种福利，并随不同发展阶段而变化其政策，直到本国经济具备国际竞争力，才很少再直接干预。

产业政策和财政政策既有联系也有区别。从一个宏观经济调控政策体系来看，产业政策是货币政策和财政政策的补充，形成了三大经济政策。从供给侧管理来看，在大多数情况下财政政策和货币政策又可以作为产业政策实施的手段，提高供给（生产要素等）效率，优化资源配置来提高经济发展速度和供给能力，以实现社会总供需基本平衡。本书把财税政策作为产业政策的重要工具

---

① 高鸿业：《西方经济学》，中国人民大学出版社 2007 年版，第 135 页。
② 周小川、杨之刚：《论产业政策的概念与选择》，《财贸经济》1992 年第 7 期。

和手段,以扶持和激励企业提高技术创新能力和效率来进行研究。

二、研究思路

本书遵循"理论分析—现状分析—实证分析—政策建议"这条思路展开较为系统的分析。

第一,理论分析。剖析财税政策影响企业技术创新的动因、机理等,构建起了本书实证研究的理论分析框架。研究财税政策激励企业技术创新的作用机制,提出待检验的理论假设,解决财税政策为什么促进企业技术创新。阐释财税政策如何促进企业技术创新,探讨财税政策如何促进不同产业链和价值链上的企业技术创新,分析财税政策激励企业技术创新的溢出效应、非线性效应和异质性效应。构建一个财税政策激励对企业技术创新方式转变的分析框架,揭示互动关系模型,并由此寻求与企业技术创新相匹配的最优税收优惠和财政补贴结构。

第二,现状分析。系统梳理中国财政体制改革的演进,剖析现行财税政策对企业发展支持情况,进而为本书的实证研究提供现实依据。

第三,实证分析。以理论分析框架和现实情况分析为基础,从区域、行业、制造业企业和高新技术企业等不同层面实证分析和检验财税政策激励企业技术创新的溢出效应、非线性效应和异质性效应。一方面基于企业技术创新活动价值链视角,即技术转换阶段和技术转化阶段,分别从区域和行业两个维度实证检验了财税政策对企业技术创新的影响效应,从中揭示了激励效应的特征和规律。另一方面,基于降成本视角,分别从制造业企业增值税税负和高新技术企业减税降费,建立传导机制模型,实证检验税收优惠激励政策对企业技术创新空间溢出效应以及省际差异效应,揭示外部环境约束下与企业技术创新相匹配的最优"财税政策激励区间"。

第四,政策建议。在理论分析与实证分析的基础上,得出本书研究的基本结论,并提出建设性的、较强指导性的促进企业技术创新的政策建议。

三、研究方法

(一)文献分析方法

本书搜集了大量国内外前沿、经典的相关研究文献,对这一领域的学术前沿情况进行追踪,将现有的理论和文献中的观点、方法、内容、结论等进行分析比较和归纳总结,以期为本书研究找到能够拓展、创新之处。一方面,对外文期刊的查阅和研究,能够很好地把握当前国际上财税政策激励企业技术创新方面的最新理论和最新研究成果,也为本书研究提供了启发和思路。另一方面,对国内文献的查阅和研究,形成了对财税政策影响企业技术创新相关问题更丰富的认识,更加深入、具体地了解这一真实情况以及相关学者的观点,试图从中发现尚未研究和研究不足的方面,为本书提供了继续研究的方向和改进的可能。

(二)理论分析与实证分析法

综合了中国时代大背景和西方发达国家技术创新经验,结合创新理论和激励理论,深入研究中国企业技术创新的动力和效率,构建了一套政府激励机制,探讨区域、行业层面的财税政策激励与工业企业创新双环节效率的非线性关系,结合门槛模型,进行相应的实证分析。实证分析中,结合线性计量模型分析财税政策激励对研发创新效率的总体影响效应,结合门槛模型分析财税政策激励对研发创新效率的非线性特征。结合实证分析进一步得出相关结论、政策建议和有待进一步改进的地方。

(三)一般计量与门槛计量方法

本书研究结合传统计量分析和门槛计量分析,进行了财税政策对中国企业技术创新促进效应的实证检验,既能定量考察财税政策在多大程度上影响了中国企业技术创新,同时又能够提高考察的准确性。一般计量方法主要是为了检验证实财税政策对企业技术创新的影响程度,包括政策实施前后的影响情况,而门槛回归方法则是较为系统、深入地检验财税政策激励影响企业技术创新的溢出效应、非线性效应和异质性效应。

(四)数据包络和随机前沿分析

本书研究涉及对两阶段创新效率的测算。在区域层面采用了数据包络分析法,对不同省份企业创新的转换效率和转化效率进行了测度;在行业层面则采用了随机前沿方法,对不同行业企业创新的转换效率和转化效率进行了测算。

第三节　主要内容与研究框架

一、主要内容

绪论,主要包括本书研究背景及研究意义、相关概念的界定、研究思路和拟用方法、研究内容与结构以及主要贡献,为本书提供一个内容梗概和逻辑框架。

第一章,相关理论研究进展。评述国内外企业技术创新理论、国内外技术创新与财税政策旳关系及实证研究、关于企业技术创新税收政策的缺陷弊端和优化建议研究,为本书提供了研究基础、参考借鉴和创新发展的依据。

第二章,财税政策激励企业技术创新的理论分析。探讨财税政策影响企业技术创新的主要动因,阐述政府干预的必要性和有效性;分析财税政策对企业技术创新的影响机理,揭示财税政策如何在企业技术创新过程中发挥正向激励;研究企业技术创新财税政策激励的形成机制,并构建激励机制形成的基本理论模型,进而构建理论分析框架。

第三章,中国财政体制的演进研究。对中国改革开放以来财政体制的改革历程进行了系统梳理,重点研究了 1994—2001 年国家财政开始转向公共财政制度的建设、2002—2012 年财政体制改革以基本公共服务均等化为主题的公共财政制度建设、2013 年至今现代财政制度的建设。揭示了中国宏观经济政策调控的有效性问题,为本书研究财税政策激励提供了中国财政制度背景,更深层次反映有效的财税政策激励仍需要不断完善我国财税体制改革,建立现代财政制度。

第四章,企业技术创新的财税政策激励分析。从财政科技投入、税收优惠、政府采购等现行财税政策反映对企业研发投入、科技创新和成果转化及数字化转型等支持情况;从财税政策的针对性和可操作性等方面分析对企业技术创新支持的现实困境。

第五章,财税政策激励企业数字化转型研究。理论分析企业数字化转型的正外部性需要财税政策激励,实证检验税收优惠和财政补贴对企业数字化转型的正向激励作用,强调创新氛围、市场化水平、财政透明度、地区人均受教育程度等因素对财税政策激励企业数字化转型的影响。在理论研究的基础上,本章基于中国 A 股上市公司面板数据,通过构建固定效应模型、门槛模型、系统 GMM 模型对理论问题进行实证分析。

第六章,财税政策激励企业技术创新的效应分析:基于区域层面实证检验。从空间维度基于价值链企业研发创新双环节视角,测度技术转换效率和技术转化效率并构建计量模型,事实分析财税政策影响效应的特征和规律并进行实证检验。其中,依据汉森(Hansen,1999)[1]提出的门槛回归模型,把财政科技投入、税负水平和研发费用税收优惠变量作为门槛变量,采用数据包络分析法(DEA)测算技术创新转换效率和技术创新转化效率,分别以全国、东部地区、中部地区、西部地区四个区域为样本进行对比分析,采用汉森(2000)[2]提出的"自举法"(Bootstrap),获得"自举法"P 值,以检验门槛模型的类型,旨在揭示财税政策激励对工业企业技术创新效率的影响规律及其门槛特征。

第七章,财税政策激励企业技术创新的效应分析:基于行业层面实证检验。按高新技术和中低技术行业划分进行实证研究的设计,检验财税政策激励中国企业技术创新的效应。从价值链的研发创新双环节采用随机前沿方法,对技术转换效率和技术转化效率进行测度并构建线性关系的计量模型,进一步对创新效率可能

---

[1] Hansen B. E., "Threshold Effects in Non - Dynamic Panels:Estimation, Testing and Inference", *Journal of Econometrics*, Vol. 93, No. 2, 1999, pp. 345–368.

[2] Hansen B. E., "Sample Splitting and Threshold Estimation", *Econometrica*, Vol. 68, No. 3, 2000, pp. 575–603.

存在的非线性关系进行探讨,揭示财税政策对工业企业技术创新效率的影响规律及其门槛特征。其中利用汉森提出的"自举法"(Bootstrap),通过重叠模拟似然比检验统计,估计"自举法"P值,检验是否存在门槛效应、确定门槛的个数以及模型的形式,进而检验财税政策对企业技术创新的非线性影响。

第八章,财税政策激励企业创新绩效的效应分析:基于制造业增值税税负实证检验。构建固定效应模型和双重差分模型,基于制造业企业增值税税负实证分析财税政策激励企业创新绩效的效应。建立传导机制模型,评估"营改增"扩围政策和增值税税率下调对制造业企业创新绩效的影响效应。揭示畅通和完善增值税抵扣链条、继续降低增值税税率、实施差异化的税收优惠政策和加快推动税收改革适应新技术,以助力制造业高质量发展。

第九章,财税政策激励企业技术创新的效应分析:基于高新技术企业减税降费实证检验。论证近年全面实施的减税降费政策对高新技术企业绩效的影响效应,分别从减税政策和降费政策实证分析企业实质性创新和策略性创新的激励效应,从企业所得税和增值税的税负水平实证分析减税降费对企业绩效的影响效应,又实证分析减税降费政策对中国东部地区和中部地区、西部地区的企业、非国有企业和国有企业、处于不同生命周期企业的促进作用。揭示不断优化税制结构,加快主体税种、税费改革,促进高新技术企业实质性创新。

第十章,财税政策激励企业技术创新的对策建议。在中国市场化进程中,企业成为技术创新的主体是市场经济发展的根本要求。加强政府治理能力,建立一种良性循环的政企合作关系。在进一步深化财税体制改革中,立足于中国历史发展处理好政府间的利益关系及激励机制扭曲问题。结合税收立法、税收制度、税制结构、税收减免、税收征管等理论,在后疫情时代全球经济下行风险下,提出财税政策促进企业技术创新的建议。

第十一章,结论。回顾本书研究的结论,从财税政策对分区域、分行业企业创新活动的不同阶段,到对企业的"营改增"政策和减税降费,不同程度存在挤出效应、激励效应、扭曲效应、门槛效应等,进一步强调财税政策激励企业技术创新的适度性、差异性和精准性。展望未来始终要坚定不移地推进市场化改革,让市场对资源配置发挥决定性作用。

二、研究框架

本书的研究思路和技术路线见图 0-1。

三、研究特色

本书的研究特色在于结合以往学者的研究,进一步理论探讨和挖掘了财税政策激励、企业技术创新的内涵和二者之间的逻辑关系,在此基础上形成一个分析框架,实证研究财税政策在不同区域、不同行业对企业技术创新两个阶段的影响等,提出针对性强、有前瞻性的政策建议。

第一,构建了财税政策激励影响企业技术创新分析框架。追根溯源财税政策为什么能影响企业技术创新,构建其影响的作用机理和激励形成机制,论证财税政策激励对企业技术创新可能存在的效应,建立本书理论研究分析框架,为产业政策设计的逻辑起点提供理论依据和研究价值。

第二,研究了财税政策激励对企业技术创新影响效应和非线

研究思路	研究路径	工具方法

```
研究思路          研究路径              工具方法

视角          ┌──────────────────┐    文献
方法    ─ ─→  │  研究背景和文献综述  │←─  整理
              └──────────────────┘
                      ↓
              ┌──────────────────┐
              │   理论分析与框架    │
理论分         └──────────────────┘    产业经济学、内
析、框                  ↓                生经济增长理论、
架构建        ┌──────────────────┐     激励理论、区域
与现实  ─ ─→  │ 政府职能变迁和财政体制 │←─  经济学、管理经
分析          │ 演进及对企业技术创新的影响│    济学、公共经济
              └──────────────────┘     学等
                ↓      ↓      ↓
             ┌───┐  ┌───┐  ┌───┐
             │溢出│  │非线性│  │异质性│
             │效应│  │关系 │  │特征 │
             └───┘  └───┘  └───┘
                      ↓
              ┌──────────────────┐
              │ 实证研究（中国工业企业区域│    数据资料
逻辑推        │  和行业及企业的经验）  │←─  与历史资
演与实  ─ ─→  └──────────────────┘     料的采集、
证研究          ↓      ↓      ↓        经济计量
             ┌───┐  ┌───┐  ┌───┐     检验
             │线性关系│ │非线性关│ │门槛效│
             │分析 │  │系分析│  │应分析│
             └───┘  └───┘  └───┘
                      ↓
              ┌──────────────────┐
              │     政策建议       │
路径          └──────────────────┘    理论分析、科
分析    ─ ─→  ┌───┐ ┌───┐ ┌─────┐    技统计、部门
与政          │市场化改革│提升政│深化财税体制│←─ 统计和地区统
策设          │企业是技术│府治理│改革，加强预│   计数据
计            │新主体│ │能力 │ │算资金管理│
              └───┘ └───┘ └─────┘
                      ↓
              ┌──────────────────┐
              │       绪论         │
              └──────────────────┘
```

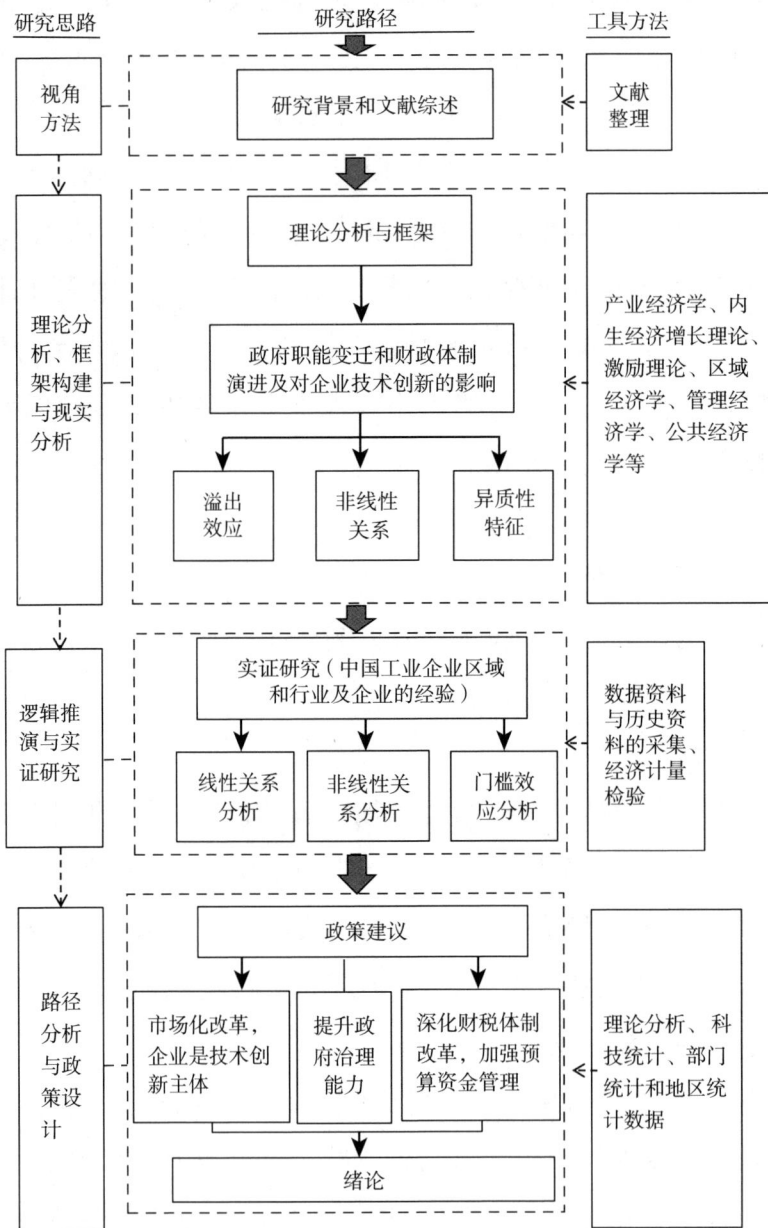

图 0-1　研究框架

性、异质性特征。传统研究对财税政策影响企业技术创新的效应并未考虑非线性和不同层面的异质性特征，本书在考察这一问题

时引入非线性、空间异质性和产业异质性,采用门槛回归技术进行分析,更真实地反映了财税政策对企业技术创新的非线性效应。在此基础上分析异质性效应,并通过引入对比财税政策工具作用下影响效应的不同情况,能够得到一个更真实的影响效果,这可以为今后学者估测财税政策对企业技术创新的影响程度提供了一定的借鉴,也能够为实施有针对性的、适宜的财税政策提供依据,并为中国财税体制改革和建立现代财政制度提供一定的参考价值。

第三,财税政策工具选择上除了分析财政补贴和税收优惠还增加了企业税负水平(如主要税种税负和税费等),这样更加系统全面、科学辩证地分析财税政策对企业技术创新的影响效果,这对当前减轻企业税负问题有一定的现实指导意义。

第四,提出了财税政策有效促进企业技术创新的建设性意见和建议。结合实证分析结论有针对性地提出了差异化、适度和可操作的支持企业技术创新的财税政策,这对有效利用财政资金支持企业技术创新活动具有一定的实践价值。

第一章　相关理论研究进展

本章从财税激励理论研究、企业创新理论研究、财税政策激励对企业技术创新影响效应研究三个方面梳理文献，具体而言，从财政分权理论研究、现代财税体制研究和财税政策作用研究等方面对财税激励理论进行了归纳总结；从技术创新、产品创新和市场创新视角对企业创新理论进行了概括凝练；通过对财政直接补贴的影响效应、税收优惠的影响效应及财政补贴和税收优惠对企业技术创新影响效应的差异化比较对财税政策激励对企业技术创新影响效应进行研究。对这些专业文献所持有的不同理论与观点进行评论可为本书研究提供线索和寻找新的突破口。

第一节　财税激励理论研究进展

一、财政分权理论研究

财政分权理论旨在研究中央政府和地方政府间的财政权力分配和资源配置问题，主要关注政府在财政领域的权力分布对经济和社会产生的影响。1956 年,蒂布特(Tiebout,1956)发表的论文《地方公共支出的纯理论》标志着财政分权理论的兴起。[①] 第一代财政分权理论重点关注政府财政分权存在的必要性和合理性,他们认为地方政府比中央政府更洞悉自己所管辖区域民众的需求与效用,财政分权可以减少信息偏差,促进经济效率和社会福利水平的提高。第二代财政分权理论首次把微观经济学的方法和手段运用于财政学研究,在充分考虑市场、政治等不确定性因素后,他们认为政府实质同企业及其经理人一样,都是追求自身利益最大化的理性人。由于中央政府和地方政府存在利益偏好上的差异,两者的激励相容机制便成为第二代财政分权理论研究的核心问题。

随着研究的深入,学者对财政分权理论的研究范畴进行了相应的扩展,财政竞争理论和财政均衡理论是两个重要的分支。财政竞争理论主要关注地方政府之间的竞争对经济发展、区域创新的影响。财政分权会加剧地方政府间的竞争,阻碍经济增长质量的提升,财政分权度的提升有利于促进地区经济高质量发展,而地方政府竞争的加剧则不利于地区经济高质量发展。陈凯、肖鹏(2021)[②]对 277 个地级市的面板数据进行分析发现,地方政府竞争会抑制财政分权对本地技术创新的正向影响,但财政竞争对经济发展程度相近地区的技术创新有一定的促进作用。何凌云、马青山(2020)[③]基于地方政府竞争视角,利用 278 个城市的面板数

---

① Tiebout C. M. "A Pure Theory of Local Expenditures", *Journal of Political Economy*, Vol. 64, No. 5, 1956, pp. 416-424.

② 陈凯、肖鹏:《财政分权、地方政府竞争与技术创新——基于 277 个地级市的空间计量分析》,《中国科技论坛》2021 年第 2 期。

③ 何凌云、马青山:《财政分权对城市创新的影响——基于地方政府创新视角》,《经济与管理研究》2020 年第 10 期。

据探讨财政分权对城市创新水平的影响,发现财政分权会通过促进地方政府为经济增长和资本引入的竞争、抑制地方政府为区域创新的竞争等途径对城市创新产生抑制作用。财政均衡理论则关注中央政府和地方政府间的财政关系,探讨如何设立适度的财政分权空间来提升资源配置效率和经济发展水平。郭卫军、李光勤(2023)①采用熵值法测度 30 个省份的共同富裕水平,利用面板门槛模型进行实证研究,发现财政分权与共同富裕间呈现倒"U"型关系,只有当财政分权度处于适度区间,财政分权才能通过牺牲资本资源配置和优化劳动力资源配置效率来提升共同富裕水平。郭健、张明媛等(2021)②通过构建和估计面板 Tobit 模型发现财政分权从整体上能有效提升高质量发展水平,但不同程度财政分权对高质量发展存在异质性,财政分权度过高或过低都将削弱其对高质量发展的激励效应,说明财政分权存在促进高质量发展的适度区间。

二、现代财税体制研究

现代财税体制是国家经济管理和社会发展的重要组成部分,对实现经济增长、优化资源配置、促进市场统一、推进区域协调发展具有重要的意义。③ 为实现财税治理体系和治理能力的现代化,国家对财税体制进行了一系列改革。马海涛、任强等依据税收制度、政府间收入划分、支出划分和转移支付制度四条主线,将我国的财税体制改革大致划分为放权让利、分税制改革、构建公共财

---

① 郭卫军、李光勤:《财政分权如何影响共同富裕——兼论分权的适度区间》,《上海财经大学学报》2023 年第 3 期。

② 郭健、张明媛等:《财政分权与高质量发展——兼论分权的"适度区间"》,《财政研究》2021 年第 11 期。

③ 高培勇:《现代财税体制:概念界说与基本特征》,《经济研究》2023 年第 1 期。

政基本框架和建立现代财政制度四个阶段。[1] 随着财税体制改革的进一步深化,学者开始对财政改革的细分领域进行研究。一是地方财政研究,主要集中于地方财政压力与转移支付、环境治理[2][3]、地方政府可持续发展[4]、地方财政效率、地方财政与经济增长[5]等方面的讨论。二是税收政策研究,主要集中于中国税收政策的制定、调整和实施,包括税制设计[6]、税收优惠政策[7]、税制改革等方面讨论。三是公共财政研究,主要探讨中国公共财政的组织和管理,包括政府支出决策、财政预算管理、公共投资、社会保障等方面。[8] 四是财政分权研究,主要集中于财政权力划分、财政分配机制、财政责任等方面的问题。五是财政可持续发展,即研究中国财政的可持续性和稳定性,包括财政收入结构调整、财政支出绩效、财政风险管理等方面。[9] 六是财政管理与监督,主要集中于中国财政管理体制、监督机制和评价体系的建设和改革。[10] 综上所

---

① 马海涛、任强、孙成芳:《改革开放40年以来的财税体制改革:回顾与展望》,《财政研究》2018年第12期。

② 汤旖璆、苏鑫、刘琪:《地方财政压力与环境规制弱化——环境机会主义行为选择的经验证据》,《财经理论与实践》2023年第3期。

③ 赵哲、谭建立:《中国地方财政支出的碳减排效应研究——基于新型城镇化调节效应的实证分析》,《财经论丛》2022年第11期。

④ 刘建民、薛妍、熊鹰:《减税降费背景下地方财政可持续发展水平测度与时空分异——以湖南省为例》,《经济地理》2022年第12期。

⑤ 孟惊雷、修国义:《地方财政收入与经济增长关系的实证分析》,《统计与决策》2019年第16期。

⑥ 尹磊、汪小婷:《资源税优化:基于税制设计和征管改进的视角》,《税务研究》2022年第5期。

⑦ 杨林、沈春蕾:《税收优惠研究演进轨迹与趋势展望——基于文献可视化分析》,《税务研究》2022年第7期。

⑧ 张贺:《地方政府专项债、公共投资与经济增长》,《经济问题探索》2022年第11期。

⑨ 宋宝琳、张航、胡欣蕊:《数字金融发展对地方财政收入的影响及区域差异研究——基于中国282个地级市面板数据的中介效应检验》,《财政科学》2022年第5期。

⑩ 马海涛、肖鹏:《借力预算管理一体化　提升财政管理水平》,《行政管理改革》2022年第8期。

述,学界对中国财税体制的研究进行了广泛的讨论,这对中国财政管理和政策制定具有重要的理论和实践价值。

此外,学界对财税体制改革的经济效应研究经历了从单一领域到多领域交叉融合的演变过程,形成了财税体制改革与共同富裕、①经济高质量发展、②防范化解经济风险等主题联动的大量研究成果。③

三、财税政策作用研究

财税政策作为国家干预市场经济的重要一环,在调整资源配置、优化经济结构、促进科技创新和维护社会公平等方面具有重要的作用。目前,国内对财税政策作用的研究主要集中于以下七个方面。

一是财税政策与创新。财税政策作为最常用的创新激励工具,可以对创新资源、创新要素的流动进行宏观调控,部分学者认为财税政策能显著提升企业创新效率,并且这种提升作用在不同企业间存在差异。张帆(2022)④以中国 A 股上市公司为研究对象,实证研究发现财税政策有利于企业创新效率的提升,且提升作用在高科技行业企业和面临更高融资约束的企业中更为明显。云

---

① 韩树煜、李士梅:《共同富裕视角下的现代财税体制构建》,《财政科学》2021 年第11 期。
② 储德银:《中国式现代化背景下的财税体制改革与经济高质量发展》,《税务研究》2023年第 3 期。
③ 刘尚希:《新经济数字化金融化趋势与财税体制改革——以构建确定性应对新趋势下的不确定性》,《地方财政研究》2021 年第 4 期。
④ 张帆:《财税激励政策对企业创新效率的影响研究——基于行业性质与融资约束的调节作用》,《财会通讯》2022 年第 18 期。

虹等（2021）①和苏畅等（2019）②等发现财政政策和税收政策能通过增加研发投入来提升企业的创新绩效，且财政政策和税收政策对非国有企业和东部地区企业的创新绩效的激励效果更显著。但另一部分学者认为财税政策会对企业创新产生不利影响，如黎文靖、郑曼妮（2016）③的研究发现，当企业企图通过大量低质量创新以达到政府补贴或税收优惠门槛时，这种创新只是增加了创新的"数量"而没有增加创新的"质量"，在本质上不会对创新能力和效率有提升作用。

二是财税政策与产业升级。张馨艺（2015）④认为产业结构升级实际上是资金、劳动力、技术要素在不同产业间流动，进而使要素水平和生产效率不断提高的结果。而财税政策可以改变不同产业要素收入的相对水平，从而使资源按照产业结构升级的方向流动。在细分财税工具对产业结构变动的影响中，黄威、陆懋祖（2011）⑤利用 VAR 模型考察了财税政策与产业结构的关联机制，认为所得税和流转税对产业结构的影响有限，流转税对产业结构的调整大于所得税。宋凌云、王贤彬（2013）⑥通过构建政府补贴和四位码产业匹配面板数据实证检验政府补贴在产业结构变动中的作用，结果表明：政府补贴显著加速了产业结构变动，但其结构

---

① 云虹、卞井春、韩佳芮：《财税激励政策、R&D 投入与创新绩效——基于 AHP 模型和中介效应检验》，《会计之友》2021 年第 10 期。
② 苏畅、李志斌：《财税激励政策对企业研发投入的促进机制研究——财务资源视角》，《税收经济研究》2019 年第 1 期。
③ 黎文靖、郑曼妮：《实质性创新还是策略性创新？——宏观产业政策对微观企业创新的影响》，《经济研究》2016 年第 4 期。
④ 张馨艺：《新常态下的产业结构特征与财税政策选择》，《税务研究》2015 年第 7 期。
⑤ 黄威、陆懋祖：《我国财政支出政策冲击效应的动态变化——基于包含随机波动的时变参数模型的考察》，《数量经济技术经济研究》2011 年第 10 期。
⑥ 宋凌云、王贤彬：《政府补贴与产业结构变动》，《中国工业经济》2013 年第 4 期。

变动效应存在短期性。张同斌、高铁梅（2012）[1]通过构造高新技术产业 CGE 模型来检验财政激励与税收优惠政策在高新技术产业培育过程中的作用,结果表明:财政激励政策较税收优惠政策更能有效地促进高新技术产业产出增长,并认为财政激励政策相对灵活且易于实施,因此在制定高新技术产业政策时,要多鼓励使用财政激励政策而谨慎使用税收优惠政策。而国外学者则认为政府在推动高新技术产业发展中的作用是有限的（Bennis Wai Yip So.,2006）[2]。

三是财税政策与经济增长。在理论研究方面,20 世纪 30 年代,凯恩斯在《就业、利息和货币通论》中首次提出"凯恩斯主义",强调在经济萎缩时,财政政策可以通过增加政府支出和减少税收来刺激经济增长。"新发展经济学"代表人物林毅夫也强调政府在推动经济增长中的积极作用,提倡通过扩大内需、推进产业升级等方式实现经济增长和社会发展的良性循环。刘世锦也主张通过积极的财政政策来促进经济增长和消费升级,认为应该加强财税体制改革、金融监管等方面的建设和创新,提高整个社会的创新动力和发展活力。

然而,当 20 世纪 70 年代西方主要工业国家普遍遭遇"滞涨"问题时,凯恩斯主义却无法解释高通货膨胀率与高失业率并存的情况,财政政策对经济调节的有效性遭到质疑,货币学派、理性预期学派、供给学派等自由主义经济学派对凯恩斯主义的理论基础

---

① 张同斌、高铁梅:《财税政策激励、高新技术产业发展与产业结构调整》,《经济研究》2012 年第 5 期。

② Bennis Wai Yip So.,"Reassessment of the State Role in the Development of High-Tech Industry:A Case Study of Taiwan's Hsinchu Science Park",*East Asia*,Vol.23,No.2,2006,pp.61-86.

提出了挑战,认为政府应该减少市场干预的程度、促进自由竞争,通过激发私人投资和消费才能实现经济增长。持有相同观点的国内学者张维迎认为经济增长的根本动力来自创新和创造,政府应该创造更好的制度环境和政策环境来激发市场活力和社会创造力,强调财税政策应该加大对基础设施、公共服务、科研教育等领域的支持和投资,提高公共品质量和供给水平。由此可见,关于财税政策是否能促进经济增长,学术界并未达成普遍共识。

在实证研究方面,学术界普遍认同财税政策可以刺激经济增长。赵祖新(2010)[1]认为财税政策可以通过人力资本优化、自然资源配置与环境质量提高、技术进步来拉动经济增长。梁英建(2018)[2]利用1996—2016年29个省(自治区、直辖市)面板数据研究财税收入对经济发展的影响,结果表明:财税政策总体上有利于我国经济增长,但是不同税种对经济增长的影响存在差异。然而,部分学者对财税政策的经济增长效应持不同的观点,认为财税工具的使用可能会对经济增长产生不利影响。梁俊娇等(2017)[3]对税负与经济增长的关系进行研究发现,税收负担对经济增长的影响程度、方向和大小会因区域和税种的不同而呈现出差异:在东部地区,无论是总体税负、流转税税负还是所得税税负,都会对经济增长产生不利影响;而在中部地区和西部地区,税收负担的增加

---

① 赵祖新:《基于财税政策的经济增长质量实证研究》,《武汉理工大学学报》2010年第7期。

② 梁英建:《财税政策对经济增长效应的统计考察》,《统计与决策》2018年第6期。

③ 梁俊娇、李羡於、刘亚敏:《我国区域税收负担与区域经济增长关系的实证分析》,《中央财经大学学报》2017年第6期。

对促进经济增长都具有积极的影响。严成樑、龚六堂(2012)①研究发现,不同税种所对应的经济增长效应及社会福利损失存在很大差异,资本所得税给经济增长及社会福利带来的损失最多、劳动所得税、企业所得税及消费税给经济增长带来的损失最少,而给社会福利造成的损失最多、税收负担加重将给经济增长带来不利影响,并抑制经济的发展。

　　四是财税政策与生态文明建设。生态文明的公共产品属性决定了财税政策支持的必要性,通过环境税、能源税、资源税、碳税等手段,可以引导企业和个人减少污染排放和资源浪费,促进绿色低碳经济的发展。② 在生态文明建设中,财政部门也可以采取生态补偿机制,对受损生态环境地区进行经济补偿和税收优惠,从而激发生态环境保护的积极性。③ 同时,加速能源产业转型升级,通过政府补贴和税收政策大力支持可再生能源④和新能源产业发展⑤⑥、加速科技创新⑦,都是通过财税政策实施环境保护的重要举措。其中,新能源汽车产业作为新兴战略产业,对能源结构调整、环境保护、经济发展、国家安全和科技创新有着重大意义,财税政策一方面可以通过税收减免、补贴等手段鼓励消费者购买新能源

　　① 严成樑、龚六堂:《税收政策对经济增长影响的定量评价》,《世界经济》2012 年第 4 期。
　　② 冯俏彬、白雪苑、李贺:《支持碳达峰、碳中和的财税理论创新与政策体系构建》,《改革》2022 年第 7 期。
　　③ 欧阳洁、张静埜、张克中:《促进生态创新的财税政策体系探究》,《税务研究》2020 年第 9 期。
　　④ 刘双柳、陈鹏、程亮等:《碳达峰碳中和目标下可再生能源产业财税金融支持政策研究》,《中国环境管理》2022 年第 4 期。
　　⑤ 何代欣:《大国转型背景下的新能源领域财税政策》,《税务研究》2016 年第 6 期。
　　⑥ 丁芸:《促进新能源产业发展的财税政策选择》,《税务研究》2016 年第 6 期。
　　⑦ 孟雪靖、杨永健、朱美容:《基于 OLS 模型的新能源与传统能源消费选择及财税政策研究》,《企业经济》2018 年第 8 期。

汽车,提高新能源汽车的市场占有率;[1]另一方面可以通过资金扶持、优惠贷款、研发支持等方式促进新能源汽车企业发展壮大是贯彻落实"双碳"目标、促进节能减排的重要途径。[2]

五是财税政策与公共产品。财政税收理论在公共产品领域的研究主要关注公共资源如何在社会各部门进行生产和分配,涉及公共产品的生产和提供、公共物品最有效率的供给量等方面的问题。以公共文化服务为例,财政政策可以提供足够的资金满足公众对公共文化服务的需求,并且财税政策作为一种有效的政策工具能够促进公共服务有效供给、增进社会福利,实现公共文化服务的供给公平。[3]

六是财税政策与共同富裕。财税政策可以通过适当的税收制度和财政支出决策实现财富再分配,有效推动共享发展[4]。财政一方面可以提升地区间财力均等化水平,促进城镇化协调发展;另一方面,促进城镇产业发展的税收优惠政策落地可以促进产业转型升级、鼓励乡村人口城镇创业,增强地方的综合财力。[5] 赵斌(2021)[6]基于南北方财政收支对比及区域财税政策现状进行分析,指出财税政策对区域协调发展具有重要的调节和促进作用。

---

① 李创、叶露露、王丽萍:《新能源汽车消费促进政策对潜在消费者购买意愿的影响》,《中国管理科学》2021年第10期。

② 方东霖:《促进新能源汽车产业发展的税收优惠政策分析》,《税务研究》2022年第12期。

③ 马菊花:《共同富裕视角下我国公共文化服务的财税政策研究》,《税务与经济》2023年第2期。

④ 王大树:《财税政策与共享发展》,《北京大学学报(哲学社会科学版)》2016年第2期。

⑤ 郑良海:《促进我国城镇化发展的财税政策建议》,《税务研究》2020年第2期。

⑥ 赵斌:《促进南北区域协调发展的财税政策研究——基于财税资源配置视角》,《地方财政研究》2021年第12期。

田祥宇、杜洋洋等(2022)①认为财税政策作为主要的调控手段,其性质契合共同富裕的特质,能有效弥补收入分配的缺陷,有助于共同富裕目标的实现。解垩、陈昕通过对财税政策对不平等和贫困的影响研究发现,提高税收政策累进性有助于减少不平等现象,但财税改革可能会因政策间的交互作用产生反直觉的兰伯特难题。②

七是财税政策与结构性改革。财税政策在供给侧结构性改革中扮演着重要的角色,其通过减税、降本、支持新兴产业发展、优化资源配置、市场机制等手段促进经济结构的优化和供给侧结构性改革。倪红日(2017)③认为财税政策在供给侧结构性改革中发挥了主导性作用,"营改增"在降低企业负担、调整产业结构、促进投资、推进经济转型中发挥着积极的作用。闫坤、于树一(2016)④在全面梳理供给侧结构性改革内涵逻辑关系的基础上,指出我国供给侧结构性改革的主要瓶颈在于产业结构方面存在着重大问题,政府要出台统一的财税政策,以"组合拳"的方式更细致、全面地推动产业创新与结构升级。马蔡琛、白铂(2021)⑤基于新发展格局的基本特征,指出财税政策在推动供需两端的结构性改革、促进科技创新、实现高水平对外开放和稳定经济方面发挥着重要的作用,是加快构建新发展格局的重要路径。

---

① 田祥宇、杜洋洋、刘书明:《推动实现共同富裕的财税改革研究——基于收入分配视角》,《宏观经济研究》2022年第11期。

② 解垩、陈昕:《财税政策对不平等和贫困的影响研究》,《经济社会体制比较》2023年第1期。

③ 倪红日:《营改增的供给侧结构性改革效应明显》,《税务研究》2017年第3期。

④ 闫坤、于树一:《促进我国供给侧结构性改革效能提升的财税政策研究》,《国际税收》2016年第12期。

⑤ 马蔡琛、白铂:《助力构建新发展格局的财税政策路径选择》,《地方财政研究》2021年第10期。

第二节　企业创新理论研究进展

"创新"这一概念的提出最早可以追溯到 1912 年熊彼特教授出版的《经济发展理论》，将创新定义为生产条件和生产要素重新组合，并在生产体系中建立一种新的生产函数，以期获得超额利润的过程。[①] 熊彼特（Schumpeter, 1934）[②]创新理论认为，创新是推动经济发展的主要力量，是一种不断打破旧生产关系而建立新生产关系的过程，主要包括产品创新、技术创新、市场创新、价值链创新、组织创新等。中国国家社会科学基金成果评估指标里规定，创新包括理论创新、方法创新和描述创新三个方面。联合国经济合作与发展组织（OECD）在 2000 年曾经对创新给予较为权威的定义，认为创新不同于发明创造，它比发明创造更深刻，因为创新必须考虑到结果在经济上的应用，实现预期的经济价值，因此，只有把发明创造运用到经济领域才能称为创新。发展创新型经济是世界各国走出发展困境的共同选择，本书对创新理论的研究分为技术创新、产品创新和市场创新三个方向。

一、技术创新

技术创新指通过引入新的技术或改进现有的技术，开发出能够更有效地满足人们需求的新产品、服务、流程或系统的过程。学

---

① Schumpeter J. A., Theorie der wirtschaftlichen Entwicklung, Dunker & Humblot, 1912, pp. 100-150.

② Schumpeter J. A., *The Theory of Economic Development: An Inquiry into Profits, Capital, Credit, Interest, and the Business Cycle*, Boston: Harvard University Press, 1934, pp. 64-106.

术界对技术创新进行了大量理论研究,主要的研究方向集中于以下三个方面:

一是技术创新与经济增长。1942年熊彼特在《资本主义、社会主义与民主》[①]中强调了创新在经济发展中的重要性,指出创新是推动资本主义发展的重要力量,能够推动经济增长和社会变革。他首次提出"创造性的破坏过程"的概念,认为创新是一种破坏性的力量,可以摧毁既有的市场结构和产业格局,同时为新的生产方式和市场机制创造空间。索罗(Solow,1956[②]、1957[③])以C—D生产函数为基础建立了新古典经济增长模型,该模型认为经济增长的根本来源在于技术创新,储蓄率和人口增长对经济发展的影响呈现出水平效应,而非增长效应。罗默在1986年出版的《收益递增经济增长模型》[④]一书中提出内生经济增长模型,该模型认为知识和技术是经济增长的基础。此后,1994年罗默将人力资本引入内生经济增长模型,并将社会生产划分为研究部门、中间品生产部门和最终生产部门,突出了人力资本、创新和知识的投资对经济增长的贡献。[⑤] 新熊彼特主义对熊彼特早期创新理论进行了延续和发展,强调技术创新对经济增长和产业结构变革的重要性,其主要观点为:(1)创新是经济增长的主要驱动力;(2)创新具有不确定

---

① Schumpeter J. A., *Capitalism, Socialism and Democracy*, New York: Harper & Brothers, 1942, pp. 81-87.

② Solow R. M., "Contribution to the Theory of Economic Growth", *Quarterly Journal of Economics*, Vol 70, No. 1, 1956, pp. 65-94.

③ Solow R. M., "Technical Change and the Aggregate Production Function", *Review of Economics and Statistics*, Vol 39, No. 3, 1957, pp. 312-320.

④ Romer P. M., "Increasing Returns and Long Run Growth", *Journal of Political Economy*, Vol. 94, No. 5, 1986, pp. 1002-1037.

⑤ Romer P. M., "The Origins of Endogenous Growth", *Journal of Economic Perspectives*, Vol. 8, No. 1, 1994, pp. 3-22.

性和波动性;(3)知识和技术交流对创新至关重要;(4)政策干预可以促进创新,政府在知识产权保护、科技创新支持等方面可以发挥重要作用,通过制定适当的政策和法规可以促进技术创新和产业结构变革。

二是技术创新的影响因素。一方面是制度,制度学派认为,创新不仅受技术条件的约束,还受制度环境的影响。实现技术创新和制度创新的有效协同是制造企业转型升级过程中增强自身竞争力的有效途径和重要手段。[①] 以制度理论为基础,从制度组态视角分析了政府、社会和市场对企业绿色技术创新效率方面发挥的协同作用,发现单个制度因素并不构成高绿色技术创新效率提升的必要条件,而社会监督在促进高绿色技术创新效率方面发挥着普适作用,并存在"市场—社会推动型""政府—社会监管型"和"政府—市场—社会协同促进型"三种提升绿色技术创新效率的制度组合。[②] 此外,知识产权保护对技术创新具有重要的影响。技术创新产权是创新经济学的基础范畴,技术创新产权及其所有制性质影响企业股权资本配置,技术产权交易市场化是实现技术创新的社会基础,技术创新产权保护是实现国家治理现代化的法律基础。[③] 另一方面是组织管理,管理创新学派强调组织管理、组织形式、创新文化、创新战略和模式、企业间合作和共享对企业推动技术创新和提高竞争力的作用。第一,组织管理会影响技术创

---

①　赵越、李英、孙旭东:《技术创新与制度创新协同驱动制造企业演化的实现机理——以光明家具为例的纵向扎根分析》,《管理案例研究与评论》2019 年第 2 期。

②　贾建锋、刘伟鹏、杜运周等:《制度组态视角下绿色技术创新效率提升的多元路径》,《南开管理评论》2023 年第 4 期。

③　罗福凯、狄盈馨:《技术创新产权制度:一个文献综述(2000—2021)》,《科技管理研究》2023 年第 3 期。

新。管理创新与技术创新能发挥耦合协同效应[1]，合理的组织结构、流程设计和人才培养可以促进企业的技术创新能力，并提高创新效率[2]。第二，企业的组织形式会对创新活动产生重要影响。创新型组织模式可以促进创新要素的高度融合[3]，通过建立开放、灵活的组织架构会促进知识的共享，产品模块化、完善的知识网络结构、跨界搜索均会对突破性技术创新产生积极影响。[4][5] 第三，提倡创新文化和创新氛围，有利于员工自由地表达想法和创意，从而激发创新能力。[6] 第四，企业间的合作和共享是促进技术创新的重要手段。在企业间建立开放平台、共享资源，可以通过技术交流和产业联盟等方式加强合作，提高创新效率和水平。[7]

三是技术创新的模式研究。科技的进步使远程协作和沟通变得更加容易和高效，通过协同工具和在线平台，团队成员可以实时交流和共享创意，集成式创新、开放式创新、生态式创新等模式应运而生。开放式创新这一概念被亨利·切萨布鲁夫（Henry Chesbrough）教授在《开放式创新：从技术获取和创造价值的新规律》中首次提出，即"通过知识有目的地流入和流出，以加速内部

---

[1] 石秀、侯光明、王俊鹏：《管理创新与技术创新的动态协同——系统耦合视角》，《中国科技论坛》2022年第5期。

[2] 姜忠辉、赵迪、孟朝月等：《绿色人力资源管理对绿色技术创新的影响：绿色动态能力与组织调节定向的中介及调节作用》，《科技进步与对策》2023年第4期。

[3] 沈梓鑫：《美国的颠覆性技术创新：基于创新型组织模式研究》，《福建师范大学学报（哲学社会科学版）》2020年第1期。

[4] 谢卫红、屈喜凤、李忠顺等：《产品模块化对技术创新的影响机理研究：基于组织结构的中介效应》，《科技管理研究》2014年第16期。

[5] 李彦勇、林润辉：《知识网络结构、跨界搜索对组织突破性创新的影响：美国人工智能技术领域专利的分析》，《科技管理研究》2020年第23期。

[6] 欧阳晨慧、马志强、朱永跃：《工作场所数字化对员工创新行为的影响：一个被调节的中介模型》，《科技进步与对策》2023年第4期。

[7] 姜红、高思芃、刘文韬：《创新网络与技术创新绩效的关系：基于技术标准联盟行为和人际关系技能》，《管理科学》2022年第4期。

创新,并为外部创新的运用扩大市场"。① 史青春、徐慧(2022)②的研究发现,开放式创新可以加快研发调整的速度,从而促进企业创新绩效的提升,并且这种提升作用在学习能力越强的企业中体现得越发明显。随着数字化时代的到来,以及新技术的快速发展,创新生态系统、人工智能创新等也在创新理论研究中逐渐崭露头角。智能化技术手段正成为中国制造业转型升级的新动能,通过运用 2018 年中国企业—劳动力匹配调查(CEES)数据考察工业机器人影响企业技术创新的效应机制发现,工业机器人通过提高企业的管理效率和数字化管理能力、拥有更高技能和更年轻化的人力资本结构,显著促进了技术创新。③ 数字技术的快速发展改变了组织间的合作与竞争关系,企业可利用数字平台协调不同参与者的创新活动,改变企业的组织边界和价值创造方式。④ 新创企业嵌入基于平台的创新生态系统和基于产品的创新生态系统对其创新绩效具有正向影响。⑤ 廖民超、金佳敏等从创新生态系统视角出发,通过构建数字平台能力—网络能力—价值共创—服务创新绩效的链式中介模型发现,数字平台能力对制造业服务创新绩效有显著正向作用,网络能力和价值共创在数字平台能力与服务

①　Chesbrough H. W., *Open Innovation*: *The New Imperative for Creating and Profiting from Technology*, Boston: Harvard Business School Press, 2003, pp. 1—20.

②　史青春、徐慧:《开放式创新提升企业绩效的中介路径探讨——基于沪深 A 股上市公司统计数据的实证分析》,《中央财经大学学报》2022 年第 9 期。

③　邓悦、蒋琬仪:《工业机器人、管理能力与企业技术创新》,《中国软科学》2022 年第 11 期。

④　王倩、柳卸林:《企业跨界创新中的价值共创研究:基于生态系统视角》,《科研管理》2023 年第 4 期。

⑤　张晶、刘琼、于渤:《创新生态系统模式对新创企业创新绩效的影响研究——基于平台与产品的双重视角》,《工业技术经济》2023 年第 3 期。

创新绩效之间发挥中介作用。[①]

二、产品创新

对产品创新的定义，国内外学者并未得出一致的结论，但普遍认为产品创新是为了满足客户和市场的需求而进行的创新性变革，其目的是提高产品和服务的能力，为企业带来竞争优势。学术界针对产品创新的研究大体分为四个方向。

一是产品创新的影响因素研究。张梁梁、张盼（2022）[②]运用博弈论方法分析发现，在消费者对质量更为敏感的情况下，厂商选择产品创新模式能够让供应链成员均受益。邓向荣、羊柳青等（2022）[③]的研究发现，企业参与国际合作研发能显著提高其科技成果转化效率，促进知识创新向产品创新的转化。陈太义、张月义（2023）[④]认为，质量管理创新对产品创新具有显著的促进效应。应倩滢、陈衍泰（2023）[⑤]通过构建"高管认知灵活性→信息搜寻强度→数据驱动的动态能力→产品创新"的链式中介模型来分析数字化新情境下高管认知对产品创新的影响。

二是产品创新与数字化研究。随着数字技术不断嵌入企业的价值创造链条，企业能够以更高的效率和更低的成本进行研发创

---

① 廖民超、金佳敏、蒋玉石等：《数字平台能力与制造业服务创新绩效——网络能力和价值共创的链式中介作用》，《科技进步与对策》2023 年第 5 期。

② 张梁梁、张盼：《需求信息不对称下供应链中流程与产品创新模式选择研究》，《运筹与管理》2022 年第 9 期。

③ 邓向荣、羊柳青、冯学良：《企业国际合作研发能否促进科技成果转化——从知识创新到产品创新》，《中国科技论坛》2022 年第 8 期。

④ 陈太义、张月义：《质量管理创新对产品创新影响实证研究》，《科研管理》2023 年第 4 期。

⑤ 应倩滢、陈衍泰：《数字化新情境下高管认知对产品创新的影响》，《科研管理》2023 年第 3 期。

新,大数据和大数据分析能力可以有效促进产品创新度的提升①,数字创新过程可以重构企业的数字感知能力、数字学习能力和数字敏捷能力②,强化用户参与、激发用户的创新活力是数字化时代企业持续获取产品创新优势的重要来源③。

三是构建产品创新的评价指标体系。如顾穗珊、周旭等(2020)④通过设计产品创新保证量化评价体系来提升企业产品的创新管理能力;徐涛、尤建新等(2021)⑤通过构建 FCM 模型和 VCM 模型来对商业银行产品创新绩效进行评价;付轼辉、焦媛媛等(2023)⑥对产品创新设计思维概念的内涵、结构进行了研究,并进行了量表的开发与检验。

四是创新模式对产品创新的影响。部分学者认为,开放式创新能促进跨学科知识的流动和知识的共享,显著提升企业的产品创新绩效(曹勇、罗紫薇等,2018⑦;王婷、吴剑琳等,2020⑧)。

---

① 李树文、罗瑾琏、葛元骎:《大数据分析能力对产品突破性创新的影响》,《管理科学》2021 年第 2 期。
② 姜君蕾、夏恩君、贾依帛:《数字化企业如何重构能力实现数字融合产品创新》,《科学学研究》2023 年第 4 期。
③ 古安伟、蒋慧慧、鲁喜凤等:《数字化情境下用户参与产品创新组态效应研究——基于 TOE 框架的 fsQCA 分析》,《科技进步与对策》2022 年第 22 期。
④ 顾穗珊、周旭、刘俊等:《企业产品创新保证要素及量化评价研究》,《工业技术经济》2020 年第 8 期。
⑤ 徐涛、尤建新、邵一磊:《风险视角下银行产品创新绩效评价模型》,《中国管理科学》2021 年第 6 期。
⑥ 付轼辉、焦媛媛、鲁云鹏:《产品创新设计思维:结构维度、量表开发与检验》,《南开管理评论》2023 年第 4 期。
⑦ 曹勇、罗紫薇、周红枝:《众包战略、模糊前端与产品创新绩效:基于开放式创新视角的实证分析》,《科学学与科学技术管理》2018 年第 10 期。
⑧ 王婷、吴剑琳、张淑林等:《双向开放式创新如何提升新产品市场绩效——基于资源基础理论》,《大连理工大学学报(社会科学版)》2020 年第 1 期。

三、市场创新

有学者指出,产品创新、市场创新和过程创新是企业创新的主要活动,提出市场创新需要研究顾客偏好以更好地满足客户需求,并对市场进行仔细甄别以选择最佳潜在市场(Axel Johne,1999)[①]。何培旭、王晓灵等(2019)[②]认为,所谓市场创新,就是企业通过发掘并提供与主流市场不同顾客价值的过程。学术界对市场创新尚未形成统一定义,但普遍认同市场创新是企业为了顺应市场发展环境、遵循市场发展规律而进行的新市场开发活动,通过挖掘和提供有别于主流市场的顾客价值,从当前的主流市场当中脱离出来,以消费者需求为导向对产品和服务方式进行创新,从而开发新顾客群体和开拓新市场渠道的过程。国内学者对市场创新的研究多采用黄恒学对市场创新的阐述。黄恒学在《市场创新》一书中对市场创新进行了系统阐述,并针对市场创新源、市场创新点、市场创新领域、市场创新度、市场创新阻力与风险等问题,提出企业创新的基本途径与方法。[③] 在此基础上,其他学者逐渐展开对市场创新模式、市场创新影响因素、市场创新路径及市场创新协同发展模式的讨论。

一是关于市场创新模式的研究。探索式和开放式的概念最早源于马奇(March,1991)[④]有关组织学习的研究,后来逐渐拓展到组织战略、创新管理等领域。具体到市场创新领域,学者将市场创

---

① Axel Johne,"Using Market Vision to Steer Innovation", *Technovation*, Vol. 19, No. 4, 1999, pp. 203-207.

② 何培旭、王晓灵、李泽:《市场创新关键资源、市场创新模式、战略地位优势与企业绩效》,《华东经济管理》2019年第2期。

③ 黄恒学:《市场创新》,清华大学出版社1998年版,第50页。

④ March J. G.,"Exploration and Exploitation in Organizational Learning", *Organization Science*, Vol. 2, No. 1, 1991, pp. 71-87.

新的方式划分为探索式的市场创新和开放式的市场创新。探索式的市场创新强调企业通过新的市场知识和分销渠道,创造和开拓不同于当前顾客群体的传统市场和主流市场;开放式创新强调企业应以已积累的市场知识为基础,在维护好原有客户关系的基础上,不断深挖潜在的客户需求,从而开辟新市场模式的过程。学者对探索式市场创新和开放式市场创新对企业经营绩效的作用途径进行了比较分析,有人认为探索式市场创新可以利用产品差异化优势来寻找新的市场机会;而开放式市场创新通过最大化利用与现有组织经验密切相关的市场信息来有效降低新产品的开发成本与有效提升新产品的开发效率。[1] 张峰、邱玮(2013)[2]基于297家中国企业的调研数据发现探索式市场创新和开放式市场创新均能显著提升企业的经营绩效,但作用途径存在差异,前者通过差异化形成竞争优势,后者通过低成本建立渠道优势。

二是关于市场创新影响因素的研究。吉生保、卢潇潇等(2017)[3]的研究表明,在总体上外资研发嵌入对我国市场创新绩效的提升存在正向显著作用,但中部地区需要长期的外资研发嵌入才能实现持续的市场创新。夏后学、谭清美等(2019)[4]的实证研究发现,"寻租"会导致市场创新产生扭曲,而优化营商环境有利于健全市场机制,能对市场创新产生积极的影响。

---

[1]　Kim N., Atuahene-Gim A. K., "Using Exploratory and Exploitative Market Learning for New Product Development", *Journal of Product Innovation Management*, Vol. 27, No. 4, 2010, pp. 519-536.

[2]　张峰、邱玮:《探索式和开发式市场创新的作用机理及其平衡》,《管理科学》2013年第1期。

[3]　吉生保、卢潇潇、马淑娟等:《外资研发嵌入是苦口良药还是糖衣炮弹?——中国市场创新绩效提升视角》,《南方经济》2017年第6期。

[4]　夏后学、谭清美、白俊红:《营商环境、企业寻租与市场创新——来自中国企业营商环境调查的经验证据》,《经济研究》2019年第4期。

三是关于市场创新路径的研究。姚毓春、郝俊赫(2014)①通过对中国新兴汽车企业和进口汽车与合资品牌的比较研究发现，国有新兴汽车企业需要在海外市场的开拓、新能源产品的研发、中高端车型的推出以及营销渠道的改变等方面进行市场创新以提高市场竞争能力，培育市场竞争优势。李加鹏、胡晓等(2015)②以惠森药业为研究对象，指出传统产业企业可以按照"物理平台—虚拟平台"建设路径，优化企业的市场结构和交易成本从而促进市场创新。王胜伟、蒋岩波(2019)③对互联网创新市场的研究发现，我国互联网市场创新存在重视模仿创新、忽视自主创新，重视商业模式创新、忽视技术创新的问题，需要通过加强自主创新的激励与保护、加强市场创新的立法与司法保障、规范互联网市场的模仿与创新等手段来建立有效的互联网市场创新体系。

四是关于市场创新协同发展模式的研究。郭新宝(2014)④认为，市场创新、技术创新与管理创新的三维协同在一定程度上代表着企业创新的发展趋势，实现三者协同发展才能形成企业的自主创新能力。吴翌琳(2019)⑤通过构建 CDM 协同创新系统模型发现，技术创新与非技术创新的协同发展才能形成企业创新的驱动支持体系。

---

① 姚毓春、郝俊赫:《中国新兴汽车企业的市场创新问题研究》，《税务与经济》2014 年第 5 期。

② 李加鹏、胡晓、刘首策等:《传统中药材企业的市场创新——基于惠森药业平台建设的案例研究》，《技术经济》2015 年第 8 期。

③ 王胜伟、蒋岩波:《互联网市场创新发展及其规制问题研究》，《山东社会科学》2019 年第 6 期。

④ 郭新宝:《制造创新方法链中市场创新、技术创新与管理创新三维协同研究》，《科技进步与对策》2014 年第 10 期。

⑤ 吴翌琳:《技术创新与非技术创新的协同发展——中国工业企业协同创新的微观实证》，《求是学刊》2019 年第 1 期。

第三节 财税政策激励对企业技术创新
影响效应研究进展

在经济增速"换挡"的新常态背景下,中国经济已由高速发展阶段转向高质量发展阶段,依靠土地、资本和劳动力等传统生产要素驱动的经济发展方式弊端不断凸显,关键核心技术对外的高度依存导致技术"卡脖子"问题突出,严重威胁着我国产业链和供应链的韧性和安全性,依靠创新推动经济增长动能转换已成为实现高质量发展的必由之路。张杰等(2012)[①]指出我国经济政策未来改革方向是关注自主创新能力的提升,即如何根据阶段性国情来整合资源,制定行之有效的政策引导、支持和激励企业加大研发投入。

一、财政补贴对企业技术创新的影响效应

20世纪50年代以来发达经济体技术创新政策的实践主要表现为积极资助企业的研发。理论界就政府主导对企业技术创新资助或补贴可能产生的激励效应或挤出效应、替代效应等进行了大量的实证研究。如邵传林(2015)[②]基于中国工业企业大样本数据及省级层面的制度数据实证检验发现,获得政府补贴的企业创新绩效要比没有获得政府补贴的企业创新绩效高1.48%。王羲、张

---

① 张杰、周晓艳、李勇:《要素市场扭曲抑制了中国企业 R&D》,《经济研究》2012 年第 8 期。
② 邵传林:《制度环境、财政补贴与企业创新绩效——基于中国工业企业微观数据的实证研究》,《软科学》2015 年第 9 期。

强等(2022)[1]通过对 A 股 692 家上市公司的财务数据进行分析发现,政府补助、研发投入均能对企业创新产生显著的正向影响。王小平(2023)[2]的研究发现,财政政策组合对企业创新具有显著激励作用,且对研发创新、成果转化创新、产业化生产创新等不同阶段创新的影响有显著差异。

而另一部分学者认为研发资助和创新补贴可能会对企业创新产生不利影响。有国外学者研究发现,政府补贴或者资助只是激励了企业去扩大应用与技术领域的投资,对基础研究领域没有产生正向激励作用。[3] 国内学者吴剑峰和杨震宁(2014)[4]运用负二项回归模型对沪深两市的电子、制药和信息企业创新绩效进行分析后发现,政府补贴对企业技术创新效果正向关系不显著,究其原因,作者发现企业 CEO 两职合一、股东所有权和控制权的分离对以上两者关系起到负向作用。储德银等(2017)[5]对 137 家战略性新兴产业的上市公司进行研究发现,财政补贴对其专利产出的激励效应并不显著,甚至会通过研发费用的间接效应来抑制专利产出的增加。保永文等(2021)[6]指出,政府与企业间的信息偏差容易导致企业将研发补贴、专项基金用于非研发性支出,研发投资结

---

① 王羲、张强、侯稼晓:《研发投入、政府补助对企业创新绩效的影响研究》,《统计与信息论坛》2022 年第 2 期。

② 王小平:《财政政策组合与企业创新:"增强"还是"削弱"?——基于上市公司年报文本分析的经验证据》,《企业经济》2023 年第 1 期。

③ Herreral,Sanchez-Gonzalez G.,"Firm Size and Innovation Policy",*International Small Business Journal*,Vol. 37,No. 2,2013,pp. 137-155.

④ 吴剑峰、杨震宁:《政府补贴、两权分离与企业技术创新》,《科研管理》2014 年第 12 期。

⑤ 储德银、纪凡、杨珊:《财政补贴、税收优惠与战略性新兴产业专利产出》,《税务研究》2017 年第 4 期。

⑥ 保永文、华锐、马颖:《财政激励政策与企业创新绩效:综述及展望》,《经济体制改革》2021 年第 5 期。

构的不合理安排将极大地降低研发资金的使用效率。应千伟和何思怡(2022)[①]以 2008—2016 年 A 股上市公司中的高新技术企业为研究样本,实证分析发现,在政府补贴的影响下,企业容易产生"寻租"行为,会更倾向于选择"重数量、轻质量"的策略性创新,对高质量的实质性创新产生挤出效应。由此可见,学术界对财政政策是创新激励效应还是抑制效应存在争议。

财政政策对企业创新是促进作用还是抑制作用,主要受到资助金额、企业规模、所处行业、产权性质、市场竞争程度和制度环境等众多因素的影响,并具有异质性、呈倒"U"型曲线或复杂的非线性关系。

从政府资助的数量规模分析,朱平芳和徐伟民(2003)[②]以上海市政府资助为案例,按资助规模将资助分为低资助、中低资助、中资助、高资助四个等级,他们研究发现并不是资助规模越大越好,反而是中资助和中低资助效果最好,说明资助效果存在一定程度的递减作用。有国外学者通过对经济合作与发展组织成员企业技术创新活动的统计分析发现,政府补贴或者资助的作用与补贴或者资助总量相关,大部分国家的经验数据呈现倒"U"型的曲线关系。[③] 还有国外学者认为政府对企业技术创新补贴或者资助信息的公开程度,对解释补贴能否使研发投资有效增加起非常关键的作用,如果补贴或者资助执行严格的公开信息制度,那么对被补

①　应千伟、何思怡:《政府研发补贴下的企业创新策略:"滥竽充数"还是"精益求精"》,《南开管理评论》2022 年第 2 期。

②　朱平芳、徐伟民:《政府的科技激励政策对大中型工业企业 R&D 投入及其专利产出的影响——上海市的实证研究》,《经济研究》2003 年第 3 期。

③　Guellec D.,BVPDL Potterie,"The Impact of Public R&D Expenditure on Business R&D",*Economics of Innovation and New Technology*,Vol. 12,No. 3,2003,pp. 225–243.

贴或者资助企业来说会造成一定程度的企业利益损失。[1]

从企业所处行业和面临的市场竞争程度的分析,许国艺(2014)[2]认为,政府在给予研发补贴时要考虑企业面临的竞争程度对补贴效果的影响,实施差别化的补贴政策,把有限的资源运用于创新动力强、可能性大且规模中等的企业。顾群等(2016)[3]采用深交所2008—2013年上市的高新技术企业数据进行实证检验,结果表明:财政补贴对高新技术企业的创新投入和探索式创新具有积极促进作用,而对开放式创新模式没有作用。

从企业的产权性质分析,王一卉(2013)[4]的研究发现,政府补贴会导致国有企业创新绩效的下降;杨洋等(2015)[5]认为,政府补贴能有效提升民营企业创新的创新绩效。多个社保基金投资组合持股对企业技术创新具有显著正向影响,其所发挥的准财政政策效应可以通过加大人力资本投入和研发资本投入增强企业的创新意愿,且在政策支持企业、非国有企业、制造业企业以及高投资机会企业中表现得更为显著。[6]

此外,财政补贴对企业创新的作用存在非线性特征。戴小勇

① Mayra R., Sandonis J., "The Effectiveness of R&D Subsidies", *Economics of Innovation & New Tichnology*, Vol. 10, No. 4, 2012, pp. 815—825.

② 许国艺:《政府补贴和市场竞争对企业研发投资的影响》,《中南财经政法大学学报》2014年第5期。

③ 顾群、谷靖、吴宗耀:《财政补贴、代理问题与企业技术创新——基于R&D投资异质性视角》,《软科学》2016年第7期。

④ 王一卉:《政府补贴、研发投入与企业创新绩效——基于所有制、企业经验与地区差异的研究》,《经济问题探索》2013年第7期。

⑤ 杨洋、魏江、罗来军:《谁在利用政府补贴进行创新?——所有制和要素市场扭曲的联合调节效应》,《管理世界》2015年第1期。

⑥ 唐大鹏、王凌、江琳:《多个"国家队股东"与企业技术创新——基于准财政政策视角》,《财经问题研究》2023年第1期。

和成力为（2019）[①]根据面板门槛模型的估计结果指出，财政补贴虽然在总体上能够激励企业加大研发投入，但两者之间存在复杂的非线性关系。李苗苗等（2014）[②]以战略性新兴产业 216 家上市企业为样本，发现财政政策只有在特定的区间值内会对企业研发投入和技术创新能力产生正向影响，强调政府应制定适当的财政政策门槛，充分发挥财政工具对企业研发经费投入和技术创新能力的激励效应。

财政政策对企业创新的正向影响主要通过以下三条路径发挥作用。

一是降低研发成本和补偿创新风险。创新成果具有公共产品特性，容易被模仿和复制，根据庇古的外部性思想，对正外部性的创新活动进行补贴能弥补创新成果的社会收益与个人收益之间的差额，解决市场失灵所导致的创新投入不足。有国外学者认为，政府对企业的创新资助或者补贴的正向激励作用主要体现在创新成本的降低和创新风险的降低上。[③] 尚洪涛、房丹（2021）[④]从风险承担视角分析了政府补贴与创新相关性的内在机理，发现政府补贴通过提高企业风险承担水平来促进企业技术创新，且对企业创新数量和质量存在滞后激励效应。

---

① 戴小勇、成力为：《产业政策如何更有效：中国制造业生产率与加成率的证据》，《世界经济》2019 年第 3 期。

② 李苗苗、肖洪钧、傅吉新：《财政政策、企业 R&D 投入与技术创新能力——基于战略性新兴产业上市公司的实证研究》，《管理评论》2014 年第 8 期。

③ Hewitt-Dundas N., Roper S., "Output Additionality of Public Support for Innovation: Evidence for Irish Manufacturing Plants", *European Planning Studies*, January, 2010, pp. 107—122.

④ 尚洪涛、房丹：《政府补贴、风险承担与企业技术创新——以民营科技企业为例》，《管理学刊》2021 年第 6 期。

二是缓解融资约束和增加企业的研发投入。杨世信、刘卫萍等（2021）①认为，财政政策可以通过提升企业的创新投入（包括资金和人力资本的投入）来实现对企业创新的正向激励。张玲（2023）②以中国 A 股上市公司为样本深入考察财税政策对企业创新的影响，发现财税政策可以通过削弱企业的融资约束来提升企业的创新能力。

三是促进创新交流与合作。创新补贴作为事前激励具有信号传递的作用，能帮助企业与不同合作者建立研发合作关系来提高研发合作广度；而税收优惠作为事后激励具有资源补充的作用，可以通过激励企业加大研发投入来大幅提升企业开放式创新绩效的水平。

二、税收政策对企业技术创新的影响效应

学术界研究税收政策对企业创新的影响，主要集中于税收优惠、税种改革以及税收征管三个方面。（1）税收优惠：政府主要采用税率优惠和税基优惠两种手段来实施税收优惠政策，税率优惠指免征或降低企业所得税的征收额，如高新技术企业按照 15%征税；税基优惠指减少企业的应纳税所得额以补偿企业前期的研发成本。（2）税种改革：政府可以通过对增值税、企业所得税等税种的调整或设立特殊税种来激励企业创新，降低企业税收负担的同时提高其创新投资动力，从而促进技术创新和新产品的研发。（3）税收征管：首先，加强税收征管可以有效防范企业的偷税漏税

---

① 杨世信、刘卫萍、邹紫云：《激励效应 VS 挤出效应？——财政政策的有效性及其机理研究》，《会计之友》2021 年第 15 期。

② 张玲：《融资约束、政策支持与企业创新》，《财会通讯》2023 年第 7 期。

行为,营造公平的税收环境,通过减少不正当竞争为企业创新创造更加稳定的市场环境。其次,加强税收征管有助于提高政府的税收收入,为政府提供更多支持创新的财政资源,推动创新发展。最后,加强税收征管可以促进企业进行规范化管理,提高企业的经济效益和市场竞争力,从而鼓励企业更加积极地进行投入和创新。

对税收优惠是否能促进企业创新,目前学术界主要有两种观点。主流观点认为税收优惠政策能对企业的创新活动和创新能力产生正向激励作用。如刘放等(2016)[1]通过分析非金融类上市公司数据发现,税收优惠政策整体上有助于激励企业加大创新投入,且企业所受的融资约束程度越强,产品市场竞争越激烈,地区市场化进程程度越高,税收激励效果越明显。有国外学者的研究指出,税收优惠和基础设施发展计划是提高企业创新能力的有效做法。[2] 宋建、包辰(2023)[3]基于2007—2019年中国上市公司面板数据分析发现,税收优惠政策对企业创新链的投入、产出以及效率环节均有显著激励作用。当然,部分学者对税收激励政策持有"负面效应"观点的,如有国外学者根据选取巴西样本数据,运用边际有效税率分析法研究发现,政府税收优惠政策并不能产生积极作用,特别是广泛运用税收优惠政策有可能会导致整个税收制度的扭曲。[4] 还有国外学者指出税收优惠不仅不能激励企业开展

① 刘放、杨筝、杨曦:《制度环境、税收激励与企业创新投入》,《管理评论》2016年第2期。

② Yigitcanlar T., Sabatini‐Marques J., Da‐Costa E. M., Kamruzzaman M., Ioppolo G., "Stimulating Technological Innovation Through Incentives: Perceptions of Australian and Brazilian Firms", *Technological Forecasting and Social Change*, Vol. 146, 2019, pp. 403-412.

③ 宋建、包辰:《税收优惠政策能否激励中国企业创新?——基于创新链视角的探究》,《南京审计大学学报》2023年第1期。

④ Estache A., Gaspar V., *Why Tax Incentives do not Promote Investment in Brazil*, Oxford: Oxford University Press, 1995, pp. 309-340.

创新活动,还会挤压、缩减企业的研发费用。[①] 在国内实证研究方面,江希和、王水娟(2015)[②]通过对江苏省的苏南、苏中、苏北128家样本企业的问卷调查数据研究发现,研发费用税前扣除政策对企业创新投入的影响不大。韩凤芹、陈亚平(2021)[③]基于构建“决策—市场认可—竞争力(DCM)模型”,引入倾向匹配得分法对2012—2019年上市公司的数据进行分析发现,高新技术企业15%的税收优惠并没有明显提升企业开展突破式创新的意愿,也没有明显提升企业被技术市场认可的程度,并且对企业所处的产业链位置也没有明显提升。

国内外学者研究税收优惠对企业创新活动的激励效应主要从创业投资、研发投入、企业家行为和企业规模及行业等角度切入。一是税收优惠对研发投资的影响。税收优惠政策能够加快研发投资的调整速度,并降低研发投资的偏离程度,每增加一个百分点的税收优惠强度,会换来研发投资调整速度0.307个百分点的提升与研发投资偏离程度0.103个百分点的降低。[④] 二是税收优惠对创新投入的影响。有国外学者选取加拿大3562家企业作为研究对象,经过统计分析发现,对那些享受政府税收减少的企业能够加大创新技术投入,研发出在市场上获得更多尊重的产品。[⑤] 国内

① Tassey G.,"Tax Incentives for Innovation:Time to Restructure the R&D Tax Credit",*Journal of Technology Transfer*,Vol. 32,No. 6,2007,pp. 605–615.

② 江希和、王水娟:《企业研发投资税收优惠政策效应研究》,《科研管理》2015年第6期。

③ 韩凤芹、陈亚平:《税收优惠真的促进了企业技术创新吗?——来自高新技术企业15%税收优惠的证据》,《中国软科学》2021年第11期。

④ 粟立钟、张润达、王靖宇等:《税收优惠与研发投资动态调整》,《中国科技论坛》2022年第6期。

⑤ Czarnitzki D.,Hanel P.,Rosa J. M.,"Evaluating the Impact of R&D Tax Credits on Innovation:A Microeconometric Study on Canadian Firms",*Research Policy*,Vol. 40,No. 2,2011,pp. 217–229.

学者李维安等(2016)①认为,税收优惠可以通过发挥创新投入的完全中介效应提升企业的创新能力。张瑞琛、杨思銮等(2022)②采用固定效应模型对2010—2020年中国A股上市公司的面板数据研究发现,税收优惠能够缓解高新技术企业的融资约束,提升高新技术企业的研发投入和利润积累从而激励企业创新,且在中小型高新技术企业中表现得更为明显。三是税收优惠对企业家行为的影响。熊彼特认为,政府税收通过正向激励企业家进行创新活动,鼓励其在生产活动中产生新观念,促进技术进步,成为经济增长的重要源泉。③一位密歇根大学教授指出,企业家将会对企业所得税和个人所得税进行比较,当企业所得税低于个人所得税的时候,企业家有承担风险的动力,从而会积极进行创新投资。④何爱、艾永明等(2023)⑤基于2006—2016年中国上市高新技术企业数据的分析发现,企业CEO通用能力正向调节了处于成熟期企业以及大规模企业的税收激励与研发投入和发明专利申请量之间的关系,也显著正向调节了成长期企业税收激励与研发投入的关系。四是税收优惠对不同行业和规模企业的影响。日本有学者采取倾向评分匹配(PSM)模型分析日本企业研发投入,发现规模超过10

①　李维安、李浩波、李慧聪:《创新激励还是税盾?——高新技术企业税收优惠研究》,《科研管理》2016年第11期。

②　张瑞琛、杨思銮、宋敏丽等:《税收优惠对高新技术企业融资约束的影响研究》,《税务研究》2022年第6期。

③　Schumpeter J. A., *Capitalism, Socialism and Democracy*, New York: Harper & Brothers, 1942, pp. 59.

④　Slemrod Joel B., *Behavioral Simulation Methods in Tax Policy Analysis*, Chicago: University of Chicago Press, 1983, pp. 427-458.

⑤　何爱、艾永明、李炜文:《税收激励与企业创新:CEO通用能力的调节作用》,《研究与发展管理》2023年第1期。

亿日元的日本企业的研发投入并不会因为税收的减免而出现明显变化。[①] 还有学者认为，导致日本"失去的 20 年"出现的核心是中小企业由于研发投入较少而发展停滞不前，主张日本应重点通过税收减免支持中小企业的技术研发。[②] 胡善成、靳来群等（2022）[③]研究发现，所得税减免政策显著地促进了研发投入和新产品产值的增长，这种促进作用在大型企业中表现得更为明显。周宇、惠宁等（2022）[④]基于价值链视角研究减税对工业企业技术创新的非线性影响发现，减税政策对企业技术开发效率和转化效率的影响存在显著差异，在高新技术企业中分别存在"U"型和正向"U"型非线性特征，而在中低技术企业则分别存在"U"型和正向且边际效率递减的非线性特征。

事实上，除了以推动技术进步和保持竞争优势为目的的创新行为外，还存在以获取其他利益为目的的创新性策略行为。[⑤] 有国外学者认为政府税收优惠力度越大，企业越有可能发生"寻扶持"、道德风险以及逆向选择等问题[⑥]；持有这一观点的罗德里克

[①] Onishi K., Nagata A., "Does Tax Credit for R&D Induce Additional R&D Investment? Analysis on the Effects of Gross R&D Credit in Japan", *Journal of Science Policy and Research Management*, Vol. 24, No. 5, 2009, pp. 400-412.

[②] Kim Y. G., Fukao K., "Matsuno T., The Structural Causes of Japan's 'Two Lost Decades'", *RIETI Policy Discussion Paper Series*, Vol. 61, No. 3, 2010, pp. 237-260.

[③] 胡善成、靳来群、魏晨雨：《政府所得税减免促进高新技术企业创新了吗？》，《浙江社会科学》2022 年第 9 期。

[④] 周宇、惠宁、高卓远：《减税对企业技术创新的影响研究——基于价值链的中国工业企业的非线性分析》，《宏观经济研究》2022 年第 7 期。

[⑤] Tong T., He W., He Z. L., Lu J., "Patent Regime Shift and Firm Innovation: Evidence from the Second Amendment to China's Patent Law", *Academy of Management Proceedings*, Vol. 2014, No. 1, 2014, p. 14174.

[⑥] Bloom N., Griffith R., Van Reenen J., "Do R&D Tax Credits Work? Evidence from a Panel of Countries 1979-1997", *Journal of Public Economics*, Vol. 85, No. 1, 2002, pp. 1-31.

（Rodrik，2012）[1]指出，当企业获得很高的补贴后，会热衷于进行"寻扶持"投资而不将获得的扶持补贴用于研发投入。还有国外学者研究指出，企业在研发活动中无法获益会导致税收优惠政策失效，企业可能会通过调整研发支出模式而变相享受税收优惠政策，从而损失国家收入。[2] 国内部分学者也持有税收优惠政策会导致策略性创新行为的观点。张杰、郑文平（2018）[3]认为，由于政府与企业间的信息不对称，政府推出的税收优惠政策扭曲了企业的专利申请动机，诱使部分企业为达到减税门槛而申请大量低质量专利，形成"专利"泡沫。杨国超、芮萌（2020）[4]通过实证发现，部分"伪高新技术企业"为获得税收优惠政策，会采用虚调研发费用、虚报研发人员数量、虚置研发设备等手段达到税收减免的门槛，而这种做法对企业的创新质量和创新数量的提升均较少。企业为获得更多的政策优惠会进行寻租活动，一方面高昂的寻租成本会挤占企业的创新投入；另一方面企业与政府间的政治关联会降低市场竞争程度，导致企业创新乏力[5]，这种税收优惠的"寻租效应"虽减轻了"名义税负"但却增加了"实际税负"。

税种改革会对企业创新产生重大影响，学者研究税种改革与企业创新的关系主要采用准自然实验和双重差分法，对税种改革

---

① Rodrik D.，"Why We Learn Nothing From Regressing Economic Growth on Policies"，*Seoul Journal of Economics*，Vol. 25，No. 2，2012，pp. 137-151.

② Ming-Chin Chen，Gupta S.，"The Incentive Effects of R&D Tax Credits：An Empirical Examination in an Emerging Economy"，*Journal of Contemporary Accounting & Economics*，Vol. 13，No. 4，2017，pp. 52-68.

③ 张杰、郑文平：《创新追赶战略抑制了中国专利质量么？》，《经济研究》2018 年第 5 期。

④ 杨国超、芮萌：《高新技术企业税收减免政策的激励效应与迎合效应》，《经济研究》2020 年第 9 期。

⑤ 袁建国、后青松、程晨：《企业政治资源的诅咒效应——基于政治关联与企业技术创新的考察》，《管理世界》2015 年第 1 期。

前后的企业创新行为进行比较分析以探究其因果关系,且普遍认为税种改革能对企业创新产生正向激励作用。靳卫东、任西振等(2022)①采用准自然实验和干预效应模型等方法,从创新链角度考察扩大加计扣除政策适用范围对企业创新的影响,结果表明,增加可加计扣除的研发活动和研发费用能够直接降低企业的融资压力、创新风险和创新成本。林志帆、刘诗源(2022)②利用双重差分模型识别固定资产加速折旧政策与企业创新间的因果关系,研究发现,在数量维度上,固定资产加速折旧显著增加了企业的研发投入和专利申请数量;在质量上,固定资产加速折旧有利于提高企业的专利申请结构,发明专利申请涨幅大于实用新型专利和外观设计专利。此外,部分学者认为,税种改革并未达到刺激企业创新的目的。如王瑶、彭凯等(2021)③采用双重差分模型对2012—2017年A股上市公司数据进行研究发现,"营改增"虽然能刺激企业增加研发投入但专利产出并未同步增加,创新效率呈现下降趋势,且在民营企业和融资约束度高的企业表现得更为明显。

部分学者认为,加强税收征管可以促进企业创新,如唐玮、赵星竹等(2022)④利用DEA模型实证研究地区征税强度对企业创新效率的影响,结果显示,地区征税强度可以通过优化企业资源配

---

① 靳卫东、任西振、何丽:《研发费用加计扣除政策的创新激励效应》,《上海财经大学学报》2022年第2期。

② 林志帆、刘诗源:《税收激励如何影响企业创新?——来自固定资产加速折旧政策的经验证据》,《统计研究》2022年第1期。

③ 王瑶、彭凯、支晓强:《税收激励与企业创新——来自"营改增"的经验证据》,《北京工商大学学报(社会科学版)》2021年第1期。

④ 唐玮、赵星竹、周畅:《税收征管与企业创新:抑制或激励——A股医药制造业上市公司的证据》,《数理统计与管理》2022年第6期。

置对企业创新效率起到正向促进作用。陆施予、李光勤(2022)①
利用世界银行中国企业的调查数据发现,增大税收征管力度会促
进企业研发创新,通过税收负担、融资约束、企业行为及营商环境
等途径激励企业开展创新活动。另一部分学者认为,加强税收征
管可能会抑制企业创新。一方面,加强税收征管会增加企业进行
"寻租"行为的概率,寻租成本的增加会挤占企业用于研发活动的
资金,从而导致企业创新效率的下降。同时,寻租活动会分散企业
家在生产性活动中对创新项目的注意力,降低其创新意愿。② 另
一方面,加强税收征管会进一步加重企业的税收负担③,降低企业
内部的留存资金和自由现金流④,提高企业的融资成本和融资难
度,这就导致企业在投资过程中可能会缩减研发预算而将资金用
于回报周期更短的其他经营活动中。

三、财政补贴和税收优惠对企业技术创新影响效应的差异化比较

技术创新的强外部性和不确定性导致企业进行创新投资的意
愿较低,因此政府有必要通过财税政策调控私人不愿进行研发投
资导致的市场失灵,但通过实证分析发现不同政策工具对企业技
术创新过程的影响也不尽相同。经济合作与发展组织就曾经将财
政补贴和税收优惠这两种政策工具对技术创新的影响进行了比较

---

① 陆施予、李光勤:《税收征管与企业创新——基于世界银行中国企业调查的经验证据》,《北京社会科学》2022 年第 7 期。
② 于博、王云芳:《政策性负担、企业寻租与创新挤出》,《软科学》2022 年第 10 期。
③ 范子英、赵仁杰:《财政职权、征税努力与企业税负》,《经济研究》2020 年第 4 期。
④ 林志帆、刘诗源:《税收负担与企业研发创新——来自世界银行中国企业调查数据的经验证据》,《财政研究》2017 年第 2 期。

研究,得出结论是税收优惠政策在对市场的间接干预、管理成本、灵活性等方面优于财政补贴政策,但是在公平性、有效性方面财政补贴政策则优于税收优惠政策。由此可见,两种政策工具对企业创新的激励作用各有优势,既有文献对两者创新激励的差异性研究主要集中在以下五个方面。

一是针对两种政策工具作用期限的比较研究。国外学者有选取经济合作与发展组织成员的样本数据,检验了政府补助与税收优惠的有效性,实证结果表明政府补助与税收优惠均对企业研发投资具有正向促进作用,但政府补助在短期具有效果,而税收优惠需要在长期内才能发挥作用[①];还有学者指出税收优惠只会刺激企业研发投资的短期行为,直接的财政支持可能会更好地让企业去承担具有长期性的高社会收益、低私人回报项目。[②] 国内学者李香菊、杨欢(2019)[③]的研究发现,财政补贴和税收优惠均能激励企业增加研发投入,但政府补贴在短期内对企业的技术创新起到促进作用,在长期内对企业的激励作用不显著;而税收优惠对短期和长期的技术创新均有激励作用。

二是支持科技创新的财税政策工具组合模式研究。张新、任强(2013)[④]实证分析发现,政府对企业研发直接补贴产生的增长效应最显著,"减中央、增地方"的税制结构调整有利于最大限度

---

① Guellec D., De La Potterie B. V. P., "The Effectiveness of Public Policies in R&D", *Revued'Économie Industrielle*, *Programme National Persée*, Vol. 94, No. 1, 2001, pp. 49-68.

② Doloreux D., "What We Should Know about Regional Systems of Innovation", *Technology in Society*, Vol. 24, No. 3, 2002, pp. 243-263.

③ 李香菊、杨欢:《财税激励政策、外部环境与企业研发投入——基于中国战略性新兴产业 A 股上市公司的实证研究》,《当代财经》2019 年第 3 期。

④ 张新、任强:《我国企业创新财税政策效应研究:基 3SLS 方法》,《中央财经大学学报》2013 年第 8 期。

地激发企业的创新潜力,并且当前的财税政策间没有产生明显的抵消效应,两者的合理搭配将进一步强化财税政策组合对企业创新的推动作用。许楠、刘雪琴(2022)①以我国省级行政区科技创新政策为研究对象,利用模糊集定性比较分析法探讨促进企业科技创新水平提升的最优财税政策工具及其组合,创造性地提出企业研发阶段的"风险补偿金+人才引进"、"新型财政补助+间接税收优惠"、成果转化阶段的"新型财政补助+人才引进"、产业化生产阶段的"间接税收优惠+政府采购"财税政策组合。马文聪等(2022)②以2008—2019年的上市公司数据为基础,利用倾向得分匹配模型得出在不存在资金约束的情况下,无论是研发补助还是税收优惠都会对企业的研发投入产生正向影响;而在面对融资约束时,两种政策工具都很难对企业创新产生积极的影响;但两种政策工具的组合却能打破融资约束的限制,能对企业创新产生积极影响。

三是两种政策工具的创新激励效应比较研究。林毅夫(Lin,2009)认为,相对于政府的直接干预,税收优惠这种间接干预手段带来更少的激励扭曲和更低的寻租风险③;通过政府的科技支持可以促进企业研发的空间集中,为区域创新提供新科学发现和技术运用的机会④。在国内研究中,郭炬等(2015)⑤研究结果表明,

① 许楠、刘雪琴:《支持企业科技创新的财税政策工具及其组合模式研究》,《经济纵横》2022年第8期。

② 马文聪、翁银娇、陈修德等:《研发补贴、税收优惠及其组合对企业研发投入的影响——基于融资约束的视角》,《系统管理学报》2022年第3期。

③ Lin J. Y., Li F., "Development Strategy, Viability, and Economic Distortionsin Developing Countries", *World Bank Policy Research Working Paper Series*, Vol. 4906, No. 4, 2009, pp. 1-24.

④ Fujita M., Thisse J. F., "Globalization and the Evolution of the Supply Chain: Who Gains and Who Loses", *International Economic Review*, Vol. 47, No. 3, 2006, pp. 811-836.

⑤ 郭炬、叶阿忠、陈泓:《是财政补贴还是税收优惠?——政府政策对技术创新的影响》,《科技管理研究》2015年第15期。

政府财政补贴对企业研发投入具有明显的挤出效应,而税收优惠对技术创新具有显著的正向影响。邹洋等(2016)[1]认为,政府补助、税收优惠对企业研发投入均有激励效应,但较之税收优惠政策,政府补助的激励效应更明显。丁方飞、谢昊翔(2021)[2]以创业板上市公司为研究对象发现,财政补贴和税收优惠均能提高企业的创新投入,但只有财政补贴才能提高企业的创新质量,税收优惠反而会抑制企业的创新绩效。

四是两种政策工具激励企业创新的作用机制比较研究。梁彤缨、冯莉等(2012)[3]从税式支出与财政补贴两个角度对我国大中型工业企业研发的影响进行了实证分析,结果表明,两种政策工具均对企业研发投入有正向引导作用。其中,税式支出对研发经费与人员投入有显著的促进效应,财政补贴对企业研发投入的影响并不显著。姚林香、冷讷敏(2018)[4]在对上市公司进行数据分析的基础上发现,税收优惠能够通过提高企业的研发经费和研发人员数量,从而对企业的创新产生显著促进作用,而财政补贴却会抑制企业创新,但是它可以通过提高企业的研发经费来间接地促进企业的创新。

五是研究外部环境差异对财税政策的创新激励效应的影响。

---

① 邹洋、聂明明、郭玲、闫浩:《财税政策对企业研发投入的影响分析》,《税务研究》2016年第8期。

② 丁方飞、谢昊翔:《财税政策能激励企业的高质量创新吗?——来自创业板上市公司的证据》,《财经理论与实践》2021年第4期。

③ 梁彤缨、冯莉、陈修德:《税式支出、财政补贴对研发投入的影响研究》,《软科学》2012年第5期。

④ 姚林香、冷讷敏:《财税政策对战略性新兴产业创新效率的激励效应分析》,《华东经济管理》2018年第12期。

其一,基于企业所处生命周期的比较分析。郭景先、苑泽明(2018)[①]以非上市的科技型中小企业为样本,发现政府补贴与税收优惠均可提升企业的创新能力,其中,政府补贴对初创期企业的影响更大,而税收优惠对成熟企业的影响更显著。侯世英和宋良荣(2019)[②]的研究表明,财政补助的激励作用主要集中在研发投入阶段,且随创新过程的推进而逐渐降低;而税收优惠的激励作用主要体现在成果转化阶段,随着创新过程的进行而逐渐凸显。与此同时,在企业不同的生命周期中,财政补贴效应会随着企业生命周期的演进而呈现出上升的趋势,而税收优惠对成长期和衰退期企业的影响更明显。其二,基于地区市场化水平和企业所处行业的比较分析。其三,基于企业产权性质的比较分析。成力为、吴薇(2023)[③]的研究认为,政府研发补贴更有利于激励国有企业进行创新,而税收优惠对非国有企业的渐进性创新有更显著的提升作用。

在百年未有之大变局的时代背景下,技术创新是国家提升竞争力的重要手段。通过对中西方创新理论和财税政策对企业技术创新影响的相关文献进行梳理发现,企业技术创新理论可以指导政府制定科技创新政策和战略,不论是发达国家还是发展中国家,都已将其上升为国家创新理论研究的战略层面。现有关于

---

① 郭景先、苑泽明:《生命周期、财政政策与创新能力——基于科技型中小企业的经验证据》,《当代财经》2018 年第 3 期。

② 侯世英、宋良荣:《财政激励、融资激励与企业研发创新》,《中国流通经济》2019 年第 7 期。

③ 成力为、吴薇:《研发政策组合对突破性与渐进性创新影响——基于异质性 R&D 投资的渠道分析》,《科学学研究》2023 年第 5 期。

财税政策激励企业技术创新的相关研究较为丰富,但对财税政策与企业技术创新的关系学术界还存在争议,也存在一些研究空白。在中国经济转型和新常态大背景下,鲜有文献研究政府财税政策对企业技术创新激励的问题:(1)在推进中国市场化改革的进程中,政府财税政策激励是否能促进企业技术创新,财政工具和税收工具对推动企业成为技术创新主体的效果是否存在差异。(2)财税政策影响企业技术创新的影响规律是什么,是否会因财税政策强度的调整而发生变化。(3)不同政策工具的作用特征是什么,在特定条件下企业技术创新更需要何种政策工具的支持,表现出何种条件性和动态性。(4)财税政策影响企业技术创新是否会因区域差异、产业差异而表现不同。即在不同空间维度上,财税政策作用于企业技术创新是否会表现出空间异质性;在不同技术水平的产业层面上,财税政策对企业技术创新的影响是否也会表现不同。(5)整体性、系统性地基于价值链视角研究财税政策激励效应的文献较少,价值链视角的分析有利于诊断出在企业创新活动的不同阶段,应该实施何种财税政策会是最优的,这对不同空间、不同产业、不同研发阶段实施更有针对性的财税政策激励尤为重要。这些都是本书尝试要解决的问题。

鉴于此,本书基于国内外相关研究构建财税政策对企业技术创新影响理论分析框架。从制度视角,梳理中国财政体制演进过程,分析财税政策对中国企业技术创新的支持现实情况。财税政策影响企业技术创新的效应检验,一方面,基于价值链视角,从区域和行业两个层面对财税政策影响企业技术创新效应进行了实证计量分析和相关验证;另一方面,基于降成本视角,实证检验税收优惠激励政策对企业技术创新的效应,揭示外部环境约束下与企业技术创新相匹配的最优"税收优惠和财政补贴区间"。对已有的这方面相关研究进行了纵深的补充,并提出实施更有针对性政策的宏观性建议和下一步有待研究的相关问题。

第二章　财税政策激励企业技术创新的理论分析

本章探讨财税政策影响企业技术创新的必要性和重要性。宏观财政政策调控有效吗？财税政策如何影响企业技术创新行为，是正向激励效应还是负向效应？这些疑问需要构建一个激励机制形成的基本模型和理论分析框架。

第一节　财税政策激励企业技术创新的主要动因

政府通过财税政策手段干预市场经济体的主要原因是存在市场失灵，具体来说就是企业技术创新产生的外部效应在市场价格中无法反映出来，因此，在市场竞争机制中通过财政补贴或税收优惠等政府直接或间接的干预可以降低企业的竞争成本，进而在市场激励和非市场激励作用下促进企业进行技术创新。

一、创新的外部性

从经济学角度看,绝大多数私人生产的物品存在收益的外部性,仅靠市场的调节将出现"市场失灵"的问题,即供给不足或"零供给"。由于市场难以严格排除不付费者,不能确保付费者的产权,致使转让产权的交易成本较高,对企业研发成果来说在使用中应该向谁收费、如何收费等都是比较困难的事情。另外,作为理性"经济人",大部分使用者期望成为"搭便车者",这些创新成果的价格机制难以在市场中发挥作用,将导致供给的不足。因此,上述情况只能通过政府实施财税政策加以补偿和解决,并扶持其发展,否则仅靠市场将缺乏创新的内在动力。

(一)市场失灵、外部性与知识溢出

"市场失灵"和"市场效率"是相互对应的两个概念,二者的判断标准是帕累托效率(Pareto Efficiency),即在一种有且只有两种商品 X 和 Y,两种要素投入 K 和 L,或两个消费者 A 和 B 的简单模型中,生产效率、消费效率和交换效率分别需要满足的条件是:

$(MRTSLK)X = (MRTSLK)Y$,

$(MRSXY)A = (MRSXY)B$ 和 $(MRSXY)A$

$$= (MRSXY)B = MRTXY$$

其中,$MRTS$ 是生产的边际技术替代率,MRS 是消费的边际替代率,MRT 是生产可能性边界的边际转换率。在完全竞争市场情况下能满足这些条件,但现实中是不完全竞争市场,不能满足以上条件,因而导致了市场失灵,即市场无效率的情形。我们不得不承认市场总是存在缺陷,所以可以通过政府这只"看得见的手"进行调节,弥补市场失灵,以增进社会福利和效率为目标。

英国学者马歇尔（Marshall）于1890年首先提出了"外部性"（Externalities）这一个经济学概念，在他的《经济学原理》一书中首次界定了外部经济和内部经济，前者指企业间因分工而带来的效率提高，后者指企业内因分工而带来的效率提高。[①] 马歇尔的学生庇古（Pigou）进一步扩充了外部性理论，于1920年在《福利经济学》一书中又将外部性分为两种情况，即正外部经济和负外部经济，并指出外部性扭曲了市场对资源最优配置，导致了市场失灵。[②] 由于外部性的存在，私人边际成本或私人边际收益并不等于社会边际成本或社会边际收益，政府通过征税或补贴使私人外溢的成本或利益内部化，矫正市场的失灵，把这种税收或补贴也称为"庇古税"或"庇古补贴"。随后，杨格（Young，1928）[③] 在《报酬递增与经济增长》一文中阐述了动态外部经济理论，鲍莫尔（Baumol）于1952年在《福利经济及国家理论》一书中又综合了庇古和杨格关于外部性的理论。[④] 本书采纳罗森（Rosen）在其经典的《财政学》教材中对外部性下的一个非常明晰的定义：当某一实体（人或企业）的活动以市场机制之外的某种方式直接影响他人的福利时，这种影响就称为外部性（因为一个实体直接影响它"以外"的另一个实体的福利，它是"外在于"市场的）。[⑤]

知识溢出（Knowledge Spillovers）指一个部门在对外进行经济业务交往活动时，其知识和技术会自然输出和外泄。知识溢出过

---

① Marshall A., *Principles of Economics*, London: Macmillan and Co., 1890, pp. 267-277.

② Pigou A. C., *Wealth and Welfare*, London: Macmillan and Co., 1920, pp. 159-192.

③ Young Allyn A., "Increasing Returns and Economic Progress", *The Economic Journal*, Vol. 38, No. 152, 1928, pp. 527-542.

④ Baumol W. J., *Welfare Economics and the Theroy of the State*, Boston: Harvard University Press, 1952, pp. 40-80.

⑤ Rosen H. S., Gayer T., *Public Finance*, McGrow-Hill Education, 2014, pp. 100-105.

程中各方通常都是被动的、无意识的、非自愿的,属于正的外部性问题。阿罗(Arrow,1962)[①]最早用外部性解释了溢出效应与经济增长的关系。罗默(Romer,1990)[②]在阿罗的思想基础上提出了知识溢出的内生增长模型,他认为政府可以提供补贴给生产知识的厂商,或者对知识生产提供补贴的同时对其他生产加以课税,这样可以激励私人厂商生产知识,促进经济增长和社会福利水平的提高。

(二)知识溢出与集聚、创新

当知识生产的外部性在城市或区域等较广的地理范围内比较显著时,许多学者开始转向地理空间研究知识的外部性,强调知识外部性的动态特征。知识溢出成为内生增长理论、新经济地理学等经济学分支解释集聚、创新和区域增长的重要概念之一。[③]

第一,知识溢出与集聚。知识空间溢出使经济活动的地理区位显得尤为重要,知识溢出与空间集聚也将呈现出动态的内生互动关系。有人较早对知识溢出与集聚之间的关系进行研究,认为知识溢出可以促进经济活动的空间集聚,空间集聚有利于经济主体间交换思想,意识到最初知识价值重要的可能性,尤其是能够降低科学发现和科学商业化过程中所产生的成本,进而促进集群的

---

①　Arrow K. J., "The Economic Implication of Learning by Doing", *Review of Economic Studies*, Vol. 29, 1962, pp. 155-173.

②　Romer P. M., "Endogenous Technological Change", *Journal of Political Economy*, Vol. 98, No. 5, 1990, pp. 71-102.

③　赵勇、白永秀:《知识溢出:一个文献综述》,《经济研究》2009年第1期。

发展和创新产出的增长（Feldman 和 Audretsch，1999）[①]。构建了一个知识溢出的动态框架，把知识溢出的存在看作不同熟练程度工人交互作用的结果，随着这种交互效应的增大，将发生工人之间以及技术的集中和集群分布，同时在这个过程中又产生了集群间的知识溢出（Keely，2003）[②]。建立了一个一般均衡知识搜寻理论模型，描述了知识程度不同的个体在搜寻匹配的"搭档"过程中交换思想并创造新知识，不但提高了生产效率，而且导致人口的集聚；在内生人口移民的条件下，较高的技术水平将提高生产效率并加剧了集聚，而较大的人口规模又为知识溢出与集聚活动提供了更多的机会，知识交换的模式越来越专业化，产生更高的效率（Berliant 等，2006）[③]。事实上，还需要进一步考虑成本外部效应，经济集聚是由成本外部性和技术外部性（知识溢出）共同作用形成的（Fujita 和 Thisse，2002）[④]。在垄断竞争框架下将成本外部性和技术外部性相结合构建了一个一般均衡模型用来解释城市的形成，城市的集中与人力资本溢出有关，并成为经济活动集聚以及城市空间增长的要素，成本外部性与技术外部性（知识溢出）则构成了城市集聚的向心力，而城市拥挤的空间成为城市集聚的一种离心力（Alonso-Villar，2002）[⑤]。总之，经济活动是在技术外部性（知

[①] Feldman M. P., Audretsch D. B., "Innovation in Cities: Science - Based Diversity, Specialization and Localized Competition", *European Economic Review*, Vol. 43, No. 1, 1999, pp. 409-429.

[②] Keely C., "Exchanging Good Ideas", *Journal of Economic Theory*, Vol. 111, No. 2, 2003, pp. 192-213.

[③] Berliant M., Reed R. R., Wang P., "Knowledge Exchange, Matching, and Agglomeration", *Journal of Urban Economics*, Vol. 60, No. 1, 2006, pp. 69-95.

[④] Fujita M., Thisse J. F., *Economics of Agglomeration: Cities, Industrial Location, and Regional Growth*, Cambridge: Cambridge University Press, 2002, p. 161.

[⑤] Alonso-Villar O., "Urban Agglomeration: Knowledge Spillovers and Product Diversity", *Annals of Regional Science*, 2002, pp. 173-189.

识溢出)和成本外部性的共同作用下,在一定空间集中和集聚分布,而且集聚的空间分布随着二者共同作用的变化呈现动态化的特征。

第二,知识溢出与创新。知识溢出与创新活动的空间集聚分布是互为作用和影响的。知识溢出的同时创新活动由于地理邻近性在空间趋于集中,这样不仅降低了创新活动不确定性风险,而且使企业间知识交换的可能性提高和对最初知识价值重要性的意识增强,尤其是降低了企业技术创新的成本,有利于促进集群的创新网络形成和企业技术创新产出的增加。知识空间溢出效应受地理范围的影响,地理的邻近程度将影响知识溢出吸收效率,因此知识溢出对区域创新的影响效果会随着空间范围的扩大而有衰减的趋势。国内外学者在这方面通过空间计量方法和模型进行了大量的实证研究,也得到了证实。

(三)技术创新溢出效应类型

技术创新的溢出效应指企业在技术创新活动中无法避免地产生了外部收益,且这部分收益不为技术创新的企业所占有,却由外部组织无偿获得。企业的新知识除了帮助本企业生产具有排他性的新产品,还能无偿地溢出到别的企业促使它们的创新努力,进而这些企业创新的技术知识再次溢出,最终产生企业间知识溢出的连锁反应效应,使创新收益呈几何级增长。可以把技术创新的溢出效应划分为四种类型:

第一,产业内技术创新溢出效应。创新者的新产品占领了较大的市场份额,迫使同行业的企业进行创新或者模仿,促使他们在产品的工艺、性能、质量等方面的提高。

第二,产业间的技术创新溢出效应。技术创新的溢出效应可能发生在不同的产业之间,包括创新技术的溢出、管理创新的溢出、产业间研发创新收益的溢出等方式。

第三,国内(区域)技术创新溢出效应。技术创新在一国范围(区域)扩散,可以增强一国(区域)比较优势和核心竞争力,因为技术外溢于国内市场,使本国相关产业的生产率比别国提高得要快,从而巩固了该国在这些产业中的领先地位。

第四,国际间(区域间)技术创新溢出效应。主要通过跨国公司的技术溢出来完成本国的技术创新,打破了东道国技术供给瓶颈制约,大大提高了发展中国家自主创新的能力。

(四)溢出效应对企业技术创新的影响

第一,溢出效应是垄断企业和新进入企业之间策略性竞争和博弈的内生现象。对免费受益的外部企业来说,研发企业所进行的一系列创新活动,都会为他们大大节约获取新知识或研发成本。对产生创新的垄断企业来说,"搭便车"的新进入企业将是潜在的强大竞争对手,显然溢出已构成一种潜在的成本。虽然受溢出效应的影响,但是垄断企业只要具有技术上绝对的领先优势,仍然可以获利。对外部企业来说,当意识到免费获得的溢出效应时,他就会被吸引着跟随和模仿。当然,如果溢出的利益远远大于私人的收益,开发者就不会愿意投入和开发,这时也就不存在溢出效应。

第二,溢出效应对原有企业创新动力的影响。原有企业在学习效应的作用下有渐进创新或持续创新的惯性,它在第二代产品的技术创新中也会拥有一定优势的可能性较大,这种情况下企业进行技术创新,企业的期望利润会随着溢出效应的增大而增加。若垄断企业在进入第二代产品时,被竞争对手击败,失去了技术创新上的优势,期望利润会随着溢出效应的扩大而不断减少,原有企业的创新动力也随之降低。这种情况下可能会出现一个原有企业是否具有创新动力的分水岭,即溢出效应增大到某一阈值时,原有企业期望利润下降为零。

二、创新的成本竞争

技术创新是企业改进其现有产品或创造新的产品、生产过程或服务方式的技术活动,研发属于企业有组织的技术创新活动,这些创新活动都会对企业生产成本产生影响。成本竞争是企业基础的竞争形式,由于很难准确控制和预测新产品、新技术的研发周期、研发成本和投入回报等,若没有政府财税政策的扶持,一般企业是很难主动进行技术创新的。

(一)完全竞争市场下研发与企业成本

研发对企业成本的影响轨迹大致可以分为三个阶段:第一阶段是企业对研发进行投资形成的成本;第二个阶段是研发完成后继续发生的成本;第三个阶段是由研发成功带来的企业边际成本下降。

企业在一次研发成功后的成本结构会发生以下变化:边际成本下降,固定成本上升。假设现在我们在一个完全竞争市场中,边际成本曲线是 MC,初始的平均成本曲线是 AC,对每一个企业而言,均衡时的需求都是当 $P=AC=MC$ 时的 q 点,这时,如果有一个企业首先研发成功,若给定市场内所有企业的产品仍然无差异的,则企业平均成本曲线 AC 可能出现图 2-1 的变化。

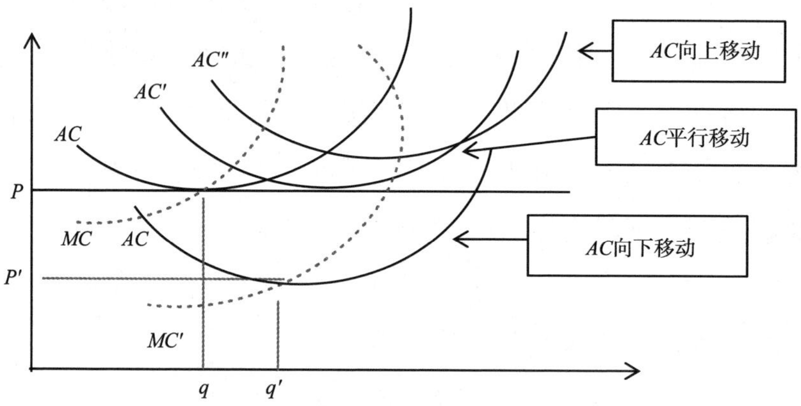

图 2-1 研发引起平均成本的三种变化

企业的平均成本曲线 AC 可能会发生以下一些变化:一是 AC 会向上移动,这时,由于研发难度较大等原因,平均变动成本的减少量往往小于平均固定成本的增加量;二是 AC 只会沿着均衡价格线向右滑动,这时减少的平均变动成本等于增加的平均固定成本;三是 AC 会向下移动,这时,平均变动成本的减少量大于平均固定成本的增加量。当遇到第一种情况时,企业只要研发就会亏本,而遇到第二种情况时,价格没变的情况下,整个产业仍然处于原来的供求均衡状态,供给量增加了,企业仍然没有意愿去研发,但在给定其他企业需求不变的情况下,进行研发的企业需求也会保持不变,企业仍将亏本。只有在第三种情况下企业愿意进行研发,这时可能出现一家企业或者部分企业从事研发,还有可能所有企业(包括市场潜在的企业)都从事研发,具体分析如下:

第一,只有一家企业从事研发活动。在完全竞争市场图中每一个均衡点都是在给定技术条件不变情况下所取得的生产要素的组合。一旦有一家企业研发成功,则该企业生产要素就会被重新组合,该企业就有可能降价,这时,价格的选择是在新供给曲线($MC' \geqslant AC'$的部分)上小于原均衡价格 P 的区间里。若该企业降价,在不考虑研发成果外溢的情况下,此时市场的需求曲线是垂直的,说明市场已经饱和,即使降价也不会使需求增加,所以,企业在原均衡价格 P 处售出自己的产品是最好的选择,这时,成交量 q 仍然不变,则企业的获利为$[P-AC'(q)q]$(见图2-1)。若市场没有饱和,且研发成果没有外溢和其他企业没有降价的空间,一旦企业降价,则企业的需求量便会急剧增加,这时企业若能以很小的成本扩大供应量以满足这种急剧增加的市场需求,便会出现全胜的市场局面;反之,若企业生产能力有限,则降价带来的市场需求的增加就只能是其供应量,这时,由于其他企业的市场供给受到压缩的影响,就会促使它们开始研发活动,因此,一直到其他企业研发成功为止企业的超额利润才会消失。当考虑了这样的动态因素,且 $P'=MC'$时,因降价而获得的利润现值将由式(2.1)计算得出:

$$\pi = \int_0^T (MC' - AC') q' e^{-rt} dt \tag{2.1}$$

其中,T 为下一次该企业或其他企业研发成功的时间,q' 为企业降价后的销售量,r 为利率。

由于考虑到研发的不确定性,假设企业研发成功的概率为 μ,若企业研发失败,则研发投入的专用设备费用以及为研发所雇佣的专业人才的工资支付等成本需要企业承担,这一部分用 F_{cr} 表示。企业研发失败时的利润为$-F_{cr}$,那么,每一次企业进行研发的期望利润现值为:

$$E(\pi) = \mu \cdot \int_0^T (MC' - AC') q' e^{-rt} dt + (1 - \mu) \cdot (- F_{cr}) \tag{2.2}$$

在不确定的情况下,只有 $E(\pi) \geqslant 0$ 时,企业才愿意开始研发活动。由式(2.2)可知,一是在外溢难度很大时,边际成本下降得越快,$P-MC'$就越大,企业研发的动力就会越大;另外,AC的下降幅度随着边际成本下降而增大,企业研发的动力就变大。二是研发成果的效用持续时间越长,企业研发的动力越大;其实,式(2.2)已经表明社会应该认可企业研发成果效用的时间是内生的,那就是满足 $E(\pi)=0$ 的 T 值。三是企业的研发风险为 $(1-\mu)\cdot(-F_{cr})$,它和固定成本、研发失败的概率呈正相关。

第二,囚徒困境(Prisoner's Dilemma)和所有企业都从事研发活动。在上述分析基础上作进一步研究,若市场内所有企业都看到了研发所带来的利益,研发的成本又都相同,且所有的研发都能成功,则整个市场的价格会下降到 AC' 的水平,这时,提高了消费者的福利水平。但就企业而言,在这种均衡状态下,由于价格始终是平均成本的水平,则利润为 0,与研发前的情况相同,那么,合谋不从事研发,将会是企业最优的选择。但是,一旦有个别企业从事研发所带来的利润大于 0,便会有潜在进入者通过研发进入,合谋不从事研发的均衡状态就会不稳定。进一步地说,即使没有潜在进入者,只要研发期望利润 $E(\pi)$ 大于 0,对市场内每个企业来说,"进行研发"是它们的占优战略;加之,由于企业众多,合谋的成本又太高,合谋不从事研发的均衡也是不稳定的。所以,在决策是否研发时,每个企业都会陷入囚徒困境,结果是所有企业都在从事研发。研发具有不确定性,若假定市场上有 n 个企业,k 个潜在进入企业,每个企业研发成功的概率仍然是 μ,进一步简单地假定企业研发失败后就退出市场,则一次研发结束后,进入的企业数为 $k\mu$,退出的企业数为 $n(1-\mu)$,市场中企业的总数为 $(n+k)\mu$。所以,当 $k\mu > n(1-\mu)$ 时,市场的集中度会较低;反之,当

$k\mu < n(1-\mu)$ 时，集中度则较高；当两者相等时，集中度不变。可以这样说，研发成功的概率、潜在进入者的数量和市场集中度成反比。[①]

（二）研发产生的固定成本与市场集中

任何成本都需要依靠市场的需求得到补偿，需求的增长是企业研发的动力。从供求均衡来看，固定成本与需求增长的相互作用会影响市场的集中度。沿着上文的分析，每个企业在研发后的成本函数可以写成 $C(q)=F_{cr}+c(q)$，在这里仍假定每个企业研发后的成本结构相同。经历一次研发后，市场容量为 $MC'\cdot q'$，即价格×需求量。若企业的销售收入等于成本时，则利润为 0，当供求均衡时，企业数 n 由式（2.3）决定：

$$n = \frac{MC' \cdot q'}{[F_{cr} + c(q')]} \qquad (2.3)$$

其中，$n[F_{cr}+c(q')]$ 为市场中所有企业研发成本的总和。由式（2.3）可知，一次研发后，当企业的收入与成本相等时，市场的集中度会随 F_{cr} 的增加而增加。事实上，若企业有超额利润，企业数 n 的值会更小，上述逻辑仍然成立。同样，在动态分析中，将 F_{cr} 分摊到新技术作用的各期，上述推理及结论也依然成立。

研发可以导致市场集中度提高。一方面，累积性和外部性是技术（知识）的两大特点。研发的难度会随着时间的推移和知识存量的增加而增大，企业在已有的技术水平上任何一个边际调整的难度将会越来越大，由于"囚徒困境"的存在，市场中研发已经成为企业一项经常性的工作，这就意味着企业在研发上的支出也

---

① 杨公朴、王春晖：《产业经济学》，复旦大学出版社 2005 年版，第 258 页。

将会越来越大。结果是,企业知识存量在不断增加和知识外溢持续增大,致使企业研发的固定成本不断上升,市场集中度逐渐提高。另一方面,研发产生的规模经济也提高了市场集中度。研发原创企业的平均成本曲线向右下方移动形成了规模经济,同时研发成果外溢给其他企业带来了规模经济。另外,通过研发竞争行业内未淘汰企业形成了规模经济。规模经济既受到需求增长的约束,又刺激了需求。若市场的需求潜力不是很大,研发带来的供给增加的速度快于需求增长的速度,则市场中企业的数量必然会减少;从研发固定成本的影响来看,即使供给增速等于需求增速,企业数量也会缩减。因此,只有企业研发所产生供给增加的速度小于市场需求增长的速度,并且可以抵消固定成本的影响时,市场中企业的数量才不会下降。

三、创新激励性

通过上述关于企业技术创新成本的分析可知,要想使企业和人员愿意为创新而投入,离不开激励。在市场经济中,市场激励与非市场激励(政府激励)均可以促进企业进行技术创新。"技术创新激励"旨在提高企业及其技术部门技术创新的动力,扩大技术创新的激励效应,也离不开政府公共政策的激励。

(一)企业技术创新的市场激励

在市场经济体制中,企业技术创新的市场激励指在政府维护市场公平有序运行的情形下,以市场为主体,通过市场调节手段推进企业技术创新的发展,充分发挥市场的作用,其中,市场决定企业技术研发方向和路线选择、要素价格及创新要素等资源的配置是市场激励企业技术创新的重要体现。市场竞争机制是企业进行技术创新最重要的动力,尽管在某些情况下竞争激励研发的效果较差[1],企业技术创新的重要目标仍是获取核心竞争力,来自市场的竞争在多个方面产生激励作用:一是生产要素的市场价格波动。生产要素价格的相对变动将影响企业利润,企业最好的出路就是通过技术创新降低企业成本,增强竞争力,这是企业持续进行技术创新的动力。二是企业要具有特色。企业能够不被其他企业模仿,导致更低的成本,就可以增强竞争优势。销售渠道、产品结构、生产工艺、产品的性能和质量、产品的包装、市场的地理范围等都可能成为企业创新的对象,而且并不需要科学研究上的突破,仅仅是一般性技术和资源整合的创新。三是占据垄断市场地位。利用垄断就能够获取超额利润,对非垄断者来说由于所处的不利地位将激发其创新积极性,而且只能依靠技术创新去打破市场垄断。对垄断者来说为了维护其有利的市场地位将会不断创新,由于具有较强的经济实力可以抵抗较大创新失败的风险,而且具备大规模的产品和技术体系创新能力,当然市场垄断带来的有利条件也会使企业维持现状,这在一定程度上会阻碍创新。四是技术体系内部发展不平衡。在强大的市场功能下,资源将很快流向技术落后的"瓶颈"部门诱导该部门发生创新,与技术体系内部效益高的部门发展相适应,达到新的、更高水平的技术发展平衡。

(二)企业技术创新的非市场激励

企业创新的非市场激励主要指政府激励政策,即政府在某一

---

[1] Stoneman P., *The Economics of Technical Change*, Oxford: Basil Blackwell, 1983, pp. 30~50.

特定时期对某一特定行业实施的激励政策,为了克服市场的失灵,如为资助某一创新项目设立专项基金,为推进企业成长与创新发展进行财政补贴或税收政策上的优惠。政府在科技方面的战略规划和科技资源整合,支持基础性、战略性及前瞻性的科学研究和具有共性的技术研究是非市场激励推动企业技术创新的重要体现。政府干预的原因可能有政治、军事、社会等方面的原因,但是从经济角度看是弥补市场不足、矫正市场失灵,其基本前提必须是市场在资源配置方面充分发挥决定性作用。斯蒂格利茨等(Stiglitz,2015)①曾重点解释过经济学关于市场失灵的最新发现,其内容包括:一是创新活动(无论是模仿性的还是自主性的)具有很强的正外部性,以致在某些情况下成为全行业的公共物品,导致企业的行动激励受限;二是信息搜寻和扩散也具有公共物品的性质,因此单纯依靠市场机制的运作难以促使其充分提供;三是新兴产业在初期发展阶段存在市场不足甚至市场缺失的情形,这不仅涉及其自身产品的市场,也涉及相关投入品的市场。② 因此,对技术创新来说,国家的干预直接影响技术进步或创新的速度和方向,适时适度的政策干预是最富有成效的激励。③

　　不同体制国家的政府对技术创新的干预程度与激励方式有所不同。一般情况下,在市场经济体制国家,政府干预虽然有直接方式,如拨款资助科学技术的教育、研发研究等,但经常更多使用间接干预方式鼓励创新及采用创新成果。间接干预方式主要是宏观

---

　　① Stiglitz J. E., Rosengard J. K., *Economics of the Public Sector*, W. W. Norton & Company, 2015, pp. 78-92,120-135.

　　② Stiglitz J. E., *Frontiers of Develepment Economics:The Future in Perspective*, Oxford:Oxford University Press, 2000, pp. 220-240.

　　③ 张静波、齐建国:《激励机制与技术创新》,《数量经济技术经济研究》1995 年第 2 期。

的经济政策和法规,所产生的激励作用包括正向激励和逆向激励,前者是实行鼓励性的促进政策,后者是通过法律法规实行技术管制、环境规制等。另外,大多数发达国家在其起步阶段会较多采用政府干预和保护主义的非市场化激励政策谋求发展。①

研究表明,中小企业在创新方面有更大空间,政府激励的作用较为明显。由于中小企业灵活性强的特点,在一般性的技术创新方面更具有优势,各个国家都非常重视给予中小企业扶持和优惠政策,尤其是通过税收、贷款等优惠措施积极推动中小企业的技术创新与技术扩散。对中小企业的政府扶持不但有利于增强国家整体上的技术创新能力,而且能破除垄断,使垄断企业不得不始终保持持续技术创新动力,保持其竞争力。

企业技术创新的市场激励和非市场激励缺一不可,具有互补性,政府要在恰当的时机充当被需要的角色。如在美国的创新体系中,政府充当推动者的角色,在制定创新政策时并不拘泥于政府不参与。再如日本的创新体系中,政府几乎完全承担了构建与完善技术创新体系的任务,制订各项国家技术发展计划用以指导企业的技术创新活动,主导引领了企业技术创新的方向,帮助日本企业渡过技术创新困难时期,形成了"强政府"与技术赶超目标紧密结合的技术创新体系。简言之,各个国家及其政府的政策选择有许多是针对自身弱点制定的,并总是指向最能有效地促进创新的领域,事实也证明工业发达国家的技术成就离不开政府制定的技术创新激励政策。

---

① Ha-Joon Chang, *Kicking Away the Ladder: Development Strategy in Historical Perspective*, London: Anthem, 2002, pp. 2-8, 119-125.

第二节　财税政策激励企业技术创新的影响机理

在国民经济活动中政府的经济活动会影响市场的资源配置及国民收入分配,其中财税政策是政府影响经济运行的一种制度安排。税收、财政补贴、政府公共投资及政府购买等公共政策对企业技术创新活动都有可能产生较明显的激励效应。一方面,企业从事技术创新活动动力的大小直接取决于企业的成本竞争。如果技术创新活动成本过高,带来的利润水平较低,必然会降低企业进行创新的积极性。政府可以通过制定合理的税收制度和适度的财政补贴,保证企业有合理的收益,从而激励企业进行技术创新活动。另一方面,政府通过财税政策激励企业技术创新时必须重视经济效率、尊重市场竞争机制,在充分发挥市场作用的基础上加以宏观调控和有效引导,解决由于外部性存在的市场失灵问题。因此,有必要从财税政策对企业技术创新研发成本的影响机理和企业技术溢出效应内在化来进行研究。

一、财税政策激励企业技术创新研发成本的作用机理

支持企业技术创新的财税政策不但可以降低企业研发成本,提高研发收益,而且还可以激励企业增加研发投入,最终使全社会企业研发投入总量达到一个较高水平。我们可以通过"创新"生产函数,即研究创新投入(如研发支出)与有形产出(如专利或新产品的发明)之间关系,进行分析。根据"创新"生产函数,企业技术创新活动的水平一般可以从企业的投入和企业的产出两个方面

来衡量。我们以研发投入为例,作为衡量企业技术创新活动的指标,利用比较静态来分财税政策激励对企业技术创新的作用机理(见图2-2)。

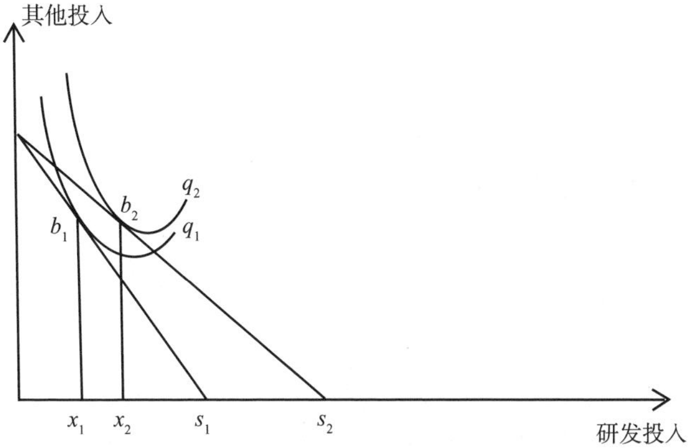

图 2-2 财税政策激励对企业技术创新的作用机理

坐标轴的纵轴为其他资本要素投入,包括外购高新技术产品。若一家企业在得到政府的研发资助前,等成本线为 s_1,等产量线为 q_1,点 b_1 为该厂商利润最大化的生产要素组合。在得到政府资助后,企业所面临的等成本线将发生变化。由于政府的资助,使企业技术创新的研发投入成本开始下降,等成本线由 s_1 变为 s_2,均衡点也从 b_1 点移动到 b_2 点,这时的研发投入从 x_1 点上升到 x_2 点,即企业的研发支出增加。由此可见,企业的技术创新活动受到了财税政策激励。

二、财税政策激励对技术溢出正外部性的影响机理

在内生增长理论中,技术进步被视为经济增长中的一个内生变量,因为一个厂商的技术进步将提高全社会其他厂商的生产率。从增进整个社会福利水平看,这种活动是值得大力倡导的。在阿

罗模型中,由于存在技术溢出,没有政府干预情况下均衡增长率将低于整个社会最优的增长率,市场均衡不是一种社会最优状态。同理,企业技术创新过程中研发投资的私人边际收益往往要小于社会边际收益,无法在市场交易中完全反映出来的收益外溢了,并被与交易无关的人免费获取,这必然导致企业技术创新的动力不足。根据庇古关于消除外部性的思想,这种供给小于社会需求,效率缺失的市场失灵现象可以通过政府介入资源配置领域,来促进效率和社会福利水平的提高。具体来讲,政府通常所采取的干预手段就是运用财政支出(如补贴)和税收优惠政策对企业创新活动进行激励用以补偿其正的外部性,使创新企业的技术外溢内部化,将企业经济行为和企业所应获取的经济利益有效地结合起来。这样,在技术创新活动中企业将会实现帕累托效率,即私人边际成本将等于社会边际成本,私人边际收益也将等于社会边际收益,且私人边际成本将等于社会边际收益,社会边际成本也将等于私人边际收益,如图 2-3 所示。一般传统意义的技术创新较少考虑科技创新活动负的外部性,如对自然资源和环境的破坏(Brawn 和 Wield,1994)[①],也就忽略社会承担了企业从事科技创新活动的成本,故在这里私人边际成本是等于社会边际成本的。企业技术创新活动正外部性内部化的全过程(如图 2-3 所示)形成了财税政策对创新企业技术外溢的影响机理。其中,Q 为企业研发活动或

---

① Brawn E., Wield D., "Regulation as a Means for the Social Control of Technology", *Technology Analysis and Strategic Management*, Vol. 6, No. 3, 1994, pp. 497-505.

布劳恩和维尔德(Brawn 和 Wield)于 1994 年提出绿色技术即环境友好技术,美国环保局科技计划将绿色技术又划分为两类:一类是治理污染的末端技术;另一类是防治污染的清洁生产技术。为了区别传统意义的技术创新一般把以保护环境为目标的技术创新称为绿色技术创新或环境友好型技术创新(Environmental Sound Technology Innovation,ESTI),它将受到环境规制的影响,不作为本书讨论的范畴。

产品的数量，p 为成本，MC 为边际成本，由于这里没有负的外部性，私人边际成本等于社会边际成本，MPB 和 MSB 分别代表私人边际收益和社会边际收益。从图 2-3 来看，如果没有财税政策激励或措施，企业要达到市场均衡必须在 $c(p_1,Q_1)$ 上，这时只愿意提供 Q_1 的研发活动或产品，而社会福利最大化的均衡点是 $e(p_2,Q_2)$，这时所需的最适量为 Q_2，显而易见 $Q_1<Q_2$，企业提供的研发活动或产品数量是不能满足社会总体需求的。为了实现帕累托效率，政府必须给企业提供相应的财政补贴与税收优惠政策，即单位研发创新活动或产品的财政补贴和税收优惠应为 p_2p_3，鼓励企业的研发创新活动或产品的数量达到 Q_2。那么，从理论上财税政策激励的最优数量即合理的度应是图中 p_2p_3de 形成的面积，也可以被认为是对企业技术创新财税政策所触及的边界。但是在实践中要准确地测度企业创新活动中的技术外溢程度和相应的财税政策激励规模，本质上就是界定和校准政府与市场合理分工，则一直是一个科学难题。

第三节　企业技术创新中政府财税
政策激励机制的形成

一般从理论上讲，政府通过财政补贴、征税等政策对企业技术创新活动进行规范、限制、调节和控制的目标是使企业外溢的利益（成本）内在化达到帕累托效率。但是制度经济学派代表人物诺斯（North）却认为政府失灵也会经常出现，因为政府也是"经济

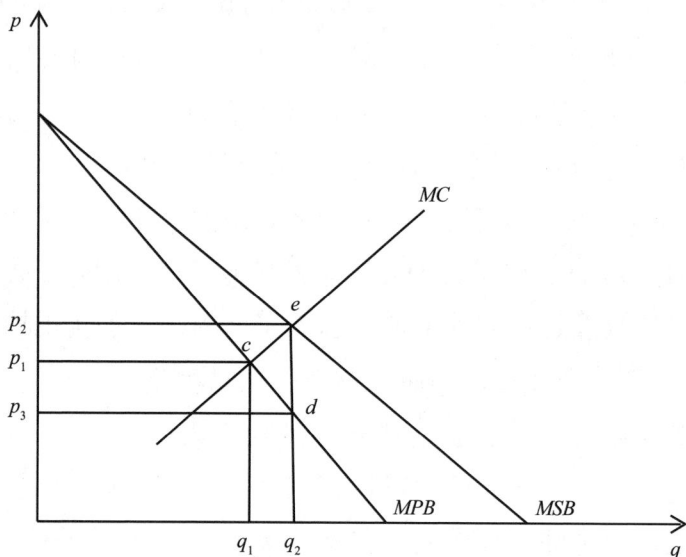

图 2-3 财税政策对企业技术外溢的影响机理

人",它的自利或有限理性导致了不合意的行为与结果。① 在经济学里为了与市场被称为"无形之手"相呼应,政府常被形象地比喻成"有形之手""扶持之手"还有"攫取之手"。② 如何用好政府的"手",即纠正市场失灵,克服其因为寻租、抑制企业家创新精神等导致的政府失灵③,主要取决于其面对的激励(约束)机制,其中包含激励的主体、客体、目标、手段及合规的执行过程。财税政策激励(约束)机制指政府作为激励主体采用财税政策激励手段,在一定激励原则和目标下,能与激励客体企业产生相互作用、相互制约的关系、方法及规律的综合统一体。由此,企业作为技术创新的主

---

① North D. C., *Structure and change in Economic History*, W. W. Norton & Company, 1981, pp.20-50,130-160.

② Plson M., *Power and Prosperity*, Basic Books, 2000, pp. 32-40.

③ Ha-joon Chang, *The Political Economy of Industrial Policy*, London:Macmillan Press, 1994, p. 55.

体将成为政府激励的客体,也被形象地称为激励"接收器",我们应建立何种财税政策激励(约束)机制,才能使政府有效发挥激励主体——"发生器"的作用?

一、企业技术创新中政府角色

我们首先要讨论的问题是政府在企业技术创新的产业政策中是领航员角色还是合作者角色。因为值得怀疑的是,市场存在信息不充分和信息不对称,政府能拥有完备的知识,成为新发展主义中的发展型政府(The Developmental State)吗?[①] 新结构经济学认为政府是一种因势利导型政府,并非越俎代庖取代市场去决定一个经济体应该发展什么产业,而是和企业共同决定产业的发展方向。[②] 罗德里克(Rodrick,2009)[③]把产业政策视为一个企业与政府共同发现潜在的成本和机会,并参与战略合作的过程。经济合作与发展组织(OECD)在 2013 年的全球发展报告中提到成功的产业政策必须加强信息搜集、过滤和整合的能力,在政府与产业界之间建立合作伙伴关系,从而产生协同作用及改善协调能力等。该报告还特别警示:信息不对称会减弱政府的计划能力;政府并不擅长进行快速的调整;产业政策的退出尤为艰难,因为利益集团的

---

① 发展型政府理论兴起于 20 世纪 80 年代出现日本奇迹和亚洲"四小龙"崛起之际,为了研究"日本模式"国际比较发展研究学界兴起了"发展型国家"或"发展型政府"(the Developmental State)的理论思潮,将政府高瞻远瞩地施政视为东亚经济奇迹的重要因素之一。以伯克利加州大学社会学家埃文斯(Evans)为代表的新发展主义学者不断对发展型政府理论进行自我修正,进一步探究是否存在制度化路径选择,可以将政府的发展战略与政策逐步渗透并落实到社会和企业中,以及政府官员是否能以"鞠躬尽瘁,死而后已"的方式实施好产业政策,并把这种特殊的政商关系被概括为"嵌入型自主性"。

② 林毅夫:《〈新结构经济学〉评论回应》,《经济学(季刊)》2013 年第 3 期。

③ Rodrick D., "Industrial Policy: Don't Ask Why, Ask How", *Middle East Development Journal*, Vol. 1, 2009, pp. 1−29.

阻挠无处不在、无时不有。① 毫无疑问,在信息不对称的现实经济中政府往往是很难挑选和甄别出被需要激励的企业客体,为了促进企业知识溢出则更需要政府通过制度建设和激励机制建立,为企业技术创新、产业升级提供高效服务,做好合作者的角色。

二、企业技术创新中政府激励及其行为

从经济学的委托—代理理论角度看,激励(约束)机制的引入是整合政府和企业双方利益的必然选择。在现实经济中,由于信息不对称政府和企业的行为目标在很多情况下是不一致的,甚至还会出现寻租、合谋等行为②,加大了企业效率低下和社会福利损失的可能。因此,政府作为委托人必须采用一种激励性规制策略使作为代理人的企业按照合作共赢的方式从事技术创新活动。具体来说就是,政府作为委托人在激励企业技术创新活动中的主要职能是提供促进技术创新发展战略的制度环境,加大知识产权保护,建立税收和资金扶持、风险分担和利益共享等激励性政策,并通过市场传导机制影响企业技术创新;企业作为代理人是技术创新主体,必须按照市场自由竞争机制和价格信号自觉进行技术创新,而不是由政府直接组织和推进其技术创新活动。

三、企业技术创新中财政激励机制形成

政府不能违背经济发展规律,离不开财税方面的经济手段及

---

① OECD, *Perspectiveson Global Development* 2013: *Industrial Policies in a Changing World*, Paris: OECD Development Centre, January, 2013.

② Laffont J. J., Tirole J., *A Theory of Incentives in Procurement and Regulation*, MIT Press, 1993, pp. 6-14, 484-524.

激励(约束)机制来建立一种政企优势互补、合作共赢的关系。

(一)财税政策激励基本关系链形成

企业技术创新财税政策激励指在遵循经济发展规律下财税政策将深入国民经济的生产与发展中,对企业进行辅助性的技术研发、人力资本等扶持,实现创新企业自身经济效益及社会效益最大化,政府利用财税手段扶持企业研发活动,将形成政府、企业、经济和社会往复循环的基本关系链,见图2-4。

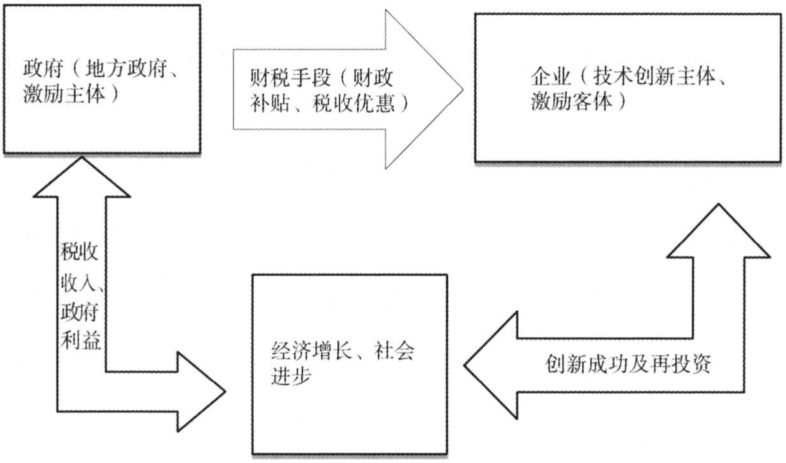

图2-4　企业技术创新财税政策激励形成的基本关系链

(二)激励(约束)机制

财政分权一直是经济增长政策研究领域的一个热点,尤其是第二代财政分权理论伴随着内生经济增长理论的发展及"中国经济奇迹"日益得到学术界的重视。与传统财政分权理论不同的是第二代财政分权理论提出了政府并非是实现社会福利最大化的公共利益守护者,而是具有追逐自我利益的"经济人",需要构建有效的激励和约束机制,实现地方政府官员的政治决策、行为动机与公众福利之间的一致性和共容利益(Encompassing Interests)。在传统财政分权理论中,与财政分权相关的政策目标主要有三类:公共部门的资源配置效率、收入再分配和宏观经济稳定。[1] 第二代财政分权理论新增了财政分权与经济增长相关性的研究,并将内生经济增长理论与其相结合,基于内生经济增长模型研究财政分权与经济增长之间的关系,赋予了财政分权新的政策含义。罗默的内生经济增长模型中生产函数的投入既包括私人资本,也包括公共支出[2],后来被很多研究所采用。也有一些学者(林毅夫等,2000)[3]根据索洛模型的扩展,把财政分权新增到经济增长的解释变量中。

第二代财政分权理论认为,要使政府有激励去维护市场、促进经济增长及提供公共物品,并通过经济增长而获得利益,需要具备以下条件:一是政府体系不少于两个行政层级,每个行政层级政府具有各自明确的范围或者自治权;二是基层级政府对所辖区内的经济事务担负首要的管理责任;三是中央政府有统一国内市场的基本责任;四是地方政府必须有硬预算约束;五是这种权威和责任的划分能够自我实施。[4][5] 公共选择理论认为政府追求的是自身

① Martinez-Vazquez J.,McNab R. M.,"Fiscal Decentralization and Economic Growth",*World Development*,Vol. 31,No. 9,2003,pp. 1597-1616.

② Barro R. J.,"Government Spending in a Simple Model of Endogenous Growth",*Journal of Political Economy*,Vol. 98,No. 5,1990,pp. 103-124.

③ 林毅夫、刘志强:《中国的财政分权与经济增长》,《北京大学学报(哲学社会科学版)》2000年第4期。

④ Qian Y.,Weingast B. R.,"China'S Transitionto Markets:Market-Preserving Federalism,Chinese Style",*Journal of Policy Reform*,Vol. 1,No. 2,1996,pp. 149-158.

⑤ Jin H.,Qian Y.,Weignast B. R.," Regional Decentralization and Fiscal Incentives:Federalism,Chinese Style",*Journal of Public Economics*,Vol. 89,No. 9,2005,pp. 1719-1742.

预算最大化,将会不断增加对社会经济资源的掠夺来满足自身不断膨胀的支出规模,最终损害社会福利。因此唯一能够限制政府规模膨胀的办法就是创造出一种类似于市场的预算约束机制,即在政府内部进行分权,将竞争引入到政府内部各级政府之间。[1]各级政府间政治权力的配置可以通过财政分权这个持续不断的利益再分配过程完成,财政分权状况对政府规模有一定约束力。[2]基于委托—代理理论的角度,第二代财政分权理论指出民选的议会代表、中央政府、地方政府、各级官员及公众之间构成了不同类型的委托代理关系,需要建立相应的利益相容的激励机制来促进实现社会福利的最大化。[3] 在此基础上财政分权将划分清楚中央政府与地方政府之间的责权利,地方政府需要承担发展本区域经济的主要责任,并形成维护市场的区域财政竞争,从而强化地方政府预算的硬约束。但是财政分权也可能产生中央政府对地方政府迫不得已的财政援助问题,会极大地软化地方政府的预算约束[4],甚至很容易诱发政府间恶性竞争,造成公共支出在结构上的系统性"偏差"。[5]

只有在一个利益共容的激励(约束)机制下,企业技术创新财税政策激励基本关系链才能实现周而复始的良性循环。同理,在技术创新过程中中央与地方政府、地方政府与企业微观主体之间

① Brennan G., Buchanan J. M., *The Power to Tax: Analytical Foundations of a Fiscal Constitution*, Cambridge: Cambridge University Press, 2006, p. 65.

② Rodden J., "Reviving Leviathan: Fiscal Federalism and the Growth of Government", *International Organization*, Vol. 57, No. 4, 2003, pp. 695–729.

③ 刘晓路:《财政分权与经济增长:第二代财政分权理论》,《财贸经济》2007年第3期。

④ Rodden J., *Hamilton's Paradox: the Promise and Peril of Fiscal Federalism*, Cambridge: Cambridge University Press, 2006, p. 116.

⑤ Keen M., "Fiscal Competition and the Pattern of Public Spending", *Journal of Public Economics*, Vol. 66, No. 1, 1997, pp. 33–53.

存在着一定的激励与约束机制——财政分权。具体来讲,中央政府通过经济分权给予地方政府增长的剩余控制权,即预算的自由裁量权,并通过发展当地经济增加财政收入。中央政府应该适时调整激励目标、激励强度等,纠偏被扭曲的激励机制。在技术创新过程中处理好中央与地方政府、地方政府与企业微观主体之间的关系取决于面临的财政分权及剩余控制权激励适度问题。

第四节 财税政策激励对企业技术创新影响效应的分析框架

在企业技术创新过程中,政府在一定财政分权的激励机制下通过财税政策手段影响企业技术创新活动的收益和成本,将技术创新的知识溢出效应内在化以弥补市场失灵从而激励企业技术创新,产生了财税政策的溢出效应、非线性和异质性等特征,最终将会影响区域技术创新及区域间经济的协调发展。

一、财税政策激励对企业技术创新的溢出效应

技术创新具有公共物品的一般特征,创新的产品在消费时具有一定的非排他性。当企业在进行生产技术的研发投资时,而最后技术成果却被另一些人"搭便车"(Free-rider)使用,就会影响从事研发活动的企业技术创新的积极性,整个社会将会缺乏技术创新活力。本书在前面章节已经阐释这种企业技术创新的溢出效应(Spill-over Effect)难以通过市场机制来解决,政府的干预往往

是有必要的。本小节要阐明的问题是财政补贴或税收优惠等公共政策作为技术创新溢出效应内在化的一种方式能否激励企业增加研发投入和实现帕累托最优。

溢出效应内在化（Internalization）通常指政府利用财税等经济干预手段使企业的外部收益或成本内含于某种经济关系中，使私人边际收益率（MPB）与社会边际收益率（MSB）趋于一致。实质上就是通过非市场力量调整企业生产函数的过程，以使溢出方和受益方成本趋于一致。因此，对技术创新溢出效应的受益者征收相应的税，而对技术创新的贡献者给予相应的补贴，是许多国家对企业技术创新投资激励的重要方式。

通过财税手段致使企业技术创新溢出效应内在化，能否激励企业研发投资增加和矫正外部性，一直是一个值得探讨的问题。比如，财政补贴可能会导致企业产生依赖心理而自动减少研发投资，没有达到鼓励企业进行研发投资与创新的效果。同时，政府通过财政支出大力扶持的研发项目，可能难以保证满足社会的需要。甚至也不排除在某些行业存在溢出效应小而研发投资过多的可能性，出现"过度竞争"的现象；反之，在某些行业存在溢出效应大而研发投资过少的可能性，导致市场竞争不充分。因此，财税政策在外部性内在化过程中是有代价的，而且并不必然产生激励效果，由于企业更多考虑个体成本，其利益与社会利益很难自觉取得一致，双方利益的不兼容和信息的不对称性，将使矫正外部性的信息成本过高从而导致政府干预的失效。

二、财税政策激励对企业技术创新的非线性效应

对现有财税政策是否促进企业技术创新的研究存在两种截然

相反的观点:其一,认为政府研发补贴可以有效解决研发创新所带来的正外部效应,帮助企业从事研发投资,因此政府的科技资助对企业的技术创新有显著的促进作用,具有挤入效应。其二,企业为了获得财政补贴并非为了创新而策略性地调整自身的研发活动,致使财政补贴挤占了企业自身原有的研发投入,因此财税政策对企业技术创新具有明显的挤出效应。这种不一致的结论也恰恰说明财税政策激励企业技术创新的过程比较复杂,二者并非简单的线性关系,还有可能存在非线性关系。具体来讲,当财税支持力度在合理的区间内会产生挤入效应,财税政策可能会弥补市场失灵,促进企业增加研发投入,进而提高企业创新效率;但是当财税支持力度超过或不在一定合理区间,即对技术发明的公共性补偿或风险补偿过高或过低,均可能使政府资金替代企业自身的研发投入而产生挤出效应,特别是财税政策激励作用于不同地区、不同行业、不同创新阶段时,由于存在一定门槛效应就可能会出现不一致的财税政策激励效应,即非线性效应。

本书认为,政府财税政策都将影响企业获得高额利润,在利润最大化前提下政府财税补贴手段将是推动企业开展技术创新活动的重要保障,但为使政府和企业均完成各自最大化目标,并保证能推动企业有效进行技术创新活动,政府给予企业的财税政策水平必须保持在合理的区间内,即政府财税政策对企业技术创新的影响可能存在非线性效应。

三、财税政策激励对企业技术创新的异质性效应

财税政策空间效应异质性一般指在同一财税政策作用下经济体由于各区域所处的空间不同,在同一时间段或截面上,各区域经

济表现出十分明显的差异性特征。财税政策行业效应异质性一般指在同一财税政策作用下一个经济活动中由于行业特征的不同，在同一时间段或截面上，各行业发展表现出十分明显的差异性特征。通过本章分析可知，在不同经济体技术创新过程中财税政策激励效应异质性的主要影响因素有企业资金实力、技术势差、溢出效应、财政分权程度和财政竞争、空间集聚效应及经济发达程度等，这些因素都会导致同一单位财政资金对企业技术创新扶持的边际效用在某一地区（行业）较之另一地区（行业）要大。

已有文献从不同角度可以说明财税政策对地区间经济发展的影响和对行业间的影响。靳春平（2007）[1]认为财政政策的经济增长效应在空间上存在明显差异，而且经济发展水平较低地区的增长效应大大好于经济发展水平较高的地区。从产业政策视角看存在一个以行业竞争水平和技术差距水平两大行业异质性为特征的最优实施空间，越偏离最优实施空间，施政效果可能越会背离政策制定者的初衷。[2] 因而本书将实证分析财税政策异质性效应，侧重点是基于价值链上技术转换和转化两阶段的企业技术创新过程中财税政策激励效应在地区间是不一致的，将表现出东部、中部、西部地区的差别，同样在以技术势差为特征的行业层面将表现出高新技术行业和中低技术行业的差别。

---

[1]　靳春平：《财政政策效应的空间差异性与地区经济增长》，《管理世界》2007 年第 7 期。
[2]　黄先海、宋学印、诸竹君：《中国产业政策的最优实施空间界定——补贴效应、竞争兼容与过剩破解》，《中国工业经济》2015 年第 4 期。

四、基于制造业企业增值税税负的财税政策激励对企业创新绩效的影响

（一）"营改增"扩围政策对制造业企业创新绩效的影响

"营改增"扩围政策能够减轻制造业企业增值税税负。对增值税一般纳税人而言，"营改增"政策对制造业企业的间接减税效果主要通过价格渠道与抵扣渠道实现。一是价格渠道。增值税以生产销售环节的增加值作为计税依据，属于价外税，而营业税是以提供应税劳务、转让无形资产和销售不动产所收取的全部营业额作为计税依据，属于价内税。"营改增"政策实施后，服务业企业从营业税转缴增值税，不仅会引起税收水平的波动，更重要的是会进一步改变市场经济交往中的内部价格体系，而下游制造业企业的成本和所承担的税负也会因"营改增"政策所涉行业价格的变化而发生变化。二是抵扣渠道。"营改增"政策实施前，由于服务业行业缴纳营业税，因此制造业企业从服务业企业购进的服务无法抵扣进项税额。"营改增"政策实施之后，制造业企业购进和生产相关的服务的进项税额可以抵扣。即"营改增"政策打通了不同行业、不同企业间增值税的抵扣链条，扩大了增值税的抵扣范围，可以有效减轻制造业企业增值税税负。① 此外，"营改增"政策实施之后，大量制造业企业会更新改造设备、购买无形资产或将劳务业务外包，只要能够取得符合要求的增值税专用发票进行税额抵扣，那么也有利于降低企业增值税税负。对小规模纳税人而言，其增值税税负虽然不会因为抵扣链条变完整而降低，但一般纳税

---

① 李永友、严岑：《服务业"营改增"能带动制造业升级吗？》，《经济研究》2018 年第 4 期。

人完善的会计核算制度和丰富的税收优惠政策会促使小规模纳税人向一般纳税人转变。从这个意义上说，其同样也受到了"营改增"税收制度的影响。

进一步地，"营改增"扩围政策可以通过减轻制造业企业增值税税负，进而提升企业的经营绩效，该激励效应主要体现在以下五个方面：第一，增加了企业现金流。根据企业税前利润计算公式，企业税前利润＝（销售收入－可抵扣的变动成本）×（1－增值税率）－固定成本－不可抵扣的变动成本。"营改增"政策实施之前，由于服务业企业缴纳的营业税为价内税，那么当制造业企业和服务业企业发生经济往来时，服务业企业缴纳的税收实际上最终是由制造业企业所承担的，这项支出构成了制造业企业的成本。"营改增"政策实施之后，制造业企业和服务业企业之间的抵扣链条被打通，服务业企业缴纳的增值税由于抵扣范围的扩大而被抵扣。对制造业企业来说，抵扣的进项税额增加，减轻了企业税收负担，即企业可抵扣的变动成本减少，进而利润增加。利润增加使企业经营活动的现金流入也会同步增加，企业将会有更多的现金资源用于研发投入、扩大投资①、员工培训等，进而提升企业的生产效率、科技创新和盈利能力。第二，促进了专业化分工。由于"营改增"政策减轻了制造业企业的税收负担，为了优化整合资源，一部分制造业企业会选择调整企业结构，通过生产服务外包或成立单独企业对外经营自身成熟技术等方式实现主辅分离，更加专注自身核心业务发展。② 这种对企业集约化和专业化的重组，不仅

---

① 陈昭、刘映曼：《"营改增"政策对制造业上市公司经营行为和绩效的影响》，《经济评论》2019 年第 5 期。

② 陈钊、王旸：《"营改增"是否促进了分工：来自中国上市公司的证据》，《管理世界》2016年第 3 期。

有利于企业提高劳动生产效率、资源配置效率,帮助企业实现转型升级,更有助于企业改进自身工艺,提升核心竞争力,这在一定程度上必将提升企业经营绩效。第三,优化了资本配置结构。制造业税负的下降,等于国家变相给制造业企业一部分税收补贴,弱化了政府征税对产品价格的影响,减少了税制结构不合理对资本结构的扭曲,优化了资本在整个制造业链条上的配置结构,进而能够提高资本的产出水平,最终提升企业利润水平。[①] 第四,增加了股东投资。企业税负降低能够使单位股东的税后回报增加,从而激发股东投资企业的积极性,更有利于上市制造业企业吸纳股东投资,促进企业的进一步扩张与发展。第五,扩大了消费需求。由于增值税属于流转税的一种,在实际的经济活动中由企业和消费者共同承担。减税不仅能降低企业税负,也能改变商品市场价格体系,减轻消费者税收负担,进而调动消费者积极性,扩大企业的市场需求,提高企业盈利能力。

(二)增值税税率下调对制造业企业创新绩效的影响

增值税税率下调能够直接提升制造业企业创新绩效。第一,增值税税率下调能够缓解企业融资约束。企业包括外部融资和内部融资两个融资渠道。对外部融资来说,税率下调能够增强外部投资者对企业未来发展前景的乐观预期,从而吸引投资者加大投资,促进企业外部资金供给量增加;对内部融资来说,增值税税率下调,减轻了企业增值税及其附加税的税收负担,增加了企业现金流,改善了企业内部融资约束。因此,税率下调为制造业企业改善

---

① 孙正:《服务业的"营改增"提升了制造业绩效吗?》,《中国软科学》2020年第9期。

经营状况、实施技术创新和推进转型升级提供了良好的资金环境。第二,增值税税率下调能够促进企业研发投入,提高企业创新能力。创新是企业发展的灵魂,是企业保持活力的根本基石。增值税税率下调不仅能够减轻企业的税收负担,降低企业开发新产品的税收成本,激发企业科技创新和研发投入的积极性;同时也会使部分市场竞争力较强的产品不含税价格上升,从而为企业产品研发创造更稳定、更充分的现金流,推动企业加快产品更新升级,不断提高产品质量。进而为企业扩大再生产注入新的活力,提升企业市场竞争力,改善企业经营状况,增强企业盈利能力。第三,增值税税率下调能够刺激消费者扩大消费需求。增值税作为流转税中最主要的税种,其政策红利会从生产端向消费端传导,在一定程度上会刺激消费者扩大消费需求[1],反过来会促使企业加快生产效率,进一步扩大生产规模,提升企业的经营绩效。第四,增值税税率下调能够优化营商环境,提高资源配置效率。打造公平透明的税收环境是建设营商环境的重要方面,税率下调有效缓解企业经营压力,同时依托互联网和大数据,配合政府推出的"互联网+税收服务"模式,实现了企业财税活动的数字化、智能化和信息化。此举不仅简化了纳税过程、优化了纳税服务,有利于构造快捷便利的税收服务平台,更实现了科技减税,大大减少了纳税人的遵从成本和税务机关的征税成本,真正让企业享受到税收红利,为企业加快发展增添动能。此外,增值税税率下调配合较大幅度降低高档位税率,较小幅度降低中档位税率,低档位税率保持不变的减税措施,不仅有力地支持了实体经济的发展,也有效平衡工商业

---

① 李远慧、陈蓉蓉:《基于企业研发投入视角的增值税税率下调派生效应研究》,《税务研究》2022年第2期。

与服务业的税负,更好保持增值税中性,提高资源配置效率,进而促进企业转型升级,实现制造业的高质量、可持续发展。

五、基于高新技术企业减税降费对企业技术创新的影响效应分析

(一)减税降费激励高新技术企业技术创新的作用机理

减税降费作为重要政策工具,在提高企业技术创新能力,促进经济增长动力由要素驱动、效率驱动转向创新驱动方面起着重要作用。

减税降费能直接增加企业研发创新所需的现金流。稳定、充足和持续的金融资源是技术创新的根本保障。企业在一定时期的现金流代表其可自由支配的资金状况,充裕的现金流可以提高企业进行技术创新活动的能力和意愿。[1] 减税降费政策从源头上降低了企业的税收负担和制度性交易成本,减弱了企业内部资金的波动性,保留了较多的利润留存,当期增加的企业现金流是下一期企业技术创新活动的资金基础,在技术创新活动中激励企业购买技术设备、引进研发人员和新技术,进而影响企业的创新产出数量和质量。

减税降费激励企业增加对技术创新活动的投资。一方面,对企业部门来说,税费的增加会显著抑制其投资水平[2],不断加大固定资产折旧速度和研发费用税前加计扣除力度,通过降低企业购

---

① 邓力平、何巧、王智烜:《减税降费背景下企业税负对创新的影响研究》,《经济与管理评论》2020 年第 6 期。

② 肖志超、郑国坚、蔡贵龙:《企业税负、投资挤出与经济增长》,《会计研究》2021 年第 6 期。

置固定资产成本，增加企业内源性资金来激励企业的投资需求[①]，同时减税降费能有效地弥补企业家消极情绪对投资带来的影响。[②] 另一方面，减税降费有利于缩小企业产品经营利润与金融投资利润之间的差距，进而促使企业主动减少金融资产配置，增加对技术创新活动的投资偏好。

减税降费能有效降低企业技术创新过程中的风险和不确定性。高新技术企业囿于研发资金投入大、创新产出周期长、产品更新速度快等原因，技术创新面临极高的风险和不确定性。在创新决策阶段，减税降费作为一种政策支持，本身就能向外界传递支持信息，比如向银行、信托公司等金融机构发送信号，减少信贷软约束、吸引风险投资等进入企业，缓解创新活动的信息不对称问题，拓宽高新技术企业的融资渠道，为企业开展技术创新注入强有力的信心；在技术创新实施阶段，以“营改增”为代表的减税政策完善了增值税链条，不少高新技术企业的进项税额抵扣的范围得到扩大，增值税全面由生产型转变为消费型，提高资本劳动比和生产效率，有利于企业增加专业人力资本和知识资源投入，提高创新产出的效率；在技术创新实现阶段，受减税降费政策激励的高新技术产业的产品的附加值和核心竞争力较强，在产品市场上竞争优势突出，企业的利润得以增加，对技术创新活动形成正反馈，推动高新技术企业持续稳定地进行技术创新。

---

① 刘啟仁、赵灿、黄建忠：《税收优惠、供给侧改革与企业投资》，《管理世界》2019年第1期。

② 杨杨、杨兵：《税收优惠、企业家市场信心与企业投资——基于上市公司年报文本挖掘的实证》，《税务研究》2020年第7期。

（二）减税降费激励高新技术企业技术创新的传导路径

企业研发创新需要稳定、充足的金融资源作为保障，而高新技术企业囿于研发资金投入大、创新产出周期长、产品更新速度快等原因面临更大的融资约束。减税降费能通过内源融资和外源融资两种渠道来缓解高新技术企业面临的融资约束，进而推动企业技术创新。一方面，减税降费直接为高新技术企业的内源融资提供保障。因为所得税优惠、增值税减免、社保缴费比例下调和研发费用加计扣除等一系列减税降费政策能有效降低企业税费负担，降低企业生产性成本，为企业保留较多的利润留存，增加实体企业自由现金流。同时，产品的经营利润在不断上升，而金融投资利润却持续下降，企业就会有减少金融投资以增加主业投资的意愿。另一方面，减税降费政策能降低高新技术企业获得外源融资的难度，拓宽外源融资渠道。减税降费能降低高新技术企业生产性成本，使高新技术企业呈现盈利良好的情况，更容易获得外源资金。同时减税降费作为一种政策支持，本身就能向外界传递支持信息，有利于拓宽高新技术企业的融资渠道。综上，减税降费可能通过缓解高新技术企业面临的融资约束，为企业的主业发展提供更多的资金支持，降低因主业资金承压而试图通过金融投资牟取暴利的动机。

根据上文理论分析，可以归纳研究框架，见图2-5。本书分析框架的主要思路是，首先，探讨财税政策作用于企业技术创新的动因、作用机理、激励的形成机制以及影响效应，这一阶段属于理论分析部分；其次，探索和分析我国现行财税政策影响企业技术创新的效果，提供现实依据；再次，围绕理论部分所提的溢出效应、非线性效应和异质性效应,分别从区域、行业以及制造业企业和高新技术企业等宏观、中观和微观层面实证检验财税政策对企业技术创新的激励效应,这是本书实证分析的核心内容;最后,根据前几步研究的结果,提出本书认为的财税政策激励企业技术创新的对策建议。

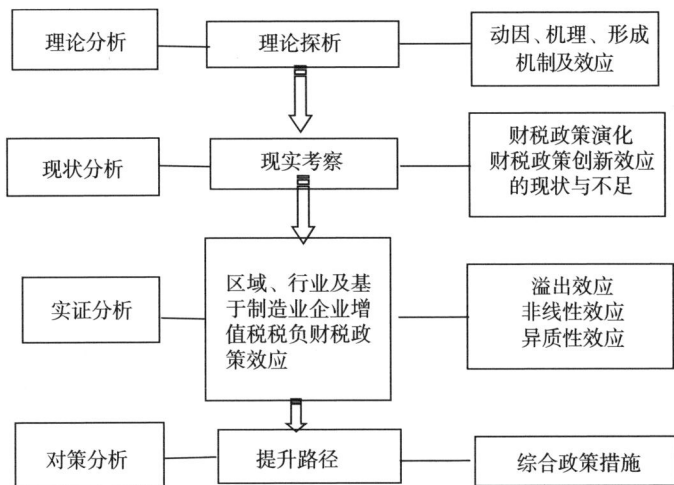

图2-5　财税政策激励企业技术创新的分析框架

财税政策激励企业技术创新的理论分析,从创新的外部性、创新的成本竞争和创新的激励性三个方面探究了财税政策激励企业技术创新的动因,即回答企业技术创新为什么需要政府财税政策干预。阐述了财税政策激励企业技术创新的影响机理,并对企业技术创新财税政策激励的形成机制进行了探讨,构建了企业技术创新财税政策激励形成的基本关系链理论模型。从理论上探讨了财税政策影响企业技术创新的溢出效应、非线性效应和异质性效应,溢出效应重在揭示财税政策对企业技术创新活动存在挤出或挤入影响,非线性效应重在揭示财税政策对企业技术创新的影响

规律和动态特征,尤其是异质性效应重在揭示财税政策对企业技术创新的影响在不同区域、不同行业、不同创新阶段中可能表现出的差异性,基于理论层—现实层—实证层—政策层四个层面构建了财税政策激励企业技术创新的主要分析框架。

第三章　中国财政体制的演进研究

本章探讨企业技术创新财税政策激励的制度基础——中国财政体制,主要研究社会主义市场经济体制确立以来我国财税体制改革进程和其阶段性特征,旨在进一步揭示财税政策激励对企业技术创新的影响奠定现实的制度基础。

第一节　财政体制改革的背景

从人类发展史来看,虽然财政活动是一种历史悠久的经济现象,但各国的历史经验表明,财政活动离不开政治因素,财政活动是政治与经济共同作用下的产物。[①] 党的第十八届三中全会上,《中共中央关于全面深化改革若干重大问题的决定》明确提出"财政是国家治理的基础和重要支柱",科学的财政体制是优化资源配置、维护市场统一、促进社会公平、实现国家长治久安的制度保

---

①　陈共:《财政学对象的重新思考》,《财政研究》2015 年第 4 期。

障。因此,现代财政体制的构建需要先行的政治体制改革,其中加快推进我国政府治理能力提升,逐步由管控型向服务型政府转变与建立现代财政制度密切相关,二者要相互配合和协调发展才能实现国家治理体系和治理能力现代化。

党的十一届三中全会顺利召开之后,我国经济体制开始改革,财税体制改革作为经济体制改革的重要部分被迅速推进。在这个改革阶段,遵循物质利益原则,中央和地方财政关系是改革重点,财权下放,先后实行了"划分收支,分级包干"和"划分税种,核定收支,分级包干",形成"分灶吃饭"财政体制。同时,改革了国家与企业的利益分配关系,对企业实行奖励基金、利润留成、企业基金等多种形式的包干制度及进一步实施"利改税"和企业经营承包制,从而确立了企业自主权。一方面,通过国有企业利润留成、"利改税"、实行承包经营责任制等举措减税让利,提高职工的生产积极性,调整政府与企业的关系;另一方面,在坚持党中央集中统一领导的前提下,下放经济管理权,由地方政府治理本地经济发展,并通过税收收入为地方政府履行职能提供基本的财力保障。这个阶段的改革主要是想通过让利和放权,让各方面提供物质收益,以期带动各方面的积极性,形成经济发展新的动力机制,促进国民经济和社会的发展。

第二节　财政体制改革的进程

一、1994—2001 年由国家财政转向公共财政的制度建设

按照 1992 年中国共产党第十四次全国代表大会提出的建立

社会主义市场经济体制的目标,1994 年启动了分税制财政体制改革。这次改革明确中央与地方财政收入和事权的划分,分为两套税务机构分别筹集中央政府收入和地方政府收入,明确了中央对地方财政的税收返还数额及相关转移支付办法等;在政企关系,税利分流,要求企业通过产权明晰与有序市场竞争逐步与市场经济接轨,其后我国对国有企业进行股份制改造并配套建立国有资产管理制度,本轮的一系列改革为今后建立现代企业制度,划清政府与市场的边界,清晰定位政府、社会、市场关系奠定了良好的基础。

1998 年全国财政工作会议明确提出,"积极创造条件,逐步建立公共财政基本框架",这是一次具有划时代意义的重大决定。它意味着重新定位政府与市场关系、政府与民众关系,从过去计划调节下的"非公共性"趋向市场调节下的"公共性",为中国财政体制机制提供了更广阔、更高远的平台:适用于整个社会的公共制度代替适用于国有部门的"自家"制度。[①] 从此,仅限于政府部门的财政收支活动将在全社会范围内运作,而且涉及每个社会成员的切身利益,由此对公共规则的要求和公共理念及公民意识也就诞生了。

二、2002—2012 年基本公共服务均等化的公共财政制度建设

这个阶段的财政体制改革的主要内容:一是在国有企业改革上,首次提出发展混合所有制经济,积极推行股份制。党的十六大明确指出国有企业是我国国民经济的重要支柱,优化国有经济的

---

① 高培勇:《公共财政:概念界说与演变脉络——兼论中国财政改革 30 年的基本轨迹》,《经济研究》2008 年第 12 期。

布局和结构,加强对国有资产的严格管理。二是明确各级政府的财政支出责任,要求健全公共财政体制。三是大力促进基本公共服务均等化。2007年党的十七大明确指出"围绕推进基本公共服务均等化和主体功能区建设,完善公共财政体系",并将其确定为继续深化财政体制改革的一项基本方针。这一轮财政体制改革加大了财政在公共服务领域投入的力度,要求加强基层政府提供公共服务的能力;实行有利于科学发展的财政制度,建立健全资源有偿使用制度和生态环境补偿机制;强化预算管理和监督,健全中央和地方财力与事权相匹配的体制。随后,2012年党的十八大报告再次指出进一步完善和促进基本公共服务均等化和主体功能区建设的公共财政体系,并提出构建地方税体系和深化国有企业改革,强调不断增强国有经济的活力、控制力和影响力。同年,首个《国家基本公共服务体系"十二五"规划》正式出台,明确指出保障人人享有基本公共服务是政府的基本职责,这是中国公共服务发展从理念到制度的一次创新,基本公共服务制度成为向全民提供的一种公共产品。因此,中国公共财政理论与实践无论是从涉及的范围还是深入的层面上,又迈入了一个新的阶段。民生财政的概念在学术界得到了广泛的讨论和研究,故也有学者认为这个阶段的财政体制改革特征是"民生财政"。

三、2013年至今现代财政制度建设的开端

这个阶段财税体制改革的主要目标是通过财政作用促进国家治理现代化,使财政安排成为国家治理的基础与重要支柱。2013年党的十八届三中全会明确把"完善和发展中国特色社会主义制度,推进国家治理体系和治理能力现代化"作为全面深化改革的

总目标,并肯定了市场在资源配置中的决定性作用。大会还通过了《中共中央关于全面深化改革若干重大问题的决定》,明确指出"财政是国家治理的基础和重要支柱,要求建立现代财政制度,发挥中央和地方两个积极性,改进预算管理制度,完善税收制度,建立事权和支出责任相适应的制度"。随后,2015 年党的十八届五中全会要求建立健全现代财政制度、税收制度。全会还提出要积极参与经济全球化,提高我国在世界经济治理中的话语权,积极参与全球经济治理与产品供给,与世界各国构建一个广泛的互利共赢的利益共同体。因此,在这个阶段财政体制改革是建立现代财政制度和税收制度,财政成为国家治理体系乃至全球经济治理体系的重要组成部分。同时,财政理论的发展也实现了重大突破:一是财政由原始反映一国政府收支的经济活动,逐渐演变成一国治理的政治与经济共同活动,且财政安排逐渐成为联系政府、市场、社会、家庭、个人的纽带,能够影响每个人和各个领域;二是将重新开启科学财政理论的研究,俨然已经跨越了经济领域的研究范畴。

综上所述,财政由一国政府收支活动,逐渐演变成国家治理的基础和重要支柱,而且财政活动与我们每个人的生活息息相关。在某种意义上,现代财政更体现合作、竞争、动态、开放的治理模式。尤其是全球经济下滑,经济长期处于"L"型,财政收入下降等宏观大背景下,政府部门必须要有壮士断腕决心,进行自我革新,打破各自为政的传统局面,运用现代化财政治理理念,加快建设具有中国特色社会主义服务型政府,构建现代化财政体系,整合各方资源与力量,推动供给侧结构性改革顺利进行。否则,容易产生财政体制改革的"扭曲"情形,如政府过度竞争,恶化中央与地方政府及其他各利益主体之间的关系。

梳理我国财政体制改革历程，体现财政是国家治理体系的重要组成部分。伴随社会主义市场经济体制的逐步确立，政府职能逐渐由集中管控转向放权，随着市场在资源配置中的作用越来越大，开启了服务型、法治型政府的建设。在财政体制改革的演进中，从1994年启动了分税制财政体制改革，到以"民生财政"为主题，强调了基本公共服务均等化的公共财政制度建设，开启了现代财政制度的建设，其方向是财政将成为国家治理的基础和重要支柱。

第四章　企业技术创新的财税政策激励分析

政府对科技的经费投入是政府提高企业创新效益的重要政策手段，也是加快创新步伐的助推剂。改革开放后开始实施财政体制改革，逐步建立和完善财政支出体系，政府首先适当提高科技方面的投资比重。随着科技发展速度越来越快，地位越来越重要，我国政府在科技上的资金投入也越来越多。本章根据我国实际情况介绍了我国在促进企业技术创新方面的财税政策经验，剖析了这些政策的实施和落实情况。

第一节　中国促进企业技术创新的主要财税政策

近年来，在大力实施创新驱动发展战略下，中国政府一直在不断完善和促进创新的各种财税政策，我国财政补贴和税收优惠政策体系逐渐完善，对企业进行创新活动的支持力度也在逐渐加大，应用日益多样化，尤其是促进企业技术创新的财税政策更是种类名目繁多，并逐渐趋于合理性、科学性、系统性和协调性。这里主要探讨财政补贴政策、税收优惠政策、政府采购政策和消化吸收再创新政策。

一、财政补贴政策

我国财政补贴政策的种类非常多,主要是为了确保能够做到科技经费投入稳定增长,积极发挥国家财政资金在企业创新投入上的正向引导作用,保证各项创新活动等重大战略项目安全顺利实施,提高财政资金利用效率,完善我国科技投入体系,使资金渠道来源丰富多元。

(一)财政补贴政策探索阶段(1978—1989 年)

这一阶段出台的主要财政制度、政策包括《1978—1985 年全国科学技术发展规划纲要》,1985 年的《中共中央关于科学技术体制改革的决定》,星火计划、863 计划,《关于科学技术拨款管理的暂行规定》(1986 年),火炬计划(1988 年)。这一阶段由于我国经受了多年社会动荡,发展基础差、底子薄,面临较大困难,为了恢复科技体系以及企业创新活动,我国重启科学技术探索之路,出台多种政策措施和计划,培育出上百个产值过亿的星火企业,实现利润近 500 亿元,获得国内外专利 8000 多项,推动城乡一体化进程,在各方面都取得了较大成效。

(二)财政补贴政策发展阶段(1990—2004 年)

这一阶段出台的主要财政制度、政策包括《关于"十五"期间大力推进科技企业孵化器建设的意见》《关于进一步提高我国软件企业技术创新能力的实施意见》《中央补助地方科技基础条件专项资金管理办法》《国家高新技术产业开发区技术创新纲要》。这一阶段我国开始实行社会主义市场经济体制,通过调整研发经费拨款模式,实行分类管理以激发适应市场需求的科技成果产出;同时调整科技攻关方向,通过科技计划积极从政策、资金等各个方面对各类企业研发中心园区孵化器等创新载体建设提供资助和支持,为创新活动提供保障。

(三)财政补贴政策完善阶段(2005 年至今)

这一阶段出台的主要财政政策包括《国家中长期科学和技术发展规划纲要(2006—2020 年)》《关于改进加强中央财政科研项目和资金管理的若干意见》《关于深化中央财政科技计划(专项、基金等)管理改革的方案》《中国制造 2025》《国家重点研发计划资金管理办法》《关于改革完善中央财政科研经费管理的若干意见》。在政策完善阶段,一方面,我国开始加大对重点领域的财政支持,例如互联网、智能制造、装备制造、芯片科技等领域,设置专项资金予以重点支持;另一方面,注重加强长期统筹规划,科学制定研发投入经费分配方案,做到对企业及时拨款以保证企业创新研发需求,聚焦重点项目并对重点研发项目实施多元化投资,此外我国还设立了对研发的专项基金,如科技创新 2030 重大项目。

随着中国政府对科技发展的日益重视,在此方面的投入呈逐年增加的趋势,使财政资金对科技的投入稳定增长,多元化、渠道化、社会化的科技投入体系是其主要特征。我国财政补贴政策主要是确保能够做到稳定增长,保证重大战略项目的安全顺利实施,同时积极发挥国家财政资金在企业创新投入上的正向引导作用,优化财政科技支出结构,提升财政资金运用效率。同时,为了提高财政科技支出的效益,促进企业技术创新的效果,各级政府部门专门成立了相应的技术管理平台,成立该平台一方面是加强协调科技人才队伍管理,另一方面是使企业科研投入与政府财政投入更加融合。总之,这些政策在一定程度上能够充分利用企业人力资本,提高企业人力资本利用效率,促进企业吸收知识,进而提升企业技术创新能力。

二、税收优惠政策

税收优惠政策是政府影响企业创新活动的另一项重要政策手段,也是降低创新成本和负担的重点措施。改革开放以后,我国政府相继颁布了许多激励企业研发创新的税收优惠政策,优惠政策对企业技术创新活动产生了一定的激励效果,同时也对我国高新技术产业发展产生了极大的促进作用。

(一)税收优惠政策探索阶段(1978—1989年)

这一阶段出台的税收优惠政策包括《关于对新产品实行减税免税照顾问题的通知》《关于技术开发和新产品试制费用的财务处理规定》,我国的税收优惠政策处于探索时期,这时的创新主体仍是科研机构,使税收优惠政策很难应用。

(二)税收优惠政策发展阶段(1990—2005年)

这一阶段出台的税收优惠政策包括《国家高新技术产业开发区税收政策》《关于企业所得税若干优惠政策的通知》《关于贯彻落实有关税收问题的通知》《扩大企业技术开发费用加计扣除的企业范围》。在逐步发展阶段,随着市场经济体制的确立,创新主体由科研院所逐步向各类企业转变,多项以鼓励企业创新为目的的优惠政策开始实施,增加企业创新的热情和活力。在这一时期,我国确立了企业作为创新主体的市场地位,逐步建立起流转税课税体系,扩大了研发费用加计扣除的企业范围,使其不仅限于国有企业,同时增加了关于研发设备加速扣除的规定,这些政策措施使企业的创新意识逐渐增强,社会整体创新氛围得到改善。

(三)税收优惠政策完善阶段(2006 年至今)

这一阶段出台的税收优惠政策包括:《关于促进创业投资企业发展有关税收政策的通知》;新《企业所得税法》推行;《关于进一步鼓励软件产业和集成电路产业发展企业所得税政策的通知》;《关于完善研究开发费用税前加计扣除政策的通知》;全面实施"营改增"政策;《国家税务总局关于实施高新技术企业所得税优惠政策有关问题的公告》;《关于集成电路生产企业有关企业所得税政策问题的通知》;《关于进一步提高科技型中小企业研发费用税前加计扣除比例的公告》。在全面完善阶段,激励企业进行创新活动的税收政策文件数量越来越多,形式也日益丰富,我国的税收优惠政策体系逐渐发展完善,受惠企业的类型趋于多元化。这一时期,我国实行"两税合一"措施,统一税率和税基,降低企业所得税率,促进企业公平竞争。同时,国家推出了负面清单制度,规定了更具有可行性的研发费用税务处理方法,率先在上海、天津等地试行营业税改增值税并逐步推广至全国范围,减少重复纳税的环节。2022 年 4 月,增值税留抵退税政策开始实施,符合条件的企业可以享受国家的"退税礼包",进一步减轻了企业税收负担。我国不断实施覆盖创业投资、创新主体、研发活动等创新全链条的税收优惠政策,特别是不断加大研发费用加计扣除政策的力度,着力培育经济发展新动能,我国通过税制改革逐步建立起激发以新知识技能产出为目的、覆盖各种企业类型的激励体系。

我国税收优惠的种类非常多,总体而言,主要包括降低企业流转税税率、降低企业所得税税率、加速折旧、税收抵免、先征后返、出口退税、研发费用加计扣除等,税收优惠可以归纳为以下几个方面:一是针对企业技术创新过程中不同阶段如研发环节和技术创新成果转化环节,采取不同的税收优惠政策。二是企业技术创新全程贯穿着企业技术创新税收抵扣方面的优惠政策,如准许对职工科技文化教育培训等经费在企业在上缴所得税前按计税总工资一定比例进行扣除。三是允许企业用其当年技术研发经费的150%抵扣企业所得税,不足抵扣的还可以在五年内结转抵扣。四是针对不同单位价值的设备、仪器,通过加速机器设备折旧、缩短折旧年限的方式来减免企业税收额度。五是增值税存量和增量留抵退税政策。增值税留抵退税政策是支持我国先进制造业快速发展的一项重要政策。近年来,国家不断加大留抵退税力度,多次出台有关增值税留抵退税的税收优惠政策。2022 年以来,为进一步冲淡需求收缩、供给冲击和预期转弱的三重经济压力,国家出台了并加力了新一批组合式税费支持政策,进一步增加了留抵退税优惠力度和额度。这些税收优惠政策提高了企业管理效率,优化了企业内部管理结构,提高了企业结构资本,减轻了企业税收负担,提高了企业进行技术创新的意愿,对我国高新技术产业的创新和发展起到了非常积极的作用。

三、政府采购政策

政府采购这一财税手段在欧美发达国家很盛行,对本国朝阳产业的带动效果较为显著,对企业技术创新方面的支持起了很好的促进作用。早在 20 世纪末,中国学者就开始研究本国的政府采购制度。随着社会的发展,政府采购制度逐步得到中国政府政策制定者的重视,最终于 2003 年开始施行《中华人民共和国政府采购法》。2015 年,国务院又颁布了《中华人民共和国政府采购法实施条例》。随着该法的实施,中国的政府采购日益制度化、规范化和标准化,大大提高了政府财政资金的使用效益。

随着社会经济的不断发展和科学技术的不断进步,中国政府采购制度中对企业技术创新的重视度逐年增高。当前的中国政府采购制度规定,政府采购行为主要发生在企业技术成果的商业市场化阶段,在企业条件相同的情况下,优先采购自主创新产品。由科技部与综合经济部门专门设立了一套自主创新产品的认证制度、标准和体系,以确保政府采购制度的规范性和有效性。政府采购价格主要由政府实际需求、招标情况及财政部门意见、市场竞争、产品创新的科技含量、相关替代品的价格、谈判效果等因素决定,理论上不低于市场价的 60%。此外,在政府采购国外产品的过程中,需优先采购对本国企业技术创新有正面作用的产品、技术和服务。

四、消化吸收再创新政策

消化吸收再创新政策主要用于增强企业吸收水平和提升企业创新效率。涵盖对企业吸收能力的识别、获取、消化和应用整个过程,有利于政府在引进与再吸收重大项目和成果的过程中,不断完善相关制度和手段,同时根据全球及全国市场的需求变化实时调整目录。在多家企业联合招标超大型项目时,政府应该在整个过程中给予企业多方面的支持,提供政策、信息、资源、资金、技术、人才等方面的帮助,尽可能促成本土企业的参与,有利于发展本地制造。

第二节　对中国企业技术创新的财税政策实施和落实

近年来,我国整体对技术创新的税收政策激励的制定较为合理,财税手段应用也日益科学化、多样化、差异化,对企业技术创新的支持力度也在逐渐加大,但同欧美发达国家的投入水平相比还有较大差距。从实施情况看,中国的财税科技政策及财税手段还有很多需调整的地方,有待进一步深化企业技术创新的财税政策的改革,丰富企业技术创新的财税手段,促进中国企业技术的创新和发展。

一、财政对科技拨款的总量方面

中国财政对科技的投入占国内生产总值比重低且增速发展缓慢,较低的财政科技投入水平直接导致了中国全社会的研发经费不足,不利于中国企业技术创新。发达国家的财政科技投入占国内生产总值的比重大多在3%以上,比如美国、德国和日本在2023年的财政科技投入占比分别是3.5%、3.1%和3.2%,新型工业化国家的财政科技投入早在2012年已在2%—3%。中国2023年的研发经费投入强度(与国内生产总值之比)为 2.5%。中国财政科技投入占比不仅远低于发达国家,甚至也低于新型工业化国家。因此,目前财税政策促进企业技术创新的首要任务仍然是加大提高财政科技投入的总量规模。同时,政府的科技投入在成果转化阶段投入较少,缺乏鼓励民众消费创新产品的相关财政政策。

二、税收优惠政策落实方面

从税收优惠方式看,中国的税收政策激励只是单纯地为企业技术创新提供低税率的支持,未能从企业技术创新的各个过程和角度提供全方位的税收优惠政策激励。从企业技术创新的税收减免来看,中国的财税政策激励主要集中在创新型企业的所得税上,而发达国家在对企业技术创新成果的各个阶段产生多种税种都有相应的减免政策。从税收优惠的支持时点看,主要在事后,忽视了事前的支持,对企业技术创新的研发和成果转化阶段的重视和激励不够,影响企业进行技术创新的意愿和动力。同时,当前绝大部分税收优惠政策有严格的审批条件,企业很难获得有针对性和灵活性的税收优惠政策,使税收优惠政策产生的激励效果很难达到预期。另外,对高新技术企业来说,由于前期发展投入较大、风险较高、时间较长、盈利又少甚至出现亏损,能够享受税收优惠政策的支持力度是有限的,这样大大降低了税收优惠政策的扶持效果。

三、技术创新各阶段的财税政策实施方面

企业技术创新是环节众多、复杂的系统过程,而目前中国"一刀切"的财税政策并不能具体地区分技术创新的各个阶段加以使用,导致了一部分财税资源由于过多或过少而产生浪费,财税资源

没有发挥到最佳的作用效果。比如,在企业技术创新的研发和成果转化阶段需要加大财政资金投入,但目前由于资金分配不合理并未产生激励效果;在企业技术成果的产业化生产阶段需要配套的税收优惠政策,但缺乏科学合理、有针对性的税收优惠政策措施。这也是本书试图要解决的核心问题,将通过实证检验从而得出在技术创新的不同阶段如何合理有效地使用不同的财税政策工具。

四、财税政策的针对性效果

当前中国的财税体制改革虽然在不断地完善与深入,但是仍然缺乏有针对性的财税制度与措施出台。在支持企业技术创新方面,现行税法体系主要以所得税优惠为主,直接优惠较多,间接优惠较少,"重"鼓励企业增加研发投入,"轻"创新产出的激励,缺少专门的针对小规模企业和小微企业的税收优惠政策等,这样的"一刀切"政策在一定程度上导致了企业创新效率不高,财税资源的浪费及财政资金使用缺乏效益。另外,现行税收优惠政策没有考虑我国东部地区、中部地区、西部地区发展水平不平衡问题。由于各地政策落实无不与本地财政实力直接相关,地域特点及地区发展不平衡导致企业技术创新税收优惠政策的作用效果存在较大差异。因此,应实行有差别的企业税收优惠政策,取消"一刀切"的做法,有针对性地加大对中西部企业税收优惠的力度。

五、财税政策可操作性效果

中国的财税政策虽然对企业技术创新发展提供了多方位支持,但仍存在设定目标不够明确、针对性不强、操作有难度等现实问题,导致政策实施和落实效果欠佳,甚至产生扭曲效应。另外,财政补贴结构还不够合理,尤其偏重对高新技术企业和国有企业的补贴,而且对财政补贴的管理也比较混乱。在税收优惠政策方面,对不同行业的企业针对性和可操作性不强,尤其对传统行业的技术创新税收激励不够。税收优惠方式过于简单,仅仅是调整起征点、税率以及减免税等方式,导致这种政策由于针对性不强、支持力度不足而严重制约税收优惠的激励效果。总之,虽然政府通过财税政策大力支持和鼓励企业的创立及发展,但是在企业的实际发展中并没有真正得到全部落实,企业无法得到切实的帮助。

我国企业技术创新的财税政策激励现状分析,一是促进企业技术创新的主要财税政策研究,梳理财政补贴政策、税收优惠政策、政府采购政策和消化吸收再创新等重要政策;二是促进企业技术创新的现行财税政策效果分析,从财政科技投入的总量、税收优惠政策和技术创新各阶段财税政策及政策实施和落实效果等多个方面进行探讨,有助于发现问题,以问题为导向深入下一步的研究。

第五章　财税政策激励企业
数字化转型研究

政府实施财税的政策工具主要是财政补贴和税收优惠。财政补贴是国家为了实现特定的经济目标,对企业或个人提供的直接财政投入,属于具有灵活、直接和迅速特点的"事前激励"措施;而税收优惠则是典型的"事后补偿"型政策,又可进一步细分为直接优惠和间接优惠两种,直接优惠方式包括减免税、即征即退和先征后退等形式,而间接税收优惠方式主要包括加计扣除、税前扣除和加速折旧等形式。[①]

第一节　财税政策激励企业数字化转型机理研究

一、财税政策对企业数字化转型的线性特征影响

企业数字化转型过程通常具有风险高、投资回报率不确定等

---

① 成琼文、丁红乙:《税收优惠对资源型企业数字化转型的影响研究》,《管理学报》2022年第8期。

特征,仅依靠市场很可能出现激励不足,因此需要政府这只"有形之手"介入弥补市场失灵,通过制定和运用财税政策,激励和推动企业数字化转型。财政补贴和税收优惠能够激励企业数字化转型并产生积极的外部效应。单独一个企业数字化转型所产生的成果往往会溢出到其他企业,使转型所产生的收益远远小于社会收益,造成企业的实际研发投入水平远远低于企业的最优研发投入水平[1],而财政补贴和税收优惠则可以通过提高企业转型的边际收益或是降低边际成本弥补企业数字化转型过程中的正外部性损失。研究发现,当企业税收成本较低时,更多的研发活动收益可以被内部化,这会大大激励企业增加研发投入,即说明税收优惠政策可以有效弥补企业研发投入的正外部性损失,激励企业数字化转型意愿(Greenwald 和 Stiglitz,1986)。[2] 其次,财政补贴和税收优惠能够直接缓解企业面临的融资约束。相较于一般的创新活动,企业数字化转型是一个投资时间更长的高风险活动,企业是否进行数字化转型升级不仅取决于企业的转型意愿,还取决于是否有足够的资金保障。无论是财政补贴还是税收优惠都可以降低企业负担,节约成本,使企业有更多资金留存,提升企业现金流动性,而内源融资正是企业活动的重要资金来源之一[3],从而为企业数字化转型提供了资金保障。另外,财政补贴和税收优惠具有政府背书的间接信号传递作用。基于政府行为的信号理论,获得财税支

---

① Jones C. I.,Williams J. C.,"Measuring the Social Return to R&D",*The Quarterly Journal of Economics*,Vol. 113,No. 4,1998,pp. 1119-1135.

② Greenwald B. C.,Stiglitz J. E.,"Externalities in Economies with Imperfect Information and Incomplete Markets",*The Quarterly Journal of Econnomics*,Vol. 101,No. 2,1986,pp. 229-264.

③ Himmerlfarb C.,Petersen B.,"R&D and Internal Finance—A Panel Study of Small Firms in High-technology Industries",*Review of Economics and Statistics*,Vol. 76,No. 1,1994,pp. 38-51.

持的企业更受投资者和金融机构的青睐,企业在融资、商业信用、业务开展、产品创新等方面都可获得提升,外部融资约束也会进一步得到缓解,企业也将有更强的意愿和更充足的资金保障进行数字化转型。[①] 因此,总体来看,财政补贴和税收优惠能够激励企业数字化转型。

二、财税政策对企业数字化转型的非线性特征影响

财税政策对企业数字化转型具有激励作用,但随着财政补贴和税收优惠力度的加大,政府的过度干预调控很可能会扭曲资源配置以及财税政策制定的初衷,导致财税政策对企业数字化转型的激励作用开始减弱甚至出现抑制。首先,财税政策实施过程中所存在的信息不对称问题会诱使企业进行逆向选择,即企业为获取大量的政策资源而进行自我包装以达到政策要求。中国各省级政府出台的专利资助政策相当程度上扭曲了企业专利申请的动机,诱使一些企业为了获取政策优惠而导致大量低质量专利产生,产生了专利"泡沫"现象。[②] 因为政府和企业之间的信息不对称以及高昂的信息甄别成本,财税政策制定者很难做到对企业的准确识别和筛选,最终导致财税政策的低效率;其次,财税政策实施过程中还可能伴随寻租行为。通常,与政府联系较为紧密或者企业高管曾在政府任职的企业往往能获得更多的财政补贴和税收优惠。基于资源诅咒理论,当财税政策能给予企业足够多的资源时,企业就会为获取政策补贴和优惠从事寻租活动,寻租行为意味着

---

① Chen Y., Xu J., "Digital Transformation and From Cost Stickiness: Evidence from China", *Finance Research Letters*, Vol. 52, No. 3, 2023, pp. 103–125.

② 张杰、郑文平:《创新追赶战略抑制了中国专利质量么?》,《经济研究》2018 年第 5 期。

高额的寻租成本,导致企业减少用于数字化转型的资金投入①,因此,随着财政补贴和税收优惠力度的加大,更多的寻租行为反而可能会导致财税政策激励作用的减小甚至无效。因此,财政补贴和税收优惠在激励企业数字化转型方面存在非线性效应,即财政补贴和税收优惠水平并非越高越好,存在一个适度或最优区间,若超过某一门槛值后,财税政策对企业数字化转型的正向激励效应由大变小甚至出现抑制。

三、外部环境的异质非线性调节效应

财政补贴和税收优惠自身强度变化导致的财税政策对企业数字化转型可能产生非线性效应,而企业作为微观活动的主体,其战略决策与日常运作必然会受到外部环境的影响②,因此,财税政策对企业数字化转型的非线性影响离不开其他外部环境的约束,即只有在合适的外部环境下,财税政策对企业数字化转型的激励作用才能得到充分释放。如对财政透明度这一外部环境调节变量,在一个公开透明、充满社会监督的环境中,政府的宏观政策制定与财政收支行为都更易于得到规范,地方政府的补贴和"先征后返"优惠审批虽有一些硬性指标,但很多可直接通过软性条件操作或替代,这些软性条件认定意味着较大的随意性,一些企业就可能利用高管的政府背景、人脉关系、社会资源获取补贴、享受税收优惠,

①　杨国超、芮萌:《高新技术企业税收减免政策的激励效应与迎合效应》,《经济研究》2020 年第 9 期。
②　彭晓洁、张建翔、王光旭:《减税降费对企业数字化转型的影响》,《金融与经济》2023 年第 5 期。

在一定程度上形成了"寻租"空间①,在较低水平的财政透明度约束下,财税政策对企业数字化转型的正向激励作用可能很小甚至抑制,而随着财政透明度水平的提高,财税政策对企业数字化转型的激励作用很可能呈现正向的边际效率递增。因此,财税政策对企业数字化转型的激励作用会随着不同外部环境的变化而变化,即存在异质非线性调节效应。

第二节　财税政策激励企业数字化转型的变量设定与计量模型

一、变量设定

(一)被解释变量

企业数字化水平(Dig):本书在这里通过参考陈和等(2022)②以及广东金融学院《中国上市企业数字化转型指数评价研究报告》做法,利用 python 爬取 A 股上市公司年度报告文本中数字化转型的相关关键词,接着将关键词次数加总取对数得到企业数字化指数,因为存在关键词次数为 0 的企业及年份,本书在这里进行加 1 后取对数处理。

---

① 吴文锋、吴冲锋、芮萌:《中国上市公司高管的政府背景与税收优惠》,《管理世界》2009年第 3 期。

② 陈和、黄依婷:《政府创新补贴对企业数字化转型的影响——基于 A 股上市公司的经验证据》,《南方金融》2022 年第 8 期。

（二）核心解释变量

本书通过参考郭玥（2018）[①]、刘诗源等（2020）[②]做法，从财政补贴（Sub）、税收优惠（Tax）两个方面对财政政策进行量化，以上数据从中国研究数据服务平台（CNRDS）获取，需要说明的是，对税收优惠，本书通过企业营业收入与应交税费合计的比值来衡量，该指标为正向指标，即该值越大，表示税收优惠程度越大。

（三）门槛效应调节变量（T）

考虑到财税政策激励企业数字化转型还可能存在其他的异质非线性调节机制，本书选取以下变量作为外部环境的调节冲击作进一步深入研究：创新氛围（$Inno$），通过不同省份规模以上工业企业研发经费支出衡量该地区的技术创新氛围；市场化水平（Mar），基于环境—市场理论，本书认为市场化环境不一样，财税政策对企业数字化转型的激励作用也可能会发生变化，本书通过参考樊纲等（2016）[③]编制的市场化指数，因为指数的范围仅到2016年，所以本书利用已有数据，通过计算平均增长率，进而推出2017—2019年的市场化指数；财政透明度（Fit），本书在这里借鉴郭月梅等（2017）[④]做法，采用上海财经大学发布的省级财政透明

[①] 郭玥：《政府创新补助的信号传递机制与企业创新》，《中国工业经济》2018年第9期。

[②] 刘诗源、林志帆、冷志鹏：《税收激励提高企业创新水平了吗？——基于企业生命周期理论的检验》，《经济研究》2020年第6期。

[③] 樊纲、王小鲁、余静文：《中国分省份市场化指数报告（2016）》，社会科学文献出版社2016年版，第43—56页。

[④] 郭月梅、欧阳洁：《地方政府财政透明、预算软约束与非税收入增长》，《财政研究》2017年第7期。

度得分来衡量;地区人均受教育程度(Edu),本书通过式(5.1)衡量:

$$Edu = \frac{\text{小学} \times 6 + \text{初中} \times 9 + \text{高中} \times 12 + \text{大专及以上} \times 16}{\text{六岁及以上人口}}$$

(5.1)

需要说明的是,本书研究对象为 A 股市场上市公司,而以上调节变量是省域层面相关变量,因此,本书将以上变量根据企业所在省份与对应企业进行匹配。

(四)控制变量(Control)

为了尽可能避免因为遗漏变量而产生的内生性问题,参考已有文献,本书加入以下控制变量:总资产($Tassets$)、企业存续期(Age)、托宾 Q 值($TQ = \dfrac{\text{企业市价(股价)}}{\text{企业重直成本}}$)、资产负债率($ZCFZ = \dfrac{\text{负债总额}}{\text{资产总额}} \times 100\%$)、资产收益率($Ret = \dfrac{\text{净利润}}{\text{平均资产总额}} \times 100\%$)、独立董事占比($Ind$:独立董事占董事会的比重)。

二、数据来源与描述性统计

(一)数据来源

本书以 2011—2019 年中国 A 股市场上市公司为研究对象,研究数据来源于中国研究数据服务平台(CNRDS)、锐思(RESSET)数据库、《中国统计年鉴》和《中国税务年鉴》。为保证数据的准确性和科学性,同时考虑数据的可得性,进行了以下预处理:一是剔除了上市公司样本中 ST 和退市的企业;二是参考唐松等(2020)①的做法,以"5 年连贯"为原则,剔除连贯年限不足 5 年的企业样本数据;三是对连续变量进行了 1% 的 Winsorize 处理以降低极端值的影响;四是基于重复模拟的多重插补法(MI)通过 R 语言编程并调用 mice 包对缺失数据进行填补。最终得到 7860 个样本数据。

（二）描述性统计

为了降低数据分布的倾斜程度,缩小数据的绝对数值,以及使结果更具有经济学意义,本书对企业数字化水平、财政补贴,税收优惠、资产总计、创新氛围、财政透明度这些变量进行对数处理。由表 5-1 可以得到,对企业数字化水平,其最小值为 0,最大值为 5.826,均值为 2.011,中位数仅为 1.792,均值大于中位数,即右偏,说明当前我国企业数字化转型比例和程度总体上仍然较低,《中国数字经济发展白皮书(2020 年)》中显示中国企业数字化转型比例仅约为 25%,说明大多数企业对数字化转型仍处在观望或探索阶段,这也说明了本书对企业数字化水平的衡量方式及数据是科学有效的。对财政补贴、税收优惠两个变量,其均值和中位数均比较接近,说明分布比较均匀,但最小值、最大值相差较大,这可能是由于不同地区所导致的差异,异质性检验部分,本书将针对地区异质性进行重点分析。表 5-1 为各变量的描述性统计分析结果。

---

① 唐松、伍旭川、祝佳:《数字金融与企业技术创新——结构特征、机制识别与金融监管下的效应差异》,《管理世界》2020 年第 5 期。

表5-1　描述性统计分析

变量	符号	均值	标准差	最小值	中位数	最大值
数字化水平	Dig	2.011	1.145	0	1.792	5.826
财政补贴	Sub	16.391	1.698	7.092	16.475	22.204
税收优惠	Tax	8.202	1.554	1.677	8.175	15.607
资产总计	$Tassets$	22.253	1.194	19.217	22.138	28.345
托宾Q值	TQ	2.173	1.512	0.706	1.728	31.401
资产收益率	Ret	0.041	0.064	-0.415	0.040	0.222
资产负债率	$ZCFZ$	0.409	0.198	0.008	0.400	1.237
独立董事占比	Ind	0.377	0.0567	0.250	0.364	0.800
企业存续期	Age	24.492	5.114	10	24	64
人均受教育程度	Edu	9.239	1.018	7.165	8.901	12.037
市场化水平	Mar	8.638	1.713	2.330	9.260	11.403
财政透明度	Fit	3.646	0.593	1.792	3.818	4.429
创新氛围	$Inno$	15.514	1.092	10.962	15.573	16.962

资料来源:中国研究数据服务平台(CNRDS)、锐思(RESSET)数据库、《中国统计年鉴》、《中国税务年鉴》,经整理笔者利用Stata15.0软件计算所得。

三、实证模型

(一)固定效应模型

由于地区和行业之间具有差异性,可能存在不随时间而变的遗漏变量,即存在地区、行业异质性,同时考虑到时间效应,因此为了验证财税政策对企业数字化转型的影响,本书构建以下固定效应模型,见式(5.2):

$$Y_{i,j,t} = \beta_0 + \beta_1 X_{i,j,t} + \sum \lambda Control_{i,j,t} + \sum Year +$$

$$\sum pro + \sum Iradus + \varepsilon_{i,j,t} \qquad (5.2)$$

其中,i 表示省份,j 表示行业,t 表示时间,Y 表示企业数字化水平,X 代表核心解释变量,即包括财政补贴(Sub)、税收优惠(Tax)。$Control$ 为回归模型中涉及的控制变量。同时,为吸收相关固定效应,本书控制"时间—省份—行业"虚拟变量进行检验。

(二)门槛模型

为了进一步揭示财税政策激励企业数字化转型的非线性特征,本书借鉴汉森(1999)[①]的做法,建立以下门槛回归模型(以双重门槛为例),见式(5.3):

$$Y_{i,t} = \beta_0 + \beta_1 X_{i,t} \times I(T_{i,t} \leq \gamma_1) + \beta_2 X_{i,t} \times I(\gamma_1 < T_{i,t} \leq \gamma_2)$$

$$+ \beta_3 X_{i,t} \times (T_{i,t} > \gamma_2) + \sum \lambda Control + \varepsilon_{i,t} \qquad (5.3)$$

其中,T 为门槛变量,表示不同维度的约束特征,即包括创新氛围($Inno$)、市场化水平(Mar)、财政透明度(Fi)、地区人均受教育程度(Edu);γ_1、γ_2 为两个门槛值,且 $\gamma_1 < \gamma_2$;$I(*)$ 为示性函数,当括号内的条件满足时取值为 1,否则为 0。

第三节 财税政策激励企业数字化
转型研究的实证检验

一、基准回归

本书首先进行了豪斯曼检验,由于 P 值为 0.0000,故拒绝原

---

① Hansen B. E., "Threshold Effects in Non-Dynamic Panels: Estimation, Testing, and Inference", *Journal of Econometrics*, Vol. 93, No. 2, 1999, pp. 345-368.

假设,即认为应该使用固定效应模型。接着本书又考虑了时间效应,通过检验所有年度虚拟变量的联合显著性,由于 P 值为0.0000,因而认为应在模型中包括时间效应,故本书采用包含时间的固定效应模型,以上检验也在一定程度上说明了结果的稳健性。

表5-2、表5-3分别报告了财政补贴、税收优惠对企业数字化转型的基准回归结果。列(1)未添加固定效应,列(2)为仅控制时间固定效应的结果,列(3)控制了"年份—行业"固定效应,列(4)控制了"年份—省份"固定效应,列(5)控制了"年份—行业—省份"固定效应。结果表明,无论是财政补贴还是税收优惠,其系数均在1%的显著性水平上为正,即说明财政补贴和税收优惠均能够对企业数字化转型产生正向激励作用。值得注意的是,相较于财政补贴,税收优惠的系数更大,即说明税收优惠政策对企业数字化转型的激励作用更强,这主要是因为相较于"事前激励"的补贴,"事后激励"的税收政策具有更强的普适性和针对性,税收政策(税收优惠)既能有效减轻行政负担,又能降低"选择失败者"或被企业"套利"的风险。至此,假说1得到验证。

表5-2 财政补贴基准回归结果

变量	(1)	(2)	(3)	(4)	(5)
	Dig	*Dig*	*Dig*	*Dig*	*Dig*
Sub	0.062***	0.081***	0.061***	0.078***	0.061***
	(7.32)	(9.52)	(7.72)	(9.26)	(7.78)
Tassets	0.057***	0.013	0.046***	0.014	0.052***
	(3.80)	(0.83)	(3.22)	(0.91)	(3.64)
TQ	0.083***	0.102***	0.049***	0.097***	0.048***
	(9.04)	(10.31)	(5.58)	(9.87)	(5.38)

续表

变量	（1）	（2）	（3）	（4）	（5）
	Dig	Dig	Dig	Dig	Dig
Ret	−0.813***	−0.350	−0.140	−0.411*	−0.157
	（−3.81）	（−1.62）	（−0.73）	（−1.93）	（−0.82）
ZCFZ	−0.755***	−0.627***	−0.328***	−0.499***	−0.267***
	（−9.15）	（−7.63）	（−4.36）	（−6.08）	（−3.54）
Ind	0.914***	0.827***	0.700***	0.396*	0.494**
	（4.07）	（3.72）	（3.57）	（1.79）	（2.50）
Age	−0.002	−0.001	−0.004	−0.003	−0.007***
	（−0.96）	（−0.23）	（−1.60）	（−1.13）	（−2.96）
Constant	−0.386	0.147	−0.163	0.350	−0.165
	（−1.26）	（0.46）	（−0.56）	（1.11）	（−0.57）
年份	NO	YES	YES	YES	YES
行业	NO	NO	YES	NO	YES
省份	NO	NO	NO	YES	YES
N	7860	7860	7860	7860	7860
R^2	0.034	0.058	0.270	0.095	0.290

注：***、**、*分别表示在1%、5%、10%的水平上显著，括号内为t值，下同。

资料来源：中国研究数据服务平台（CNRDS）、锐思（RESSET）数据库、《中国统计年鉴》、《中国税务年鉴》，经整理笔者利用Stata15.0软件计算所得。

表5-3　税收优惠基准回归结果

变量	（1）	（2）	（3）	（4）	（5）
	Dig	Dig	Dig	Dig	Dig
Tax	0.152***	0.145***	0.085***	0.118***	0.078***
	（10.56）	（10.17）	（6.57）	（8.26）	（5.98）
Tassets	−0.062***	−0.076***	0.006	−0.048**	0.022
	（−3.05）	（−3.67）	（0.33）	（−2.36）	（1.20）

续表

变量	（1）	（2）	（3）	（4）	（5）
	Dig	Dig	Dig	Dig	Dig
TQ	0.075***	0.097***	0.046***	0.094***	0.044***
	(8.01)	(9.69)	(5.09)	(9.38)	(4.94)
Ret	−1.326***	−0.900***	−0.392*	−0.842***	−0.372*
	(−5.96)	(−3.97)	(−1.95)	(−3.75)	(−1.86)
ZCFZ	−0.820***	−0.725***	−0.304***	−0.602***	−0.253***
	(−9.61)	(−8.51)	(−3.92)	(−7.07)	(−3.25)
Ind	0.778***	0.694***	0.582***	0.285	0.392*
	(3.35)	(3.01)	(2.86)	(1.24)	(1.92)
Age	−0.005*	−0.003	−0.004*	−0.006**	−0.007***
	(−1.73)	(−1.35)	(−1.72)	(−2.14)	(−3.15)
Constant	2.207***	2.468***	1.117***	2.241***	0.959***
	(5.77)	(6.29)	(3.19)	(5.74)	(2.74)
年份	NO	YES	YES	YES	YES
行业	NO	NO	YES	NO	YES
省份	NO	NO	NO	YES	YES
N	7860	7860	7860	7860	7860
R^2	0.039	0.056	0.272	0.089	0.291

资料来源：中国研究数据服务平台（CNRDS）、锐思（RESSET）数据库，《中国统计年鉴》《中国税务年鉴》，经整理笔者利用Stata15.0软件计算所得。

二、稳健性检验

（一）滞后核心解释变量

企业数字化转型并非一蹴而就，因为企业数字化转型存在一定的时间滞后，同时，为了避免可能存在的循环论证问题，本书将财税政策相关变量分别滞后1期、2期进行回归，进一步增强本书结果的可信度,同时,也缓解了模型的内生性问题。表5-4中列(1)—列(4)中分别展示了财政补贴和税收优惠的滞后1期、2期对企业数字化转型的稳健性检验结果,均至少在5%的水平上显著为正,与前文结论一致。

(二)剔除直辖市样本

考虑到直辖市在行政权限和政策扶持上的特殊性,可能会对回归估计结果产生干扰,表5-4中列(5)—列(6)在剔除直辖市的基础上重新进行回归,其结果与全样本回归并无差异,表明在本书研究的关系中直辖市并无异质效果,均在1%的水平上显著为正,进一步证明基准结果是稳健的。

表5-4　稳健性检验结果

变量	(1)	(2)	(3)	(4)	(5)	(6)
	Dig	Dig	Dig	Dig	Dig	Dig
L.Sub	0.031***					
	(3.00)					
L2.Sub		0.037***				
		(3.21)				
L.Tax			0.048***			
			(3.05)			
L2.Tax				0.033**		
				(1.96)		
Sub					0.063***	
					(7.15)	
Tax						0.102***
						(7.01)

续表

变量	（1）Dig	（2）Dig	（3）Dig	（4）Dig	（5）Dig	（6）Dig
控制变量	YES	YES	YES	YES	YES	YES
年份	YES	YES	YES	YES	YES	YES
省份	YES	YES	YES	YES	YES	YES
行业	YES	YES	YES	YES	YES	YES
N	5169	4350	4877	4062	6370	6073
R^2	0.285	0.280	0.289	0.284	0.263	0.264

资料来源:中国研究数据服务平台(CNRDS)、锐思(RESSET)数据库、《中国统计年鉴》、《中国税务年鉴》,经整理笔者利用 Stata15.0 软件计算所得。

（三）系统 GMM 估计

考虑到企业数字化水平变量具有一定的序列相关性,从而导致内生性问题。为解决这一问题,本书采用系统 GMM 估计对基准回归的结论进行稳健性检验。表5-5 展示了系统 GMM 估计的结果,均通过一阶自相关检验而没有通过二阶自相关检验,说明 GMM 估计是一致的;汉森检验量 P 值也均在 0.1—0.25 这一合理范围,表明通过过度识别检验。无论是财政补贴还是税收优惠,其系数均在 5% 的水平上显著为正,也说明了本书结论的稳健性。

表 5-5　系统 GMM 估计检验结果

变量	（1）Dig	（2）Dig
$L.Dig$	0.851 ***	0.859 ***
	(40.54)	(38.19)

续表

变量	（1）	（2）
	Dig	*Dig*
Sub	0.043**	
	(1.95)	
Tax		0.165***
		(3.16)
控制变量	YES	YES
年份	YES	YES
省份	YES	YES
行业	YES	YES
样本数	5169	5169
AR(1)	0.000	0.000
AR(2)	0.211	0.358
Hansen	0.117	0.129

资料来源:中国研究数据服务平台(CNRDS)、锐思(RESSET)数据库、《中国统计年鉴》、《中国税务年鉴》,经整理笔者利用 Stata15.0 软件计算所得。

三、异质性检验

(一)地区异质性

考虑到地区异质性会导致财税政策实施效果存在差异,本书根据企业所在省份分为东部地区、中部地区、西部地区三个区域,表5-6中展示了地区异质性检验结果,财政补贴对东部地区企业数字化转型激励作用最强、西部地区次之、中部地区最弱,并且均在1%的水平上显著为正;税收优惠对东部地区激励作用最强、中部地区次之、西部地区最弱,均在5%的水平上显著为正。可以看到,无论是财政补贴还是税收优惠,对东部地区企业数字化转型的促进作用最为显著,东部地区经济发展水平高,同时,无论是数字基础设施还是数字理念,都要远超中西部地区,因此,在财税政策激励下,能够对企业数字化转型产生明显的推动效果。

表5-6 地区异质性检验结果

变量	(1)东部地区	(2)中部地区	(3)西部地区	(4)东部地区	(5)中部地区	(6)西部地区
	Dig	Dig	Dig	Dig	Dig	Dig
Sub	0.067 ***	0.056 ***	0.064 ***			
	(6.48)	(2.92)	(2.93)			
Tax				0.083 ***	0.078 ***	0.057 **
				(5.32)	(3.67)	(1.73)
控制变量	YES	YES	YES	YES	YES	YES
年份	YES	YES	YES	YES	YES	YES
行业	YES	YES	YES	YES	YES	YES
N	5854	1162	844	5854	1162	844
R^2	0.285	0.255	0.398	0.289	0.260	0.383

资料来源:中国研究数据服务平台(CNRDS)、锐思(RESSET)数据库、《中国统计年鉴》、《中国税务年鉴》,经整理笔者利用Stata15.0软件计算所得。

（二）生命周期异质性

基于生命周期理论,在不同的发展阶段,企业的规模、盈利性、成长性、投融资策略、研发创新意愿等存在明显不同。[1] 因此,财

---

[1] Adizes I.，*Corporate Life Cycles：How and Why Corporations Grow and Die and What to Do about It*，Prentice Hall，1988，p. 18.

税政策对企业数字化转型的激励效果会由于生命周期阶段的差异而存在不同表现。本书通过参考刘诗源等（2020）[1]和丁焕峰等（2023）[2]做法，将企业分为成长期、成熟期、衰退期。表5-7中展示了生命周期异质性检验结果，无论是财政补贴还是税收优惠，对成熟期企业的激励作用最强，成长期企业次之，最后是衰退期企业。成熟期企业组织结构不断完善，能实现稳定的盈利，内源性融资约束得以缓解[3]，能够在即期充分发挥财税政策节税作用，增加企业可自由支配的现金，进而对企业数字化转型具有明显的促进作用；对成长期企业，财税政策虽能缓解企业所面临的融资约束较紧的问题，但因其在行业中立足未稳，其在得到财政补贴、税收减免后会更倾向于将所得的部分资金用于业务拓展，因此，财税政策虽对成长期企业具有显著促进作用，但作用效果不如成熟期企业；对衰退期企业而言，其销售额开始减少、市场份额与利润呈现下滑趋势，这类企业的首要目标是生存，而不是求发展，相较于在数字化转型上进行大量资金投入，其往往更愿意在原有技术和产品的基础上进行小规模的调整，因此，财税政策对这类企业数字化转型的激励效果并不如成熟期、成长期企业明显。

---

① 刘诗源、林志帆、冷志鹏：《税收激励提高企业创新水平了吗？——基于企业生命周期理论的检验》，《经济研究》2020年第6期。

② 丁焕峰、张蕊、周锐波：《制造业企业智能化转型及其创新效应研究——基于企业生命周期理论的视角》，《产业经济研究》2023年第2期。

③ 黄宏斌、翟淑萍、陈静楠：《企业生命周期、融资方式与融资约束——基于投资者情绪调节效应的研究》，《金融研究》2016年第7期。

表5-7 生命周期异质性检验结果

变量	(1)成长期	(2)成熟期	(3)衰退期	(1)成长期	(2)成熟期	(3)衰退期
	Dig	*Dig*	*Dig*	*Dig*	*Dig*	*Dig*
Sub	0.058 ***	0.072 ***	0.042 **			
	(3.16)	(6.55)	(1.95)			
Tax				0.061 ***	0.088 ***	0.028
				(4.87)	(5.67)	(0.83)
控制变量	YES	YES	YES	YES	YES	YES
年份	YES	YES	YES	YES	YES	YES
省份	YES	YES	YES	YES	YES	YES
行业	YES	YES	YES	YES	YES	YES
N	3678	3134	1048	3678	3134	1048
R^2	0.293	0.244	0.261	0.301	0.253	0.197

资料来源:中国研究数据服务平台(CNRDS)、锐思(RESSET)数据库、《中国统计年鉴》、《中国税务年鉴》,经整理笔者利用Stata15.0软件计算所得。

四、非线性效应分析

本书首先通过自助法检验财政补贴、税收优惠与企业数字化转型之间的门槛存在性,进而确定门槛个数以及模型的具体形式。检验结果见表5-8,对财政补贴,其至少在10%的显著性水平上依次通过了单一、双重和三重门槛检验,而对税收优惠,则至少在10%的显著性水平上依次通过了单一、双重门槛检验。以上结果表明财税政策与企业数字化转型二者之间具有显著的非线性关系。

表5-8 门槛效应检验结果

门槛个数	单一门槛		双重门槛		三重门槛	
	Fstat	**Prob**	**Fstat**	**Prob**	**Fstat**	**Prob**
Sub	31.92 ***	0.0000	21.17 *	0.0533	17.44 *	0.0850
Tax	28.77 ***	0.0000	20.52 *	0.0733	15.03	0.3067

资料来源:中国研究数据服务平台(CNRDS)、锐思(RESSET)数据库、《中国统计年鉴》、《中国税务年鉴》,经整理笔者利用Stata15.0软件计算所得。

表5-9中报告了财政补贴和税收优惠对企业数字化转型的非线性激励效应回归结果。对财政补贴,其门槛值依次为16.11、17.87、19.51。当财政补贴位于第一个、第二个、第三个门槛区间时,其对企业数字化转型的激励强度逐渐增加0.057、0.068、0.073,在第三门槛区间内的激励作用最为明显。当财政补贴水平位于第四门槛区间时,其对企业数字化转型的贡献减小至0.049;对税收优惠,两个门槛值分别为8.24、10.50,当位于第一个、第二个门槛区间时,其系数由0.075增加到0.082,跨越第二个门槛值后,其对企业数字化转型的激励作用减小至0.066。以上结果表明,在一定适度空间内,无论是财政补贴还是税收优惠,其与企业数字化转型之间均存在正向且边际效率递增的关系,即随着补贴和优惠力度的增大,其对企业数字化转型的激励作用不断增强,而随着其强度的进一步增加,当跨越某一门槛值后,即政府财税政策的过度干预调控,此时,财政补贴和税收优惠对企业数字化转型的正向作用均开始减弱。

表5-9　门槛效应回归结果

门槛区间	Dig	门槛区间	Dig
$Sub \leqslant 16.11$	0.057***	$Tax \leqslant 8.24$	0.075***
	(5.34)		(7.14)
$16.11 < Sub \leqslant 17.87$	0.068***	$8.24 < Tax \leqslant 10.50$	0.082***
	(7.89)		(8.17)
$17.87 < Sub \leqslant 19.51$	0.073***	$Tax > 10.50$	0.066***
	(6.77)		(5.30)
$Sub > 19.51$	0.049***	—	—
	(4.10)		

资料来源:中国研究数据服务平台(CNRDS)、锐思(RESSET)数据库、《中国统计年鉴》《中国税务年鉴》,经整理笔者利用Stata15.0软件计算所得。

第四节 财税政策激励对企业数字化 转型的进一步分析

企业作为微观活动的主体,必然会受到外部环境的影响,因此财税政策激励企业数字化转型不仅会受到财税政策本身的影响,可能还存在其他的异质非线性调节机制,为了能够更全面揭示财税政策激励企业数字化转型的规律,使补贴与减税"红包"精准落袋,推动企业数字化转型,本书将从创新氛围、市场化水平、财政透明度、地区人均受教育程度以下四个维度进行研究分析。

各变量门槛效应检验结果见表5-10,对财政补贴,创新氛围、市场化水平、财政透明度、人均受教育程度这四个调节变量均存在双重门槛,且均至少在10%的水平上显著;对税收优惠,这四个调节变量仅存在单一门槛,均至少在10%的水平上显著。

表5-10 门槛效应检验结果

Panel A:财政补贴				
	创新氛围	市场化水平	财政透明度	人均受教育程度
单一门槛	50.34***	51.40***	62.03***	26.56*
	(0.000)	(0.007)	(0.000)	(0.053)
双重门槛	25.28*	22.51*	35.88**	16.51*
	(0.067)	(0.077)	(0.023)	(0.094)
三重门槛	19.04	10.32	16.58	12.29
	(0.160)	(0.500)	(0.177)	(0.460)

续表

Panel B:税收优惠				
单一门槛	45.26*	40.13*	41.57**	19.28*
	(0.073)	(0.097)	(0.027)	(0.067)
双重门槛	17.61	21.44	15.91	16.33
	(0.470)	(0.263)	(0.153)	(0.110)

注:括号内为 P 值。

资料来源:中国研究数据服务平台(CNRDS)、锐思(RESSET)数据库、《中国统计年鉴》、《中国税务年鉴》,经整理笔者利用 Stata15.0 软件计算所得。

(一)创新氛围(Inno)

对创新氛围,表 5-11 展示了相应结果。财政补贴激励企业数字化转型的创新氛围门槛值依次为 15.243、16.105,当创新氛围处于第一门槛区间时,财政补贴会抑制企业数字化转型,系数为-0.023,当依次跨越门槛值之后,财政补贴对企业数字化转型的激励作用逐渐增强,其系数依次为 0.041、0.072,且均在 1% 的水平上显著,即随着创新氛围的增强,财政补贴对企业数字化转型存在正向且边际效率递增的非线性调节特征;对税收优惠,创新氛围门槛值为 14.875,在两个门槛区间的系数依次为 0.067、0.081,且均在 1% 的水平上显著,即随着创新氛围提升,税收优惠对企业数字化转型的正向作用逐渐增强。因此,本书认为,创新氛围的提升有利于财税政策激励企业数字化转型,演化发展经济学中的技术超越理论认为经济发展的关键是知识与学习,根本动力是技术进步而非资本积累。创新氛围浓厚意味着充足的创新动机和创新资金保障,创新动机保证了企业进行数字化转型的意愿,即"谋发展",创新资金保证了企业有更多的资金留存,即可自由支配的现金流,从而为财税政策赋能企业数字化转型提供了良好条件和有力保障。

表5-11　异质非线性调节效应结果(创新氛围)

门槛区间	*Dig*	门槛区间	*Dig*
Sub *Inno* ≤ 15.243	−0.023 ***	*Tax* *Inno* ≤ 14.875	0.067 ***
	(−3.27)		(7.71)
Sub 15.243 < *Inno* ≤ 16.105	0.041 ***	Tax *Inno* > 14.875	0.081 ***
	(6.91)		(9.47)
Sub *Inno* > 16.105	0.072 ***	—	—
	(10.11)		

资料来源:中国研究数据服务平台(CNRDS)、锐思(RESSET)数据库、《中国统计年鉴》、《中国税务年鉴》,经整理笔者利用Stata15.0软件计算所得。

(二)市场化水平(Mar)

对市场化水平,表5-12列出了相应结果。财政补贴激励企业数字化转型的市场化水平门槛值依次为7.610、9.971,当市场化水平依次跨越上述门槛值时,财政补贴对企业数字化转型的系数依次增加0.084、0.103、0.210,且均在1%的水平上显著,即在市场化水平约束下,财政补贴对企业数字化转型存在正向且边际效率递增的非线性特征;税收优惠政策的激励下,市场化水平门槛值为8.300,所形成的门槛区间内的两个系数依次为0.120、0.215,且均在1%的水平上效果才显著。因此,本书认为,市场化水平的提升有利于财税政策促进企业数字化转型。市场化水平越高,意味着资金、技术、信息、人力等资源配置更为优化,知识传播共享的效率也就越高,同时,也意味着更加规范的市场秩序,更有利于营造良好的创新环境,这也是企业进行数字化转型的动力源泉。因此在高市场化水平下,"有效市场"和"有为政府"的更好结合,财税政策更能激励企业的数字化转型。

表5-12 异质非线性调节效应结果(市场化水平)

门槛区间	*Dig*	门槛区间	*Dig*
Sub *Mar* ≤ 7.610	0.084 ***	*Tax* *Mar* ≤ 8.300	0.120 ***
	(3.14)		(3.68)
Sub 7.610 < *Mar* ≤ 9.971	0.103 ***	*Tax* *Mar* > 8.300	0.215 ***
	(8.47)		(8.80)
Sub *Mar* > 9.971	0.210 ***	—	—
	(14.51)		

资料来源:中国研究数据服务平台(CNRDS)、锐思(RESSET)数据库、《中国统计年鉴》、《中国税务年鉴》,经整理笔者利用 Stata15.0 软件计算所得。

(三)财政透明度(Fit)

对财政透明度,表5-13展示了相应结果。财政补贴对企业数字化转型的财政透明度门槛值依次为3.695、4.136,当财政透明度处于第一门槛区间时,财政补贴会抑制企业数字化转型,系数为-0.035,当依次跨越门槛值之后,财政补贴对企业数字化转型的影响系数均在1%的水平上显著为正且强度持续增大,即说明在高水平的财政透明度调节下,财政补贴激励企业数字化转型具有明显的正向边际效率递增的非线性演化特征;从税收优惠的政策激励看,财政透明度门槛值为3.962,在该值的门槛区间内两个系数依次为0.052、0.081,且均在1%的水平上显著。由此可见,高水平的财政透明度更有利于财税政策激励作用的发挥。财政透明的概念最早由科皮兹(Kopits)和库瑞格(Craig)于 1998 年提出,是指向公众及时、准确地公开政府的结构与功能、财政政策取向、公共部门账户与财政收支。[①] 在一个公开透明、充满社会监督的环境中,政府的宏观政策制定与财政收支行为都更易于得到规范,而较低水平的财政透明度并不能确保财政资金真正地用于企业的数字化建设,这也是为什么在低水平的财政透明度下,财政补贴系数为负。

表 5-13　异质非线性调节效应结果(财政透明度)

门槛区间	*Dig*	门槛区间	*Dig*
Sub *Fit* ≤ 3.695	−0.035[***] (−5.30)	*Tax* *Fit* ≤ 3.962	0.052[***] (7.80)
Sub 3.695 < *Fit* ≤ 4.136	0.021[***] (3.16)	*Tax* *Fit* > 3.962	0.081[***] (10.89)
Sub *Fit* > 4.136	0.077[***] (7.26)	—	—

资料来源:中国研究数据服务平台(CNRDS)、锐思(RESSET)数据库、《中国统计年鉴》、《中国税务年鉴》,经整理笔者利用 Stata15.0 软件计算所得。

(四)地区人均受教育程度(Edu)

对人均受教育程度,表 5-14 列出了相应结果。财政补贴激励企业数字化转型的人均受教育程度门槛值依次为 9.411、9.798,处于不同门槛区间的系数依次为 0.047、0.063、0.088,即随着人均受教育程度的提升,财政补贴对企业数字化转型存在正向

---

① Kopits G., Graig J. D., *Transparency in Government Operations*, IMF Occasional Paper, No.158, 1998, pp.3-5.

且边际效率递增的非线性调节效应;在税收优惠政策激励下,其门槛值为 9.724,门槛区间内的系数依次为 0.085、0.102,且均在 1%水平上才有显著效果。综合以上结果可以得出,人均受教育程度的提升有利于财税政策激励企业数字化转型。新古典经济学的人力资本论认为,劳动者所具备的劳动力素质很大程度上由教育人力资本方面的投资所决定,互联网、云计算、大数据、人工智能、区块链、5G 等新一代数字技术的快速发展,对人力资本提出了更高的要求,因此,随着地区人均受教育程度的提升,财税政策对企业数字化转型的积极影响会不断增强。

表 5-14　异质非线性调节效应结果(受教育程度)

门槛区间	*Dig*	门槛区间	*Dig*
Sub *Edu* ≤ 9.411	0.047*** (9.30)	*Tax* *Fit* ≤ 9.724	0.085*** (2.49)
Sub 9.411 < *Edu* ≤ 9.798	0.063*** (12.83)	*Tax* *Fit* > 9.724	0.102*** (8.80)
Sub *Edu* > 9.798	0.088*** (13.58)	—	—

资料来源:中国研究数据服务平台(CNRDS)、锐思(RESSET)数据库、《中国统计年鉴》、《中国税务年鉴》,经整理笔者利用 Stata15.0 软件计算所得。

综合以上实证检验结果可以发现,创新氛围、市场化水平、财政透明度、地区人均受教育程度等控制变量在财税政策对企业数字化转型的非线性激励效应中均具有正向调节效应,且存在正向边际效率递增的非线性特征。其中,财政补贴存在两个门槛值,而税收优惠只有一个门槛值,说明财政补贴对外部环境的调节更敏感、对外部环境要求更高,如财政补贴在受创新氛围、财政透明度这两个外部环境控制变量的调节时,对企业数字化转型的影响效应是先负后正,要求创新氛围、财政透明度发展程度跨越相应门槛之后才有激励效应。相较于"事前激励"的补贴,"事后激励"的税收政策具有更强的普适性,税收政策(税收优惠)既能有效减轻行政负担、降低"选择失败者"或被企业"制度套利"的风险,更是政府降低企业税费负担的重要举措,在我国当前的财税政策中其重要性越发凸显。以上研究表明,在研究财税政策与企业数字化转型之间的关系时,若忽视以上外部环境的调节冲击,则财税政策对企业数字化转型的激励作用不能得到充分释放。

本书以 2011—2019 年中国 A 股市场上市公司为研究对象,研究财税政策对企业数字化转型的线性影响、非线性特征以及外部环境调节冲击下的异质非线性调节效应。主要结论为:(1)财政补贴和税收优惠均能够有效激励企业数字化转型,相较于财政补贴,税收优惠政策对企业数字化转型的激励作用更强,在经过滞后核心解释变量、剔除直辖市样本、更换计量方法等一系列稳健性检验后,结果依然成立。另外,这种激励作用存在明显的异质性,即对东部地区、成熟期企业的激励效果最为显著;(2)财政补贴和税收优惠对企业数字化转型具有非线性的影响效应。促进企业数字化转型的财政补贴和税收优惠均存在激励适度性问题,激励作用随着财政补贴和税收优惠力度的增大不断增强,但当其力度超过某一门槛值后,正向激励作用逐渐减弱;(3)从异质非线性调节效应看,创新氛围、市场化水平、财政透明度、地区人均受教育程度这四个门槛效应调节变量对财税政策激励企业数字化转型的影响均是正向作用。值得注意的是,创新氛围以及财政透明度这两个调节变量对财政补贴的作用是,只有当其发展程度跨越相应门槛之后,财政补贴对企业数字化转型才能发挥激励作用。另外,相较于"事前激励"的财政补贴,"事后激励"的税收优惠政策对外部环境要求更低,即具有更强的普适性。

基于上述研究结论,本书提出以下启示:第一,有效释放企业数字化转型过程中财税政策的激励作用。在数字经济浪潮下,各级政府应顺应数字化发展趋势,引导企业抓住数字化发展机遇,在合理区间内,积极加大财政支持力度,减轻企业税收负担,为企业数字化转型提供坚实保障。同时,也要进一步完善相关监督、审查机制,以防范遏制企业的逆向选择和寻租行为。第二,实行差别化、更有针对性的财税政策,提升财税政策的有效性和精准度。不同地区、不同企业资源禀赋不同,应避免"一刀切"制定统一的财税政策激励,在保证差异性的同时,又要坚持全国一盘棋,既对数字化发展基础较好的地区与企业进行补贴和奖励,形成示范带动效应,又要注重发挥财政的公共属性和职能,对发展基础相对薄弱的地区及企业进行扶持,以更具有实用性的财税政策推动企业数字化转型。第三,为了充分发挥财税政策对企业数字化转型的激励作用,仍需进一步改善外部环境:激发创新动力,培育创新氛围;提升市场化水平,增强财政透明度,积极打造"有效市场、有为政府";培育高等教育人才,抓住数字化机遇。若忽视以上外部环境的调节冲击,就可能会导致财税政策的激励作用被严重低估,因此,应积极推动财税政策与上述因素的深度融合。

第六章　财税政策激励企业技术创新的效应分析:基于区域层面实证检验

基于价值链视角从区域或空间层面实证考察财税政策对企业技术创新影响的溢出效应、非线性效应和异质性效应。首先用莫兰(Moran's I)指数法检验空间相关性,其次结合线性计量模型检验财税政策激励对企业技术创新效率的影响,最后通过门槛模型检验财税政策激励对企业技术创新效率的非线性特征的影响效应。把财政科技投入、税负水平和研发费用税收优惠变量作为门槛变量,采用数据包络分析法(DEA)测算技术创新转换效率和技术创新转化效率,分别以全国和中国东部地区、中部地区、西部地区四个区域为样本进行对比分析。采用汉森(Hansen,2000)[①]提出的 Bootstrap 方法,获得 Bootstrap P 值,以检验门槛模型的类型,揭示财税政策对企业技术创新效率的影响规律及其门槛特征,旨在从空间层面为财税政策促进企业技术创新提供实证依据。

---

① Hansen B. E., "Sample Splitting and Threshold Estimation", *Econometrica*, Vol. 68, No. 3, 2000, pp. 575-603.

第一节 财税政策激励企业技术创新双环节 效率的测算与计量模型设计

这里把企业技术创新活动视为一个投入产出的过程,基于价值链视角测算研发创新效率,即转换效率和转化效率。在此基础上,构建计量模型,研究区域层面上财税政策对企业技术创新的影响。

一、双环节效率的测算

研发创新是一个系统的、动态的过程,在不同的阶段具有不同的特点。总体来看,研发创新存在研发、研发成果转化与市场化及产业化三个阶段。研发创新存在研发资源投入到技术成果的转换阶段,从技术成果到经济效益的转化阶段(Drucker,1994)[1]。因此从价值链视角,研发创新效率应包括两部分:转换效率(转换阶段)、转化效率(转化阶段)。转换效率反映企业利用研发资源的创新能力;转化效率则反映企业将研发成果运用到市场运作的转化能力。

根据刘贵鹏等(2012)[2]的研究,可以将研发创新效率的过程表示为图6-1:

区域工业企业研发创新双环节效率的测算。研发创新双环节

---

① Drucker P., "The Theory of the Business", *Harvard Business Review*, September - October, 1994, pp. 95-104.

② 刘贵鹏、韩先锋、宋文飞:《基于价值链视角的中国工业行业研发创新双环节效率研究》,《科学学与科学技术管理》2012 年第 6 期。

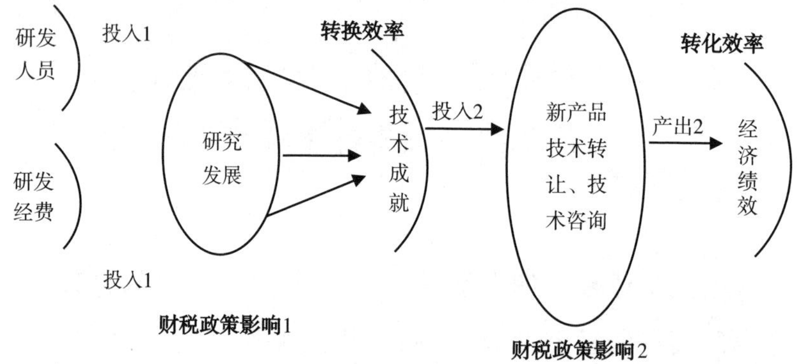

图 6-1　中国工业企业研发双环节创新理论框架

效率的测算主要有两种方法:数据包络分析法(DEA)、随机前沿分析法(SFA)。两种方法各有优缺点,SFA 方法是一种参数分析方法,需要检验函数形式,DEA 方法则不需要进行参数设定,运用较为灵活。在运用 SFA 方法对区域层面研发双环节效率进行测算时,发现 SFA 不具有适用性,因此本章借鉴宋文飞等(2014)[①]等的做法,采用数据包络分析法(DEA)进行测算。(1)转换效率的测算。以工业企业研发人员当量作为研发人员投入指标,工业企业研发经费作为研发资本投入指标。以工业企业专利申请数作为研发产出指标。(2)转化效率的测算。以工业企业专利申请数作为转化阶段的投入指标,以工业企业创新产品销售收入作为产出指标。运用数据包络分析法(DEA)可将研发创新效率进一步分解为技术效率水平和技术进步水平,其中效率水平可进一步分解为纯效率水平和规模效率。

---

　　①　宋文飞、李国平、韩先锋:《价值链视角下环境规制对 R&D 创新效率的异质门槛效应——基于工业 33 个行业 2004—2011 年的面板数据分析》,《财经研究》2014 年第 1 期。

二、计量模型设计

(一)门槛模型方法

根据汉森(1999、2000)[①]的研究,门槛模型的基本表示形式见式(6.1):

$$y_i = \theta'_1 x_i + e_i \quad q_i \leq \gamma$$
$$y_i = \theta'_2 x_i + e_i \quad q_i > \gamma \tag{6.1}$$

其中,y_i 表示被解释变量,x_i 表示解释变量,它是 m 维列向量,q_i 称为"门槛变量",它既可以作为解释变量的一个回归元,也可以作为独立的门槛变量。在基本回归模型的基础上,要使其成为单一的计量模型,需要定义一个虚拟变量 $d_i(\gamma) = \{q_i \leq \gamma\}$,$\{\cdot\}$ 是一个指示函数(Indicator Function),令集合 $x_i(\gamma) = x_i d_i(\gamma)$。因此,可以得到单一的方程形式,见式(6.2):

$$y_i = \theta' x_i + \delta'_n x_i(\gamma) + e_i \tag{6.2}$$

其中,$\theta = \theta_2$,$\delta_n = \theta_2 - \theta_1$。

进一步将式(6.2)写成矩阵形式,见式(6.3):

$$Y = X\theta + X_\gamma \delta_n + e \tag{6.3}$$

模型的回归参数为 $(\theta, \delta_n, \gamma)$,在 γ 给定的条件下,θ 与 δ 呈线性关系。因此,根据最小二乘法,用 $X^*_\gamma = [X X_\gamma]$ 对 Y 回归,得到相应的残差平方和函数,见式(6.4):

$$S_n(\gamma) = S_n(\hat{\theta}(\gamma), \delta(\gamma), \gamma) = Y'Y - Y'X^*_\gamma (X^{*'}_\gamma X^*_\gamma)^{-1} X^{*'}_\gamma Y \tag{6.4}$$

得到使 $S_n(\gamma)$ 最小的 $\bar{y}, \bar{y}$,见式(6.5):

---

① Hansen B. E., "Sample Splitting and Threshold Estimation", *Econometrica*, Vol. 68, No. 3, 2000, pp. 575–603.

$$\hat{\gamma} = \arg \min S_n(q_i)$$
$$q_i \in \Gamma \tag{6.5}$$

汉森(Hansen, 2000)将每一个观测值作为可能的门槛值,如果满足上式,将视为门槛值。

构造 LM 统计量来检验以门槛值划分的两组样本的模型估计参数是否显著不同,不存在门槛值的零假设为 $H_0 : \theta_1 = \theta_2$。LM 统计量表示,见式(6.6):

$$L = n \frac{S_0 - S_n(\bar{\gamma})}{S_n(\bar{\gamma})} \tag{6.6}$$

当确定门槛值后,需要对其置信区间进行分析。采用 LR (Likelihood Ratio Statistic)统计量检验,见式(6.7):

$$LR_n(\gamma) = n \frac{S_n(\gamma) - S_n(\bar{\gamma})}{S_n(\bar{\gamma})} \tag{6.7}$$

汉森认为,$LR_n(\gamma) \leqslant c(\alpha) = -2\ln(1 - \sqrt{\alpha})$ 时,不能拒绝零假设,其中 α 表示显著性水平,在 95% 的置信水平下,$c(\alpha) = 7.35$。

(二)计量模型的设定

针对研发双环节效率,设置门槛模型,见式(6.8)、式(6.9):

$$zh_{it} = c + \beta_1 Control + \alpha_1 X_{it} \cdot I(q_{it} \leqslant \gamma_1) + \alpha_2 X_{it} \cdot I(q_{it} > \gamma_1)$$
$$+ \cdots + \alpha_n X_{it} \cdot I(q_{it} \leqslant \gamma_n) + \alpha_{n+1} X_{it} \cdot I(q_{it} > \gamma_n) + e_{it} \tag{6.8}$$

$$zy_{it} = c + \beta_1 Control + \alpha_1 X_{it} \cdot I(q_{it} \leqslant \gamma_1) + \alpha_2 X_{it} \cdot I(q_{it} > \gamma_1)$$
$$+ \cdots + \alpha_n X_{it} \cdot I(q_{it} \leqslant \gamma_n) + \alpha_{n+1} X_{it} \cdot I(q_{it} > \gamma_n) + e_{it} \tag{6.9}$$

其中，zh_{it} 表示 i 省份在 t 时期的研发转换效率、zy_{it} 表示 i 省份在 t 时期的研发转化效率。X_i 表示核心解释变量，在现有研究的基础上，本章采用政府科技投入强度（Gkt）反映政府对区域工业企业的补贴程度；分别采用总的税负水平（Sf）、研发费用税收优惠（Gb）表示政府对区域工业企业的税收优惠。$Control$ 表示控制变量，本章考虑市场化水平（$Market$）、产业结构（$Stru$）、城市化水平（Urb）、贸易自由化水平（$Open$）、财政支持力度（Fis）来反映宏观背景的影响，选择利润增长率（Lz）来反映企业本身的发展特征。另外，q_{it} 表示门槛值，e_{it} 表示残差项，c 表示截距项，α_i 表示影响参数。

同时，若研发创新双环节效率存在空间相关性，那么，式（6.8）、式（6.9）的计量模型设定存在问题，因其没有反映空间因素的作用。若存在空间因素的作用，则式（6.8）、式（6.9）可以进一步表示为式（6.10）、式（6.11）：

$$
\begin{aligned}
zh_{it} = {} & c + W_{it} \cdot zh_{it} + \beta_1 Control + \alpha_1 X_{it} \cdot I(q_{it} \leqslant \gamma_1) + \alpha_2 X_{it} \cdot \\
& I(q_{it} > \gamma_1) + \cdots + \alpha_n X_{it} \cdot I(q_{it} \leqslant \gamma_n) + \\
& \alpha_{n+1} X_{it} \cdot I(q_{it} > \gamma_n) + \varepsilon_{it}
\end{aligned} \tag{6.10}
$$

$$
\begin{aligned}
zy_{it} = {} & c + W_{it} \cdot zy_{it} + \beta_1 Control + \alpha_1 X_{it} \cdot I(q_{it} \leqslant \gamma_1) + \alpha_2 X_{it} \cdot \\
& I(q_{it} > \gamma_1) + \cdots + \alpha_n X_{it} \cdot I(q_{it} \leqslant \gamma_n) + \alpha_{n+1} X_{it} \cdot \\
& I(q_{it} > \gamma_n) + \varepsilon_{it}
\end{aligned} \tag{6.11}
$$

其中，W 表示空间权重矩阵。至于 W，采用 Rook 一阶的空间权重矩阵，表示为式（6.12）：

$$
W_{ij} = \begin{cases} 1, \text{当区域和区域 } j \text{ 相邻} \\ 0, \text{当区域 } i \text{ 和区域 } j \text{ 不相邻} \end{cases} \tag{6.12}
$$

进行空间相关性检验,一般采用 Moran's I 指数法(吕光桦等,2011)。[1] Moran's I 统计量表示式(6.13):

$$I_t = \frac{n}{s_0} \cdot \frac{z_t' W_{z_t}}{z_t' z_t} \tag{6.13}$$

其中,z_t 表示第 t 年 n 个地区观察值的离差向量,s_0 等于权重矩阵所有元素之和,行标准化矩阵 $s_0 = n$。

根据工业企业区域数据的特点,并结合现有研究,本章对核心解释变量 X_{it} 和控制变量 $Control$ 进行了相应设置:

核心解释变量的设置。(1)政府科技投入强度(Gkt)。采用政府科技投入与财政支出的比值表示。(2)税负水平(Sf)。采用工业企业税收总收入与 GDP 的比重表示。(3)研发费用税收优惠(Gb)。采用政府对工业企业的研发减免税与 GDP 的比值表示。

控制变量的设置。(1)市场化水平。在樊纲等(2011)[2]的市场化指数基础上测算整理。(2)产业结构($Stru$)。采用第二产业产值与 GDP 的比值表示。(3)贸易自由化水平($Open$)。采用进出口贸易额占 GDP 的比值表示。(4)城市化水平(Urb)。采用城镇人口占总人口的比重表示城市化水平。(5)财政支持力度(Fis)。采用财政支出与 GDP 的比值表示。(6)利润增长率(Lz)。采用净利润与营业收入比表示。

① 吕光桦、宋文飞、李国平等:《考虑空间相关性的我国区域研发全要素生产率测算——基于 1999—2008 年省际空间面板数据》,《科学学与科学技术管理》2011 年第 4 期。

② 樊纲、王小鲁、马光荣:《中国市场化进程对经济增长的贡献》,《经济研究》2011 年第 9 期。

（三）数据来源及研究样本

本书财政补贴、税收优惠、研发创新效率的数据来自《工业企业科技活动统计资料》《中国税务年鉴》;控制变量的数据来自《中国统计年鉴》和地方统计年鉴。由于工业企业数据的限制,同时考虑到"新常态"背景下中国工业企业研发创新的发展阶段特点,本书的研究样本为中国 31 个省、自治区、直辖市工业企业 2007—2020 年的样本数据。

表 6-1　变量的描述性统计

变量	均值	标准差	最小值	最大值
Zh	1.109	0.335	0.180	6.272
Zy	0.999	0.441	0.051	5.953
Gkt	0.020	0.029	0.001	0.253
Sf	0.049	0.039	0.008	0.298
Gb	0.001	0.008	0.000	0.137
Market	6.649	2.314	-0.300	12.223
Stru	0.418	0.083	0.160	0.620
Urb	0.561	0.140	0.219	0.896
Open	0.282	0.314	0.008	1.597
Fis	0.285	0.203	0.100	1.354
Lz	0.068	0.030	-0.227	0.193

资料来源:《工业企业科技活动统计资料》《中国税务年鉴》《中国统计年鉴》,经整理所得。

第二节　财税政策激励企业技术创新的特征事实分析

这里不但作出区域研发创新效率的阶段差异性变动特征分析,还作出研发创新效率的空间异质性及弱相关性特征的分析,同时还作出政府支持、税收优惠与研发创新效率的局部线性和非线性关系的分析。

一、区域研发创新效率的阶段特征

(一)转换效率:整体增长趋势

由表6-2可以看出,区域研发创新转换效率在2007—2020年整体表现出增长趋势。除2010—2011年外,其他各年份均表现为增长态势。显然,转换效率受到企业内部效率与研发创新技术进步双重驱动,2008—2009年尽管技术进步动力较为不足,但由于企业内部效率提升27.4%,因而促进区域工业企业研发创新转换效率增长速率达到19.8%,为该阶段最高水平。

表6-2　区域研发创新转换效率(2007—2020年变动)

年份	内部效率	技术进步	纯效率	规模效率	转换效率
2007—2008	1.111	0.982	1.072	1.036	1.091
2008—2009	1.274	0.940	1.151	1.107	1.198
2009—2010	1.082	1.026	1.091	0.992	1.110

年份	内部效率	技术进步	纯效率	规模效率	转换效率
2010—2011	0.873	1.139	0.954	0.915	0.994
2011—2012	1.212	0.885	1.075	1.127	1.073
2012—2013	1.034	1.028	1.064	0.972	1.063
2013—2014	0.929	1.095	0.920	1.009	1.017
2014—2015	0.945	1.090	0.924	1.023	1.030
2015—2016	1.061	1.034	1.055	1.005	1.097
2016—2017	1.105	0.979	1.097	1.007	1.082
2017—2018	0.909	1.191	1.056	0.861	1.083
2018—2019	1.306	0.840	1.164	1.122	1.097
2019—2020	0.837	1.320	0.984	0.851	1.106
均值	1.042	1.035	1.044	0.999	1.079

资料来源:数据来自《工业企业科技活动统计资料》《中国税务年鉴》;控制变量的数据来自《中国统计年鉴》和地方统计年鉴,经整理笔者利用 DEAP2.1 软件计算所得。

表 6-3 的分解结果与表 6-2 基本一致。工业企业转换效率在 2007—2020 年整体水平最高的为中部地区,其次为西部地区,而东部地区虽然技术进步的表现最好,但企业内部效率较低,因而转换效率较低。转换效率整体有着增长趋势,仅有个别地区:浙江(倒退 1.1%)、海南(倒退 1.5%)、西藏(倒退 9.1%),其他地区都不同程度地呈现增长趋势。

表 6-3 区域研发创新转换效率的地区变动特征

地区	内部效率	技术进步	纯效率	规模效率	转换效率
北京市	1.014	1.067	1.042	0.973	1.082
天津市	1.019	1.041	1.015	1.004	1.061
河北省	1.053	1.042	1.069	0.986	1.098

地区	内部效率	技术进步	纯效率	规模效率	转换效率
山西省	1.091	1.003	1.071	1.018	1.095
内蒙古自治区	1.061	1.068	1.065	0.996	1.132
辽宁省	1.045	1.047	1.054	0.992	1.094
吉林省	1.072	1.040	1.076	0.996	1.115
黑龙江省	1.114	1.009	1.101	1.012	1.124
上海市	1.010	1.058	1.025	0.985	1.069
江苏省	1.033	1.028	1.038	0.995	1.062
浙江省	0.985	1.004	0.984	1.001	0.989
安徽省	1.045	1.035	1.053	0.992	1.081
福建省	1.063	1.032	1.068	0.995	1.096
江西省	1.144	1.039	1.136	1.007	1.188
山东省	1.021	1.062	1.038	0.983	1.084
河南省	1.017	0.997	1.017	1.000	1.014
湖北省	1.058	1.051	1.068	0.991	1.112
湖南省	1.026	1.059	1.045	0.982	1.087
广东省	1.030	1.036	1.000	1.030	1.067
广西壮族自治区	1.030	1.063	1.032	0.998	1.095
海南省	0.959	1.028	0.959	0.999	0.985
重庆市	0.959	1.049	0.968	0.991	1.006
四川省	1.077	1.022	1.067	1.010	1.101
贵州省	0.994	1.020	0.991	1.003	1.014
云南省	1.051	1.034	1.040	1.011	1.087
西藏自治区	0.978	0.930	1.000	0.978	0.909
陕西省	1.051	1.041	1.047	1.003	1.094
甘肃省	1.052	1.042	1.040	1.012	1.096
青海省	1.109	1.043	1.103	1.006	1.157

续表

地区	内部效率	技术进步	纯效率	规模效率	转换效率
宁夏回族自治区	1.072	1.043	1.076	0.996	1.118
新疆维吾尔自治区	1.108	1.068	1.095	1.012	1.184
均值	1.042	1.035	1.044	0.999	1.079

资料来源:数据来自《工业企业科技活动统计资料》《中国税务年鉴》;控制变量的数据来自《中国统计年鉴》和地方统计年鉴,经整理笔者利用 DEAP2.1 软件计算所得。

(二)转化效率:整体倒退趋势

相比转换效率,区域工业企业研发创新转化效率在 2007—2020 年则整体上表现出倒退趋势。除 2014—2015 年、2016—2017 年外,其他年份都表现出倒退态势,这与转换效率形成鲜明的相反特征。显然,转化效率也呈现出企业内部效率与研发创新技术进步双重驱动的特征,如 2012—2013 年,虽然企业内部效率得到 162% 的提升,但因技术进步的表现太差,因而转化效率仍然较低。

表 6-4 区域研发创新转化效率(2007—2020 年变动)

年份	内部效率	技术进步	纯效率	规模效率	转化效率
2007—2008	0.902	1.058	0.960	0.940	0.954
2008—2009	0.359	2.132	0.283	1.270	0.766
2009—2010	0.492	1.938	0.581	0.847	0.954
2010—2011	4.554	0.206	4.916	0.927	0.936
2011—2012	0.994	0.829	0.957	1.038	0.824
2012—2013	2.620	0.363	1.750	1.498	0.951
2013—2014	0.501	1.963	0.731	0.686	0.983

续表

年份	内部效率	技术进步	纯效率	规模效率	转化效率
2014—2015	0.831	1.320	0.892	0.932	1.096
2015—2016	0.899	1.071	0.920	0.977	0.962
2016—2017	1.113	0.969	1.071	1.039	1.078
2017—2018	1.865	0.484	1.521	1.226	0.903
2018—2019	0.989	0.972	0.995	0.994	0.961
2019—2020	1.140	0.767	1.103	1.033	0.874
均值	1.040	0.902	1.026	1.013	0.938

资料来源:数据来自《工业企业科技活动统计资料》《中国税务年鉴》;控制变量的数据来自《中国统计年鉴》和地方统计年鉴,经整理笔者利用 DEAP2.1 软件计算所得。

表6-5 的分解结果与表6-4 基本一致。转化效率整体有着倒退趋势。除浙江省的创新转化效率提升0.3%以外,其他地区均表现出不同程度的倒退趋势,进一步体现出转化效率与转换效率截然相反的特征。

表6-5 区域研发创新转化效率的地区变动特征

地区	内部效率	技术进步	纯效率	规模效率	转化效率
北京市	1.048	0.902	1.010	1.037	0.945
天津市	1.025	0.902	0.987	1.039	0.925
河北省	1.046	0.902	1.060	0.987	0.944
山西省	1.047	0.902	1.047	1.001	0.945
内蒙古自治区	1.029	0.902	1.026	1.002	0.928
辽宁省	1.042	0.902	1.015	1.026	0.940
吉林省	1.000	0.902	1.000	1.000	0.902
黑龙江省	1.028	0.902	1.028	1.000	0.927
上海市	1.028	0.902	1.000	1.028	0.928

续表

地区	内部效率	技术进步	纯效率	规模效率	转化效率
江苏省	1.062	0.902	1.000	1.062	0.958
浙江省	1.112	0.902	1.058	1.051	1.003
安徽省	1.080	0.902	1.111	0.972	0.974
福建省	0.981	0.902	0.961	1.021	0.885
江西省	0.999	0.902	1.011	0.988	0.901
山东省	1.054	0.902	1.014	1.040	0.951
河南省	1.082	0.902	1.079	1.003	0.976
湖北省	1.031	0.902	1.022	1.008	0.930
湖南省	1.099	0.902	1.120	0.981	0.992
广东省	1.080	0.902	1.000	1.080	0.974
广西壮族自治区	1.065	0.902	1.065	1.000	0.960
海南省	0.998	0.902	0.995	1.003	0.900
重庆市	1.087	0.902	1.067	1.019	0.980
四川省	0.985	0.902	0.963	1.022	0.888
贵州省	1.070	0.902	1.064	1.005	0.965
云南省	0.990	0.902	0.988	1.003	0.893
西藏自治区	0.996	0.902	1.000	0.996	0.899
陕西省	1.062	0.902	1.061	1.001	0.958
甘肃省	1.054	0.902	1.052	1.002	0.951
青海省	1.006	0.902	0.980	1.026	0.907
宁夏回族自治区	1.038	0.902	1.022	1.016	0.937
新疆维吾尔自治区	1.024	0.902	1.019	1.005	0.924
均值	1.040	0.902	1.026	1.013	0.938

资料来源：数据来自《工业企业科技活动统计资料》《中国税务年鉴》；控制变量的数据来自《中国统计年鉴》和地方统计年鉴，经整理笔者利用 DEAP2.1 软件计算所得。

总之，区域研发创新效率存在阶段性差异特征，即表现为整体转换效率的增长和转化效率倒退的差异。工业企业研发创新效率的提升，需要更加重视技术成果转化环节，尤其在该环节中市场化运作的动力需要进一步激励。

二、研发创新双环节

（一）研发创新双环节效率的空间分布情况

笔者利用空间统计分析软件 GeoDa 计算出研发创新转换效率和研发创新转化效率在不同年份的空间分布情况。总体上地区研发创新转换效率呈现区域"分割"特征。虽然 2011 年以来情况有所改善，不过研发转换效率仍以"条块分割"为主。这反映了地区间研发转换效率的空间互动机制不完善。相较于研发创新转换效率，研发创新转化效率的局部相关性较强，表现在不同年份会呈局部地区的空间集聚特点，但是，从全国范围来看时间变动特征，这种局部地区的空间集聚并非稳定的，且大部分地区处于"条块分割"状态。

因此，尽管研发创新转化效率的局部空间集聚程度稍高，但是仍是空间非均衡、非连续且总体处于"条块分割"状态。显然，这与创新市场的区域分割有着内在关联。由于地方政府对工业企业的地方保护产生了地方政府间恶性竞争，导致研发创新转化效率的空间分布是不均衡的。不过，在研发创新转化阶段，区域市场的激励也会发生作用，因此研发创新转化效率会呈局部地区的空间集聚特征。可见，研发创新转化效率的空间分布反映了政府的"有形的手"和市场的"无形的手"的综合作用。

（二）研发创新双环节效率的空间相关性检验

笔者利用空间统计分析软件 GeoDa 对区域研发创新双环节效率的空间相关性进行了检验后发现，研发创新转换效率的 Moran's I 值仅在 2013—2015 年和 2018—2019 年为正值，其余年份趋近于零，且为负值，这说明中国区域研发创新转换效率的空间相关性不强。研发创新转化效率的 Moran's I 值在 2011—2012 年、2014—2017 年较高，且绝对值均高于 0.07，但其余年份趋近于零且为负值，说明研发创新转化效率的空间相关性也较弱，空间异质性占主导。这再次印证了区域创新市场分割的存在影响了区域研发创新的空间溢出效应。地方政府财政竞争等地方保护政策，不利于区域创新统一市场的形成，虽然在一定程度上会促进本地区工业企业的创新发展，但却是建立在创新分割、区域博弈而非合作的基础上，从全局上抑制了工业企业研发创新整体的深入推进。同时，研发创新双环节效率的空间弱相关性，意味着下文的实证模型选择式（6.8）、式（6.9）是较为合理的。

三、财税政策与研发创新双环节效率的关系

经过笔者利用 Stata15.0 软件，检验政府支持、税收优惠相关变量与研发创新双环节效率的变动关系。可以看出各变量与研发创新双环节效率的关系存在异质性。总体来看，政府科技投入强度与研发创新双环节效率的局部非线性关系较为明显（尤其在 0.075 水平前）；税负水平与研发创新双环节效率则在 0.15 水平前后存在明显的差异，说明税负水平与研发创新双环节效率的关系存在发展阶段性的差异；研发费用税收优惠与研发创新双环节

效率凸显出一定水平前(0.01 水平之前)的非线性特征。

总之,政府支持和税收优惠与研发创新双环节效率的关系存在异质性。共同特征是二者都存在与研发创新双环节效率变动关系的阶段性差异,且线性关系只是局部的、条件性的。因此,在区域层面,研究财税与研发创新双环节效率的关系不应从线性视角,而应从非线性视角入手。这再次印证了用式(6.8)、式(6.9)进行实证分析是合理的选择。以上的特征事实还需要进一步的实证检验,尤其是财税政策激励与研发创新双环节的非线性特征需要进一步的实证验证。

第三节 财税政策激励企业技术创新的实证分析

特征事实的分析表明运用式(6.8)、式(6.9)进行实证分析是合理的选择。因此,本节重点运用式(6.8)、式(6.9)进行非线性实证检验。在实证检验之前,需要分析引入宏观解释变量有可能会引起内生性问题。因此,在下文实证分析之前,需要检验是否存在内生性问题。如果存在内生性则需要引入工具变量,以避免内生性对计量结果带来的不利影响。根据豪斯曼(Hausman,1978)[1]提出的检验方法,采用宏观变量的滞后期作为工具变量,对 OLS 和 2SLS 的估计结果进行对比检验。以研发创新转换效率为因变量的检验结果为 prob>chi2 = 0. 2111,以研发创新转化效率为因变量的检验结果为 prob>chi2 = 0. 8229,综合检验结果,认为引

---

① Hausman J. A.,"Specification Tests in Econometrics", *Econometrica*, Vol. 46, No. 6, 1978, pp. 1251–1271.

入工具变量引入后,2SLS 法并不比 OLS 估计法更为有效。因此,没必要引入工具变量进行实证分析。

一、政府科技投入对研发创新双环节效率的门槛效应分析

(一)政府科技投入强度对研发创新转换效率的门槛效应分析

在实证分析前,需要进行门槛模型的检验(见表 6-6)。在政府科技投入强度对研发创新转换效率的影响上本节针对区域异质性问题,分别选择全国、东部地区、中部地区、西部地区四个区域样本进行对比分析。具体检验方法采用汉森提出的 Bootstrap 方法获得 Bootstrap P 值,以检验门槛模型的类型。

表 6-6　门槛检验结果

样本	全国			东部地区			中部地区			西部地区		
模型	单门槛	双门槛	三门槛	单门槛	双门槛	三门槛	单门槛	双门槛	三门槛	单门槛	双门槛	三门槛
门槛估计值	0.0046	0.0101	0.0111	0.0079	0.0132	0.225	0.0102	0.0111	0.0146	0.0018	0.0040	0.0109
P 值	0.013**	0.013**	0.028**	0.034**	0.090*	0.079*	0.010***	0.014**	0.009***	0.023**	0.025**	0.067*

注:*、**、***分别表示在1%、5%、10%的水平上显著,下同,不再赘述。
资料来源:数据来自《工业企业科技活动统计资料》、《中国税务年鉴》;控制变量的数据来自《中国统计年鉴》和地方统计年鉴,经整理笔者利用 Stata15.0 软件计算所得。

因此,在下文的实证分析中,全国样本、东部地区样本、中部地区样本和西部地区样本都存在三个门槛值,所以均运用三门槛模型即可。依据门槛个数,划分门槛区间,例如,三门槛则有四个门槛区间,分别用 Thr-Ⅰ、Thr-Ⅱ、Thr-Ⅲ和 Thr-Ⅳ表示,如果是两门槛模型即有三个门槛区间:Thr-Ⅰ、Thr-Ⅱ、Thr-Ⅲ。以表 6-6、表

6-7为例进行说明:政府科技投入强度对研发创新转换效率的影响效应从全国层面存在三个门槛值分别是0.0046、0.0101和0.0111,按此可划分四个门槛区间,如第一门槛区间Thr-Ⅰ(小于等于0.0046)、第二门槛区间Thr-Ⅱ(大于0.0046小于等于0.0101)、第三门槛区间Thr-Ⅲ(大于0.0101小于等于0.0111)和第四门槛区间Thr-Ⅳ(大于0.0111)。以此类推,中国东部地区、中部地区和西部地区政府科技投入强度均存在三个门槛值(见表6-6)和四个门槛区间。下文如是划分,不再赘述。

表6-6、表6-7表明:(1)全国层面。政府科技投入强度对研发创新转换效率的影响从系数看,在门槛Thr-Ⅰ、Thr-Ⅲ区间分别具有显著的负向和正向效应,在门槛Thr-Ⅱ、Thr-Ⅳ区间内正向效应不显著。由此可见,在全国层面,政府科技投入强度对研发创新转换效率的影响效应具有"U"型特征,拐点值为0.0046。(2)东部地区。政府科技投入强度在门槛Thr-Ⅰ、Thr-Ⅱ、Thr-Ⅲ区间内都具有显著的正向影响效应,且存在边际效应递减的特征,在门槛Thr-Ⅳ区间有不显著的负向影响效应。这说明东部地区政府科技投入强度对研发创新转换效率的影响具有倒"U"型特征,尤其是在政府科技投入强度达到0.0225之前,这种变动轨迹较为显著,拐点值为0.0225。(3)中部地区。政府科技投入强度的影响效应在门槛Thr-Ⅰ区间具有不显著的正向特征,而在门槛Thr-Ⅱ、Thr-Ⅲ和Thr-Ⅳ区间内正向特征表现显著,即政府科技投入强度达到一定水平后对研发创新转换效率凸显"激励效应",且边际效应递减。(4)西部地区。与全国的情况不同程度的类似,政府科技投入强度的影响效应在门槛Thr-Ⅰ、Thr-Ⅲ区间分别具有显著的负向和正向特征,而在门槛Thr-Ⅱ、Thr-Ⅳ区间负向和正

向效应不显著,即西部地区政府科技投入强度对研发创新转换效率的影响效应表现出"U"型特征,且与全国情况相比,其呈现挤出效应的区间更大。经对比分析可以得出:在企业研发创新转换阶段政府科技投入强度对全国、东部地区、中部地区和西部地区研发创新转换效率的影响存在区间条件或整体的"激励效应",但是相比较西部地区"挤出效应"的区间更大。原因可能是西部地区由于不健全的市场机制和不充分的市场竞争,因而对政府的干预造成了一定的扭曲。而东部地区、中部地区由于有较高的市场化程度作为基础,政府干预更能发挥作用,有利于研发创新转换效率提升。

表6-7　政府科技投入强度对研发创新转换效率的门槛效应

样本	模型	*Market*	*Stru*	*Urb*	*Open*	*Fis*	*Lz*	*Thr*-I	*Thr*-II	*Thr*-III	*Thr*-IV
全国	影响系数	−0.008	0.256	−0.591*	−0.205	1.057**	−1.114	−37.334*	4.559	21.183***	2.821
	稳健标准差	0.015	0.518	0.352	0.135	0.489	0.990	22.074	4.843	7.040	1.646
	T值	−0.552	0.494	−1.680	−1.518	2.163	−1.125	−1.691	0.941	3.009	1.715
	P值	0.581	0.622	0.094	0.130	0.031	0.261	0.092	0.347	0.003	0.087
东部地区	影响系数	0.005	−1.167*	−1.320***	−0.033	−0.501	−3.666**	54.543***	12.335***	5.264*	−0.092
	稳健标准差	0.015	0.622	0.502	0.141	0.543	1.540	20.319	4.323	2.703	1.462
	T值	0.351	−1.876	−2.628	−0.236	−0.923	−2.380	2.684	2.853	1.947	−0.063
	P值	0.727	0.063	0.010	0.814	0.358	0.019	0.008	0.005	0.054	0.950
中部地区	影响系数	−0.016	−0.246	−1.051	−0.819	2.584*	2.873***	16.210	48.186***	24.394**	13.698*
	稳健标准差	0.038	0.669	0.686	0.674	1.349	1.035	12.284	13.071	10.384	8.139
	T值	−0.409	−0.368	−1.533	−1.215	1.915	2.776	1.320	3.687	2.349	1.683
	P值	0.683	0.714	0.129	0.228	0.059	0.007	0.191	0.000	0.021	0.096

续表

样本	模型	*Market*	*Stru*	*Urb*	*Open*	*Fis*	*Lz*	*Thr-I*	*Thr-II*	*Thr-III*	*Thr-IV*
西部地区	影响系数	0.029	1.590 *	-0.205	-1.156 *	1.946 ***	0.126	-282.775 *	-17.938	22.860 ***	4.413
	稳健标准差	0.037	0.897	0.574	0.697	0.591	0.760	153.153	27.552	8.467	5.026
	T 值	0.784	1.773	-0.356	-1.658	3.294	0.165	-1.846	-0.651	2.700	0.878
	P 值	0.435	0.078	0.722	0.100	0.001	0.869	0.067	0.516	0.008	0.382

资料来源:数据来自《工业企业科技活动统计资料》《中国税务年鉴》;控制变量的数据来自《中国统计年鉴》和地方统计年鉴,经整理笔者利用 Stata15.0 软件计算所得。

总之,政府科技投入强度对研发创新转换效率的激励存在区域异质性、阶段差异性和非线性特征的多门槛效应。其中,东部地区具有倒"U"型特征且以正向的"激励效应"为主;中部地区在所有门槛区间内都为正向影响效应且呈边际效应递减特征;全国和西部地区均表现出"U"型特征的影响效应,正向和负向效应均显著且都具有区间条件性和局部性。

(二)政府科技投入对研发创新转化效率的门槛效应分析

表6-8门槛检验的结果表明,政府科技投入强度对研发创新转化效率值也存在门槛,其中,全国层面的门槛值依次为 0.0109、0.0156、0.0378;东部地区门槛依次为 0.0083、0.0136、0.0378;中部地区门槛值依次为 0.0090、0.0110、0.0155;西部地区门槛值依次为 0.0026、0.0033、0.0109。

表6-8　门槛检验结果

样本	全国			东部地区			中部地区			西部地区		
模型	单门槛	双门槛	三门槛	单门槛	双门槛	三门槛	单门槛	双门槛	三门槛	单门槛	双门槛	三门槛
门槛估计值	0.0109	0.0156	0.0378	0.0083	0.0136	0.0378	0.0090	0.0110	0.0155	0.0026	0.0033	0.0109
P值	0.014**	0.039**	0.098*	0.065*	0.061*	0.066*	0.011**	0.023**	0.097*	0.000***	0.022**	0.018**

资料来源:数据来自《工业企业科技活动统计资料》《中国税务年鉴》;控制变量的数据来自《中国统计年鉴》和地方统计年鉴,经整理笔者利用Stata15.0软件计算所得。

表6-9的检验结果表明:(1)全国。在门槛 Thr-Ⅰ、Thr-Ⅱ、Thr-Ⅲ 和 Thr-Ⅳ 四个区间内,政府科技投入强度对研发创新转化效率影响系数依次是-39.084、-21.553、-10.356 和-3.709,均存在显著的负向影响效应,且呈边际递减的趋势。这说明政府科技投入强度对研发创新转化效率产生阶段性"挤出效应"。(2)东部地区。政府科技投入强度达到 0.0378 之前,对研发创新转化效率的负向影响是显著的,之后该效应不显著。这说明东部地区凸显"挤出效应",且这种"挤出效应"也呈边际递减的趋势。(3)中部地区。与全国、东部地区的情况相似,在门槛 Thr-Ⅰ、Thr-Ⅱ、Thr-Ⅲ 区间内中国中部地区政府科技投入强度对研发创新转化效率具有显著的负向影响特征,影响系数分别为-103.128、-76.784 和-47.620,而在门槛 Thr-Ⅳ 区间内负向影响效应不显著。这说明政府科技投入强度对研发创新转化效率的影响效应同样具有不同程度的"挤出效应"特征,且这种负向效应呈边际递减的趋势。(4)西部地区。在门槛 Thr-Ⅰ 区间政府科技投入强度对研发创新转化效率的正向影响效应显著,而在门槛 Thr-Ⅱ、Thr-Ⅲ 区间是负向影响效应显著,在门槛 Thr-Ⅳ 区间则正向影响效应不显著。这说明与其他地区相比,中国西部地区政府科技投入强度在研发创

新转化效率上存在一定区间条件的"激励效应"。

表6-9　政府科技投入强度对研发创新转化效率的门槛效应

样本	模型	Market	Stru	Urb	Open	Fis	Lz	Thr-I	Thr-II	Thr-III	Thr-IV
全国	影响系数	-0.028	-0.789	0.439	0.143	-0.281	0.359	-39.084 ***	-21.553 ***	-10.356 ***	-3.709 *
	稳健标准差	0.023	0.620	0.520	0.165	0.676	0.725	9.973	7.394	3.828	2.097
	T值	-1.258	-1.271	0.845	0.867	-0.415	0.495	-3.919	-2.915	-2.706	-1.769
	P值	0.209	0.204	0.399	0.387	0.678	0.621	0.000	0.004	0.007	0.078
东部地区	影响系数	0.014	1.065	1.122 **	0.041	1.308 **	0.736	-41.244 ***	-16.565 ***	-8.543 ***	-1.280
	稳健标准差	0.018	0.660	0.552	0.153	0.630	1.980	10.762	5.263	2.781	1.495
	T值	0.781	1.614	2.032	0.265	2.076	0.372	-3.832	-3.147	-3.072	-0.856
	P值	0.436	0.109	0.044	0.792	0.040	0.711	0.000	0.002	0.003	0.394
中部地区	影响系数	-0.113	-2.670 **	0.010	-1.125	-1.011	1.282	-103.128 ***	-76.784 **	-47.620 **	-20.665
	稳健标准差	0.078	1.154	1.334	1.302	2.156	2.119	35.975	29.309	23.399	15.556
	T值	-1.450	-2.314	0.007	-0.864	-0.469	0.605	-2.867	-2.620	-2.035	-1.328
	P值	0.151	0.023	0.994	0.390	0.640	0.547	0.005	0.010	0.045	0.188
西部地区	影响系数	-0.058	-1.118	1.128	1.231 *	-0.361	0.426	625.687 ***	-142.235 ***	-24.841 ***	3.169
	稳健标准差	0.060	1.767	1.015	0.674	0.973	1.025	181.666	54.231	9.202	3.000
	T值	-0.966	-0.633	1.112	1.826	-0.371	0.415	3.444	-2.623	-2.700	1.056
	P值	0.336	0.528	0.268	0.070	0.711	0.679	0.001	0.010	0.008	0.293

资料来源:数据来自《工业企业科技活动统计资料》《中国税务年鉴》;控制变量的数据来自《中国统计年鉴》和地方统计年鉴,经整理笔者利用Stata15.0软件计算所得。

　　与研发创新转换效率的影响效应相比较,全国、东部地区和中部地区的政府科技投入强度在研发创新转化效率上负向影响效应显著,且呈边际递减的趋势。这意味着在研发创新转化环节上政府科技投入强度存在对研发创新效率的扭曲问题;而西部地区,在研发创新转化环节上政府科技投入的"激励效应"和"挤出效应"都更加地显著。

二、企业税负水平对研发创新双环节效率的门槛效应分析

(一)企业税负水平对研发创新转换效率的门槛效应分析

表 6-10 的检验结果表明,企业税负水平在研发创新转换效率上的影响也存在门槛效应。检验的门槛值依次为:全国层面为 0.0394;东部地区依次为 0.0579、0.0581、0.0850;中部地区依次为 0.0364、0.0555、0.0774;西部地区依次为 0.0317、0.0394、0.0416。

表 6-10 门槛检验结果

样本	全国			东部地区			中部地区			西部地区		
模型	单门槛	双门槛	三门槛	单门槛	双门槛	三门槛	单门槛	双门槛	三门槛	单门槛	双门槛	三门槛
门槛估计值	0.0394	—	—	0.0579	0.0581	0.0850	0.0364	0.0555	0.0774	0.0317	0.0394	0.0416
P 值	0.024**	0.150	—	0.030**	0.045**	0.005***	0.008***	0.018**	0.025**	0.086*	0.003***	0.013***

资料来源:数据来自《工业企业科技活动统计资料》《中国税务年鉴》;控制变量的数据来自《中国统计年鉴》和地方统计年鉴,经整理笔者利用 Stata15.0 软件计算所得。

表 6-11 的检验结果表明:(1)全国。在研发创新转换效率上企业税负水平对其影响效应总体具有负向影响的特征,如在达到 0.0394 值之前,存在显著的"挤出效应",该值之后此效应不再显著。总体来看,说明在企业研发转换环节,企业税负水平对技术创新有一定程度的扭曲效应,不利于企业研发创新转换效率的提升。(2)东部地区。企业税负水平对研发创新转换效率的影响在门槛

Thr-Ⅰ、Thr-Ⅱ区间分别存在显著的负向效应和正向效应,而在门槛 Thr-Ⅲ、Thr-Ⅳ区间正向、负向效应不显著。这说明东部地区工业企业税负水平在(0.0579,0.0581)的范围内对企业研发创新转换效率的提升有一定的积极意义,而超过这个"度",这种"激励效应"不存在,甚至为负。(3)中部地区。企业税负水平对研发创新转换效率的影响总体是负向效应,且税负水平在(0.0555,0.0774)值上具有显著的"挤出效应",而在门槛 Thr-Ⅱ、Thr-Ⅳ区间正向激励效应不显著。这说明中国中部地区企业税负水平在研发转换环节对企业创新效率具有一定的扭曲效应,抑制了企业研发创新转换效率的提升。(4)中国西部地区。企业税负水平对研发创新转换效率的影响总体呈正向激励效应,如在门槛 Thr-Ⅰ、Thr-Ⅲ区间具有显著的正向效应,而在门槛 Thr-Ⅱ、Thr-Ⅳ区间激励效应不显著。这说明西部地区凸显企业税负水平的"激励效应",且这种影响效应具有区间条件性特征。

表6-11　企业税负水平对研发创新转换效率的门槛效应

样本	模型	Market	Stru	Urb	Open	Fis	Lz	Thr-Ⅰ	Thr-Ⅱ	Thr-Ⅲ	Thr-Ⅳ
全国	影响系数	-0.005	0.015	-0.772**	-0.118	0.832*	-0.889	-2.875*	-0.147	—	—
	稳健标准差	0.015	0.528	0.321	0.126	0.460	0.947	1.603	0.415	—	—
	T值	-0.326	0.028	-2.406	-0.937	1.810	-0.939	-1.794	-0.355	—	—
	P值	0.745	0.978	0.017	0.349	0.071	0.348	0.074	0.723	—	—
东部地区	影响系数	-0.027*	-1.227**	-1.342***	-0.100	0.086	-4.160	-1.310**	6.805***	0.762	-0.226
	稳健标准差	0.014	0.598	0.463	0.129	0.488	1.601	1.269	1.862	0.584	0.276
	T值	-1.852	-2.051	-2.897	-0.776	0.176	-1.032	-2.597	3.655	1.305	-0.822
	P值	0.066	0.042	0.005	0.439	0.861	0.304	0.011	0.000	0.194	0.413

续表

样本	模型	Market	Stru	Urb	Open	Fis	Lz	Thr-I	Thr-II	Thr-III	Thr-IV
中部地区	影响系数	0.032	−0.959	−2.531***	−0.922	2.805**	3.162***	−3.204	1.897	−2.480*	0.836
	稳健标准差	0.039	0.705	0.674	0.709	1.164	1.084	2.906	1.645	1.460	1.039
	T 值	0.839	−1.360	−3.756	−1.300	2.410	2.917	−1.102	1.153	−1.698	0.805
	P 值	0.404	0.178	0.000	0.197	0.018	0.005	0.273	0.252	0.093	0.423
西部地区	影响系数	0.031	1.169	−0.173	−1.090*	1.047**	0.281	8.221**	1.256	12.735***	1.909
	稳健标准差	0.033	1.097	0.508	0.608	0.497	0.739	4.071	3.025	4.365	1.314
	T 值	0.961	1.066	−0.340	−1.792	2.105	0.380	2.019	0.415	2.918	1.453
	P 值	0.338	0.289	0.735	0.075	0.037	0.705	0.046	0.679	0.004	0.149

资料来源:数据来自《工业企业科技活动统计资料》《中国税务年鉴》;控制变量的数据来自《中国统计年鉴》和地方统计年鉴,经整理笔者利用 Stata15.0 软件计算所得。

总之,企业税负水平对研发创新转换效率的影响在全国来看以负向抑制效应为主;在东部地区、中部地区均存在一定区间条件的"挤出效应",而在西部地区所有门槛区间均呈正向激励效应。这就意味着减税可能更激励东部地区、中部地区企业在研发创新转换环节的创新效率提升,而对西部地区的企业在该环节创新激励效果不明显,这也与前述的该环节政府直接的科技投入政策激励效果是相类似的。

(二)企业税负水平对研发创新转化效率的门槛效应分析

表6-12 的检验结果表明,企业税负水平对研发创新转化效率的影响也存在门槛效应。其中,全国来看有三个门槛值,依次为0.0214、0.0870、0.0985;东部地区有三个门槛值,依次为 0.0579、0.0954、0.1014;中部地区有两个门槛值,依次为 0.0265、0.0895;

西部地区有两个门槛值,依次为0.0214、0.0860。

表6-12　门槛检验结果

样本	全国			东部地区			中部地区			西部地区		
模型	单门槛	双门槛	三门槛	单门槛	双门槛	三门槛	单门槛	双门槛	三门槛	单门槛	双门槛	三门槛
门槛估计值	0.0214	0.0870	0.0985	0.0579	0.0954	0.1014	0.0265	0.0895	—	0.0214	0.0860	—
P值	0.074*	0.053*	0.066*	0.005***	0.001***	0.003***	0.012**	0.017**	0.134	0.042**	0.057*	0.138

资料来源:数据来自《工业企业科技活动统计资料》《中国税务年鉴》;控制变量的数据来自《中国统计年鉴》和地方统计年鉴,经整理笔者利用Stata15.0软件计算所得。

表6-13的检验结果表明:(1)全国总体表现为正向激励效应。其中,在门槛Thr-Ⅰ、Thr-Ⅲ区间,企业税负水平对研发创新转化效率的影响分别具有显著的正向、负向效应,而在Thr-Ⅱ、Thr-Ⅳ区间正向效应不显著。(2)东部地区企业税负水平对研发创新转化效率的影响与全国情况类似,且呈现显著激励效应的区间更大。其中在门槛Thr-Ⅰ、Thr-Ⅲ区间具有显著的正向激励效应,而在门槛Thr-Ⅳ区间激励效应不显著,在门槛Thr-Ⅱ区间则有显著的负向影响效应。这说明东部地区企业税负水平对研发创新转化效率的影响在一定区间条件内具有显著的激励效应。(3)中部地区企业税负水平对研发创新转化效率影响总体呈现激励效应,产生显著影响的区间为门槛Thr-Ⅰ(税负水平≤0.0265)、Thr-Ⅱ(0.0265<税负水平≤0.0895)。这与政府科技投入强度在该环节的影响效应是相反的。(4)西部地区企业税负水平对研发创新转化效率的影响效应也是呈正向激励特征,产生显著影响的区间为门槛Thr-Ⅰ(税负水平≤0.0214)、Thr-Ⅱ(0.0214<税负水平≤0.0860)。这说明西部地区企业税负水平对研发创新转化效

率影响在一定区间条件内凸显"激励效应"。

总之,企业税负水平对研发创新转化效率的影响更多凸显"激励效应"。这意味着提高企业税负水平到一定程度后,则更能促进和加速工业企业研发创新效率的提高和技术成果的转化,尤其是在中部地区、西部地区,这种"激励效应"更为明显。

表 6-13　企业税负水平对研发创新转化效率的门槛效应

样本	模型	*Market*	*Stru*	*Urb*	*Open*	*Fis*	*Lz*	*Thr*-Ⅰ	*Thr*-Ⅱ	*Thr*-Ⅲ	*Thr*-Ⅳ
全国	影响系数	-0.010	-0.499	0.111	0.149	0.116	0.501	6.819 **	0.702	-2.091 *	0.256
	稳健标准差	0.023	0.593	0.476	0.159	0.648	0.651	2.988	0.826	1.134	0.532
	T 值	-0.411	-0.841	0.233	0.939	0.179	0.768	2.282	0.850	-1.843	0.482
	P 值	0.681	0.401	0.816	0.349	0.858	0.443	0.023	0.396	0.066	0.630
东部地区	影响系数	0.049 ***	1.269 *	1.338 **	0.078	0.474	0.805	2.887 *	-1.257 *	7.182 ***	0.042
	稳健标准差	0.017	0.663	0.529	0.151	0.561	1.585	1.730	0.670	0.715	0.345
	T 值	2.969	1.913	2.528	0.516	0.845	0.508	1.669	-1.877	10.040	0.122
	P 值	0.004	0.058	0.013	0.607	0.400	0.613	0.098	0.063	0.000	0.903
中部地区	影响系数	-0.042	-3.926 ***	-0.194	-0.658	-5.368 **	1.704	22.019 ***	3.240 *	0.982	—
	稳健标准差	0.079	1.372	1.134	1.275	2.282	2.099	7.899	1.919	1.403	—
	T 值	-0.527	-2.861	-0.171	-0.516	-2.352	0.812	2.788	1.688	0.700	—
	P 值	0.600	0.005	0.865	0.607	0.021	0.419	0.007	0.095	0.486	—
西部地区	影响系数	-0.051	-0.707	0.613	1.139 *	-0.064	0.283	18.745 ***	4.116 ***	1.328	—
	稳健标准差	0.063	1.629	0.928	0.687	0.890	1.044	5.738	1.572	1.150	—
	T 值	-0.812	-0.434	0.661	1.657	-0.072	0.271	3.267	2.618	1.156	—
	P 值	0.418	0.665	0.510	0.100	0.943	0.787	0.001	0.010	0.250	—

资料来源:数据来自《工业企业科技活动统计资料》《中国税务年鉴》;控制变量的数据来自《中国统计年鉴》和地方统计年鉴,经整理笔者利用 Stata15.0 软件计算所得。

三、企业研发费用税收优惠对研发创新双环节效率的门槛效应分析

(一)企业研发费用税收优惠对研发创新转换效率的门槛效应分析

企业研发费用税收优惠对研发创新转换效率的影响效应具有门槛特征(见表6-14)。全国的门槛值为0.0001、0.0002、0.0016;东部地区的门槛值为0.0002、0.0016、0.0023;中部地区的门槛值为0.0002、0.0004、0.0217;西部地区的门槛值为0.0002、0.0004和0.0011。

表6-14 门槛检验结果

样本	全国			东部地区			中部地区			西部地区		
模型	单门槛	双门槛	三门槛	单门槛	双门槛	三门槛	单门槛	双门槛	三门槛	单门槛	双门槛	三门槛
门槛估计值	0.0001	0.0002	0.0016	0.0002	0.0016	0.0023	0.0002	0.0004	0.0217	0.0002	0.0004	0.0011
P值	0.037 ***	0.012 **	0.049 **	0.006 ***	0.023 **	0.065 *	0.000 ***	0.014 **	0.005 ***	0.000 ***	0.006 ***	0.011 ***

资料来源:数据来自《工业企业科技活动统计资料》《中国税务年鉴》;控制变量的数据来自《中国统计年鉴》和地方统计年鉴,经整理笔者利用Stata15.0软件计算所得。

表6-15的门槛效应检验结果表明:(1)全国。在门槛Thr-Ⅱ、Thr-Ⅳ区间,企业研发费用税收优惠对研发创新转换效率的影响效应是显著的负向特征和正向特征,而在门槛Thr-Ⅰ、Thr-Ⅲ区间正向特征和负向特征均不显著。这说明从整体上看企业研发费用的税收优惠对研发创新转换效率的影响效应呈现"N"型特征。(2)东部地区。在门槛Thr-Ⅰ、Thr-Ⅲ区间,企业研发费用税收优惠对研发创新转换效率的影响分别有显著的负向和正向效应,而

在门槛 Thr-Ⅱ、Thr-Ⅳ这些效应不显著。这说明东部地区企业研发费用税收优惠对研发创新转换效率的影响效应表现为"U"型特征，且拐点值为 0.0016。（3）中部地区。在门槛 Thr-Ⅰ、Thr-Ⅱ、Thr-Ⅲ 和 Thr-Ⅳ 四个区间内，企业研发费用税收优惠对研发创新转换效率影响均表现出显著的正向效应，影响系数分别为 2487.397、409.187、38.348 和 7.461。这说明企业研发费用税收优惠在该阶段环节对技术创新具有"激励效应"，但该效应是边际递减的。（4）西部地区。与中部地区的情况类似，企业研发费用的税收优惠对研发创新转换效率的影响在任何门槛区间都呈显著的正向效应。这说明西部地区企业研发费用的税收优惠在研发创新转换环节对创新效率具有显著的"激励效应"。总之，企业研发费用的税收优惠对全国样本的影响效应呈"N"型特征，即在一定的区间条件内分别具有显著的正向影响和负向影响；在东部地区的影响效应呈显著的"U"型特征。这说明该地区研发费用税收优惠在超过一定的拐点后，对研发创新转换效率的提升都显现出显著的"激励效应"。而对中部地区、西部地区，则更加凸显研发费用税收优惠的增加在研发转换环节的积极意义。

表 6-15　企业研发费用税收优惠对研发创新转换效率的门槛效应

样本	模型	Market	Stru	Urb	Open	Fis	Lz	Thr-Ⅰ	Thr-Ⅱ	Thr-Ⅲ	Thr-Ⅳ
全国	影响系数	−0.010	−0.247	−0.963 ***	0.038	1.000 **	−0.074	29.286	−871.073 ***	−43.831	44.3382 ***
	稳健标准差	0.014	0.452	0.321	0.111	0.433	0.622	470.818	275.207	33.577	16.439
	T 值	−0.697	−0.547	−3.005	0.344	2.310	−0.119	0.062	−3.165	−1.305	2.697
	P 值	0.487	0.585	0.003	0.731	0.022	0.906	0.950	0.002	0.193	0.007

续表

样本	模型	Market	Stru	Urb	Open	Fis	Lz	Thr-I	Thr-II	Thr-III	Thr-IV
东部地区	影响系数	-0.020	-1.095*	-1.342**	0.035	0.091	-4.451***	-1.57e+03*	-28.391	88.882**	22.728
	稳健标准差	0.015	0.635	0.560	0.135	0.508	1.571	796.056	47.921	34.808	22.962
	T值	-1.369	-1.725	-2.397	0.258	0.179	-2.833	-1.971	-0.592	2.554	0.990
	P值	0.174	0.087	0.018	0.797	0.859	0.005	0.051	0.555	0.012	0.324
中部地区	影响系数	-0.011	-0.695	-0.965	-0.629	0.405	1.810*	2487.397***	409.187***	38.348***	7.461***
	稳健标准差	0.037	0.754	0.614	0.600	1.416	0.986	367.809	123.205	5.252	2.488
	T值	-0.298	-0.921	-1.573	-1.049	0.286	1.836	6.763	3.321	7.301	2.999
	P值	0.767	0.360	0.119	0.297	0.775	0.070	0.000	0.001	0.000	0.004
西部地区	影响系数	0.029	0.584	-0.396	-1.033*	0.895*	1.184	6.13e+04***	4872.493***	525.622***	130.552***
	稳健标准差	0.031	0.853	0.457	0.616	0.524	1.078	14400.000	1676.727	156.364	40.244
	T值	0.931	0.685	-0.865	-1.677	1.707	1.099	4.244	2.906	3.362	3.244
	P值	0.354	0.495	0.389	0.096	0.090	0.274	0.000	0.004	0.001	0.002

资料来源:数据来自《工业企业科技活动统计资料》《中国税务年鉴》;控制变量的数据来自《中国统计年鉴》和地方统计年鉴,经整理笔者利用 Stata15.0 软件计算所得。

(二)企业研发费用税收优惠对研发创新转化效率的门槛效应分析

表 6-16 门槛检验结果表明,企业研发费用税收优惠对研发创新转化效率的影响是有门槛特征的。全国层面门槛值依次为 0.0001、0.0002、0.0003,东部地区门槛值依次为 0.0002,中部地区门槛值依次为 0.0003、0.0021,西部地区门槛值为 0.0001。

表6-16 门槛检验结果

样本	全国			东部地区			中部地区			西部地区		
模型	单门槛	双门槛	三门槛	单门槛	双门槛	三门槛	单门槛	双门槛	三门槛	单门槛	双门槛	三门槛
门槛估计值	0.0001	0.0002	0.0003	0.0002	—	—	0.0003	0.0021		0.000	—	—
P值	0.008 ***	0.007 ***	0.018 **	0.007 ***	0.238	0.217	0.006 ***	0.029 **		0.014 **	—	—

资料来源：数据来自《工业企业科技活动统计资料》《中国税务年鉴》；控制变量的数据来自《中国统计年鉴》和地方统计年鉴，经整理笔者利用Stata15.0软件计算所得。

表6-17门槛效应检验结果表明，企业研发费用税收优惠对研发创新转化效率的影响效应与企业税负水平影响效应比较，差异明显，表现在以下几个方面：（1）全国层面，企业研发费用税收优惠在门槛Thr-Ⅰ、Thr-Ⅱ、Thr-Ⅲ区间都具有正向效应，且该效应是递增的，在门槛Thr-Ⅳ区间具有不显著的负向效应。这说明在全国企业研发费用税收优惠对研发创新转化效率的影响效应具有倒"U"型特征，尤其是在企业研发费用税收优惠力度达到0.0003水平前，具有显著的"激励效应"。（2）东部地区企业研发费用税收优惠力度在拐点值0.0002水平前有显著的"激励效应"，影响效应具有倒"U"型特征。（3）中部地区的影响效应也具有较显著的倒"U"型特征，拐点值为0.0021。在企业研发费用税收优惠程度达到0.0021水平前，具有显著的"激励效应"。这与全国样本的倒"U"型研究结论是相似的。（4）西部地区企业研发费用税收优惠力度的影响效应同样具有倒"U"型特征，拐点值为0.0001，在该值前，具有显著的"激励效应"。这与全国及中国东部地区、中部地区的研究结论是相似的。

表 6-17　企业研发费用税收优惠对研发创新转化效率的门槛效应

样本	模型	*Market*	*Stru*	*Urb*	*Open*	*Fis*	*Lz*	*Thr-I*	*Thr-II*	*Thr-III*	*Thr-IV*
全国	影响系数	-0.058	-0.623	1.261 *	0.009	0.041	0.107	1.29e+04 ***	520.220 **	4536.177 ***	-5.323
	稳健标准差	0.036	0.886	0.762	0.290	0.734	1.007	4669.712	356.636	816.183	8.428
	T 值	-1.617	-0.703	1.656	0.030	0.056	0.106	2.762	1.459	5.558	-0.632
	P 值	0.107	0.483	0.099	0.976	0.955	0.916	0.006	0.015	0.000	0.528
东部地区	影响系数	0.020	3.312 **	3.267 *	-0.185	2.206	0.728	1.52e+04 **	-77.608 *	—	—
	稳健标准差	0.025	1.529	1.700	0.204	1.554	4.749	9237.510	42.226	—	—
	T 值	0.805	2.167	1.922	-0.907	1.420	0.153	1.646	-1.838	—	—
	P 值	0.423	0.032	0.057	0.366	0.158	0.878	0.003	0.069	—	—
中部地区	影响系数	-0.176	-2.727 *	2.604	-3.283	-4.301	-0.361	842.259 *	4497.598 *	-2.406	—
	稳健标准差	0.132	1.630	2.165	2.186	3.505	2.059	444.400	2588.500	5.486	—
	T 值	-1.339	-1.673	1.203	-1.502	-1.227	-0.175	1.895	1.738	-0.439	—
	P 值	0.184	0.097	0.232	0.136	0.223	0.861	0.061	0.085	0.662	—
西部地区	影响系数	-0.037	1.733	2.390 **	-0.497	-0.384	0.276	16100.000 ***	-49.867	—	—
	稳健标准差	0.066	1.653	1.129	0.874	0.788	1.149	4545.909	63.754	—	—
	T 值	-0.559	1.048	2.117	-0.569	-0.488	0.241	3.545	-0.782	—	—
	P 值	0.577	0.297	0.037	0.571	0.627	0.810	0.001	0.436	—	—

资料来源:数据来自《工业企业科技活动统计资料》《中国税务年鉴》;控制变量的数据来自《中国统计年鉴》和地方统计年鉴,经整理笔者利用 Stata15.0 软件计算所得。

总之,企业研发费用税收优惠在研发创新转化效率上的影响效应,在全国、东部地区、中部地区和西部地区均呈现显著的倒"U"型非线性特征的规律。这与研发创新转换环节的非线性影响效应也存在明显差异,即在拐点之前,"激励效应"在研发创新转换效率上表现更显著。然而,每个层面的拐点值都具有差异性,其中中部地区的拐点值最大,全国的其次,东部地区的再次,西部地区的拐点值最小。

本章基于全国 31 个省、自治区、直辖市工业企业 2007—2020 年的面板数据,实证研究了财税政策激励对研发创新双环节效率的异质性影响效应,如表6-18所示。

表6-18　财税政策激励对研发创新双环节效率的异质性影响效应

<table>
<tr><td colspan="6">2007—2020 年政府科技投入、税收优惠与研发创新双环节效率的
关系:局部线性和非线性特征(区域层面的异质性)</td></tr>
<tr><td colspan="3">研发创新转换效率</td><td colspan="3">研发创新转化效率</td></tr>
<tr><td rowspan="2">空间异质性</td><td rowspan="2">呈区域"分割"特征</td><td>全国</td><td>整体呈增长趋势</td><td rowspan="3">空间异质性</td><td rowspan="3">非均衡、非连续且总体处于"条块分割"状态;局部空间集聚的特征</td><td>全国</td><td>整体倒退趋势</td></tr>
<tr><td>东部</td><td>企业内部效率较低,转换整体效率较低</td><td>东部</td><td>东部地区倒退 5.9%</td></tr>
<tr><td rowspan="2">空间弱相关性</td><td rowspan="2">空间弱的相关性,空间异质性占主导</td><td>中部</td><td>整体水平较高</td><td>中部</td><td>中部地区转化效率倒退 5.7%</td></tr>
<tr><td>西部</td><td>整体水平次于中部地区</td><td rowspan="1">空间弱相关性</td><td>空间相关性较弱,空间异质性</td><td>西部</td><td>西部地区转化效率倒退 6.8%</td></tr>
<tr><td>政府科技投入的门槛效应</td><td>税负水平的门槛效应</td><td>研发费用税收优惠的门槛效应</td><td>政府科技投入的门槛效应</td><td>税负水平的门槛效应</td><td>研发费用税收优惠的门槛效应</td></tr>
<tr><td>一定水平之前非线性特征(异质性)</td><td>一定水平前后有明显差异(异质性)</td><td>一定水平之前非线性特征(异质性)</td><td>与转换效率的类似(异质性)</td><td>与转换效率的类似(异质性)</td><td>与转换效率的类似(异质性)</td></tr>
</table>

续表

2007—2020 年政府科技投入、税收优惠与研发创新双环节效率的 关系:局部线性和非线性特征(区域层面的异质性)					
政府科技投入的门槛效应	税负水平的门槛效应	研发费用税收优惠的门槛效应	政府科技投入的门槛效应	税负水平的门槛效应	研发费用税收优惠的门槛效应
全国: "U"型,显著的负向和正向影响	全国: 总体呈负向影响特征	全国: "N"型,显著的负向和正向影响	全国: 总体呈显著的负向影响特征	全国: 总体呈正向影响特征	全国: 倒"U"型特征
东部: 倒"U"型特征,激励效应区间更大	东部: 一定区间条件的挤出效应	东部: "U"型,显著的负向和正向影响	东部: 与全国的类似	东部: 与全国的类似,激励效应的区间更大	东部: 与全国的类似
中部: 全部区间正向影响	中部: 一定区间条件的挤出效应	中部: 全部区间显著正向影响	中部: 与全国的类似	中部: 与全国的类似	中部: 与全国的类似
西部: 与全国的类似	西部: 全部区间正向影响	西部: 全部区间显著正向影响	西部: 一定区间条件的激励效应	西部: 与全国类似	西部: 与全国的类似

在特征事实分析中,发现了以下几个特点:(1)工业企业研发创新转换效率总体呈增长趋势,研发创新转化效率总体呈倒退趋势。这意味着中国区域层面工业企业研发创新效率提升的"瓶颈"是研发创新转化效率的下滑。(2)工业企业研发创新双环节效率存在空间异质性、空间弱相关性特征。这与区域研发创新市场分割、政府地方过度竞争存在内在关联。但是,研发创新转化效率存在一定的空间集聚性。因而,在中国现实背景下研究工业企业研发创新效率,更应该重视政府"有形的手"的作用空间。(3)财政支持、税收优惠与研发创新双环节效率有着局部性、非线

性的变动关系,正是市场激励和政府激励相互作用的结果,给我们的启示是不能从线性视角研究区域层面财税对工业企业研发创新双环节效率的影响效应。

基于特征事实,选择门槛模型进行了实证分析。研究发现,无论是财政科技支持与税收优惠之间还是税负水平和研发税收优惠之间对研发双环节效率的影响效应都存在区域异质性、阶段异质性、门槛异质性等特征,具体如下:

第一,政府科技投入对提升企业研发创新转换效率存在区域异质性、阶段差异性和非线性激励效应。具体表现在,全国和西部地区激励效应均表现出"U"型特征,不同门槛区间且有显著的正向激励和负向抑制效应;而在东部地区其影响具有倒"U"型特征且主要是激励效应;中部地区的影响效应则是正向的且呈边际递减特征。简言之,政府科技投入整体上在研发创新转换环节具有的激励效应,但中国东部地区、中部地区的激励效应在政府科技投入强度达到一定水平后开始减弱;而西部地区则有更大区间条件的"挤出效应",只有政府科技投入强度达到一定水平后,激励效应才开始逐渐凸显出来。原因可能是东部地区、中部地区较健全的市场机制为政府的进一步干预创造了良好的条件,但西部地区由于经济发展水平落后,市场竞争不充分,从而对政府的干预造成了一定的扭曲。

第二,政府科技投入对研发创新转化效率的影响效应在全国、东部地区、中部地区都凸显出负向效应,且这种负向效应随着政府科技投入强度增大表现出边际效应递减趋势。这意味着政府科技投入存在适度性的问题,因为无论在技术转换环节还是技术转化环节,都存在对研发创新效率的扭曲问题。虽然西部地区政府科技投入的负向效应在转换环节不太显著,但在转化环节既有显著的正向"激励效应",也有显著的负向"挤出效应"。

第三,企业税负水平对研发创新转换效率的影响在全国主要是负向效应,在东部地区、中部地区则均呈现出一定区间条件的负向效应,而在西部地区呈现整体的正向效应。这意味着要对东部地区、中部地区企业进行减税,才能促进研发创新转换效率的提升,但是在西部地区对企业无论是减税还是政府直接的科技投入,政策激励效果都不明显。

第四,企业税负水平对研发创新转化效率的影响更多凸显正向"激励效应",尤其在中部地区、西部地区,这种效应更为显著。这意味着在该阶段企业税负水平要有一定程度的提高,更有利于工业企业研发创新效率的提高和技术成果的转化。原因可能是在技术成果市场化阶段,高税负的企业成本倒逼企业向市场推广新技术、新产品以获取高额利润的空间。

第七章 财税政策激励企业技术创新的效应分析:基于行业层面实证检验

基于行业层面和价值链视角对财税政策影响企业技术创新的效应进行实证检验。采用 SFA 方法测度基于价值链研发创新双环节的效率,构建线性计量模型,探讨价值链视角下财税政策是否促进企业创新效率,探讨对技术转换(化)效率存在的非线性关系。主要选择财政科技投入、税负水平和企业研发费用税收优惠等变量作为门槛变量,采用汉森的门槛回归模型,研究行业层面财税政策激励对企业创新效率的影响规律及门槛效应。利用汉森提出的"自举法"(Bootstrap),估计出 Bootstrap P 值,检验是否存在门槛效应、确定门槛的个数以及模型的形式,进而检验财税政策对企业技术创新的非线性影响特征,揭示行业层面财税政策激励企业技术创新的溢出效应、非线性规律和门槛效应,以及在不同行业(按技术密集度划分)、创新活动两个阶段(技术转换和技术转化)表现出的异质性影响效应,旨在从行业层面为促进企业技术创新财税政策的优化提供实证依据。

第一节　财税政策激励企业技术创新的
　　　　实证研究设计

这里基于行业创新活动的价值链视角构建财税政策对企业技术创新效率影响的线性模型和门槛回归模型，然后设定相应的变量，对财税政策影响工业企业技术转换效率和转化效率分别进行数据说明与描述性统计。

一、模型构建

基于行业层面探讨工业企业财税政策的技术创新效应，摒弃以往对财税政策与技术创新的简单线性研究，这里基于行业创新活动的价值链视角研究财税政策对技术创新效率的影响。在价值链视角下，本书把中国工业企业技术创新活动分为技术转换阶段和技术转化阶段两个阶段：第一个阶段是行业内的企业组织技术创新的初期，即从研发投入到产生技术成果，这个阶段可以反映工业企业对技术资源的利用能力和创新能力；第二个阶段是技术创新活动的末期，即从技术成果产生到社会经济价值得以实现，这个阶段反映了工业企业对技术成果在市场上的转化能力和营销水平。为了能够较为全面地回答财税政策对工业企业创新能力的影响效应及其异质性特征，这里首先建立线性模型进行研究。

其中，技术转换阶段的线性计量模型设定见式（7.1）：

$$y_{lit} = \alpha_1 + \beta_{li}X_{it} + \delta_{lj}Z_{it} + \varepsilon_{it} \tag{7.1}$$

其中，下标 i 代表行业，t 代表时间，ε_{it} 是随机扰动项。α_1 为截

距项，β_{li} 为财税政策的系数，表示财税政策对技术转换效率的影响程度，δ_{lj} 为控制变量的影响系数。被解释变量 y_{lit} 表示各行业工业企业技术转换效率水平，X_{it} 代表各行业工业企业财税政策变量；Z_{it} 为影响工业企业技术转换效率的控制变量。根据相关领域的研究文献，考虑数据的可得性，这里选取行业财政科技投入衡量政府财政政策，选取行业企业税负水平和研发费用税收优惠来衡量税收政策，并选取企业规模、经济外向度、技术模仿等变量作为控制变量，则模型（7.1）可以改写成以下形式：

技术转换阶段财政政策的技术创新效应的计量模型见式（7.2）：

$$y_{1it} = \alpha_{11} + \beta_{11}fsti_{it} + \delta_1 fs_t + \delta_2 cp_t + \delta_3 rdf_t + \delta_4 tda_t +$$
$$\delta_5 fdi_t + \delta_6 tti_t + \varepsilon_t \tag{7.2}$$

技术转换阶段税收政策的技术创新效应的计量模型见式（7.3）、式（7.4）：

$$y_{1it} = \alpha_{12} + \beta_{12}taxb_{it} + \delta_1 fs_{it} + \delta_2 cp_{it} + \delta_3 rdft_{it} + \delta_4 tda_{it} +$$
$$\delta_5 fdi_{it} + \delta_6 tti_{it} + \varepsilon_{it} \tag{7.3}$$

$$y_{1it} = \alpha_{13} + \beta_{13}rdtr_{it} + \delta_1 fs_{it} + \delta_2 cp_{it} + \delta_3 rdft_{it} + \delta_4 tda_{it} +$$
$$\delta_5 fdi_{it} + \delta_6 tti_{it} + \varepsilon_{it} \tag{7.4}$$

式（7.2）—式（7.4）中，$fsti_{it}$ 表示工业企业财政科技投入变量，$taxb_{it}$ 表示工业企业税负水平变量，$rdtr_{it}$ 表示企业研发费用税收优惠变量。控制变量包括企业规模（fs_{it}）、盈利能力（cp_{it}）、经济外向度（$rdft_{it}$）、技术消化（tda_{it}）、外商直接投资（fdi_{it}）、技术模仿（tti_{it}）等。

同样，这里构建的技术转化阶段的线性计量模型见式（7.5）：

$$y_{2it} = \alpha_{2i} + \beta_{2i}X_{it} + \delta_{2j}Z_{it} + \varepsilon_{it} \tag{7.5}$$

其中，y_{2it} 表示各行业工业企业技术转化效率水平，β_{2i} 表示财税政策对工业企业技术转化效率的影响系数。X_{it} 和 Z_{it} 定义和式 (7.1) 相同，则进一步将模型 (7.5) 改写成以下形式：

技术转化阶段财政政策的技术创新效应的计量模型见式 (7.6)：

$$y_{2it} = \alpha_{21} + \beta_{21} fsti_{it} + \delta_1 fs_{it} + \delta_2 cp_{it} + \delta_3 rdft_{it} + \delta_4 tda_{it} +$$
$$\delta_5 fdi_{it} + \delta_6 tti_{it} + \varepsilon_{it} \tag{7.6}$$

技术转化阶段税收政策的技术创新效应的计量模型见式 (7.7)、式 (7.8)：

$$y_{2it} = \alpha_{22} + \beta_{22} taxb_{it} + \delta_1 fs_{it} + \delta_2 cp_{it} + \delta_3 rdft + \delta_4 tda_{it} +$$
$$\delta_5 fdi_{it} + \delta_6 tti_{it} + \varepsilon_{it} \tag{7.7}$$

$$y_{2it} = \alpha_{23} + \beta_{23} rdtr_{it} + \delta_1 fs_{it} + \delta_2 cp_{it} + \delta_3 rdft_{it} + \delta_4 tda_{it} +$$
$$\delta_5 fdi_{it} + \delta_6 tti_{it} + \varepsilon_{it} \tag{7.8}$$

上文构建的线性计量模型旨在探讨价值链视角下财税政策是否促进了工业企业技术效率能力。本部分进一步尝试对二者之间可能存在的非线性关系进行探讨。这里依然分别以财政科技投入、企业税负水平和企业研发费用税收优惠作为门槛变量，依据汉森 (1999、2000) 提出的门槛回归模型，本书构建以下模型：

其中，在技术转换阶段，分别以财政科技投入作为门槛变量构建的非线性面板门槛模型，见式 (7.9)：

$$y_{1it} = \mu_i + \beta_1 fsti_{it} \cdot I(fsti_{it} \leqslant \gamma_1) + \beta_2 fsti_{it} \cdot I(fsti_{it} > \gamma_1) +$$
$$\cdots + \beta_n fsti_{it} \cdot I(fsti_{it} \leqslant \gamma_1) + \beta_{n+1} fsti_{it} \cdot I(fsti_{it} > \gamma_1)$$
$$+ \delta Z_{it} + \varepsilon_{it} \tag{7.9}$$

以企业税负水平作为门槛变量构建的非线性面板门槛模型见式 (7.10)：

$$y_{1it} = \mu_i + \beta_1 taxb_{it} \cdot I(taxb_{it} \leq \gamma_1) + \beta_2 taxb_{it} \cdot I(taxb_{it} > \gamma_1)$$
$$+ \cdots + \beta_n taxb_{it} \cdot I(taxb_{it} \leq \gamma_1) + \beta_{n+1} taxb_{it} \cdot I(taxb_{it} > \gamma_1)$$
$$+ \delta Z_{it} + \varepsilon_{it} \tag{7.10}$$

以企业研发费用税收优惠作为门槛变量构建的非线性面板门槛模型见式(7.11)：

$$y_{lit} = \mu_i + \beta_1 rdtr_{it} \cdot I(rdtr_{it} \leq \gamma_1) + \beta_2 rdtr_{it} \cdot I(rdtr_{it} > \gamma_1) +$$
$$\cdots + \beta_n rdtr_{it} \cdot I(rdtr_{it} \leq \gamma_1) + \beta_{n+1} rdtr_{it} \cdot I(rdtr_{it} > \gamma_1) +$$
$$\delta Z_{it} + \varepsilon_{it} \tag{7.11}$$

其中，在技术转化阶段，分别以财政科技投入作为门槛变量构建的非线性面板门槛模型见式(7.12)：

$$y_{2it} = \mu_i + \beta_1 fsti_{it} \cdot I(fsti_{it} \leq \gamma_1) + \beta_2 fsti_{it} \cdot I(fsti_{it} > \gamma_1) +$$
$$\cdots + \beta_n fsti_{it} \cdot I(fsti_{it} \leq \gamma_1) + \beta_{n+1} fsti_{it} \cdot I(fsti_{it} > \gamma_1) +$$
$$\delta Z_{it} + \varepsilon_{it} \tag{7.12}$$

以税负水平作为门槛变量构建的非线性面板门槛模型见式(7.13)：

$$y_{2it} = \mu_i + \beta_1 taxb_{it} \cdot I(taxb_{it} \leq \gamma_1) + \beta_2 taxb_{it} \cdot I(taxb_{it} > \gamma_1) +$$
$$\cdots + \beta_n taxb_{it} \cdot I(taxb_{it} \leq \gamma_1) + \beta_{n+1} taxb_{it} \cdot I(taxb_{it} > \gamma_1)$$
$$+ \delta Z_{it} + \varepsilon_{it} \tag{7.13}$$

以企业研发费用税收优惠作为门槛变量构建的非线性面板门槛模型见式(7.14)：

$$y_{2it} = \mu_i + \beta_1 rdtr_{it} \cdot I(rdtr_{it} \leq \gamma_1) + \beta_2 rdtr_{it} \cdot I(rdtr_{it} > \gamma_1) +$$
$$\cdots + \beta_n rdtr_{it} \cdot I(rdtr_{it} \leq \gamma_1) + \beta_{n+1} rdtr_{it} \cdot I(rdtr_{it} > \gamma_1) +$$
$$\delta Z_{it} + \varepsilon_{it} \tag{7.14}$$

式(7.9)—式(7.14)中，变量和控制变量的定义与式(7.1)—式(7.5)相同。

二、变量设定

考虑到行业层面税负水平、研发费用税收优惠等核心数据的完整性和可获性,本书选取 2007—2020 年作为研究时段。由于 2011 年前后的工业统计分类中细分行业数量和名称均存在一定区别,为了保持统计口径的一致性,这里把 2007—2011 年的"橡胶制品业"和"塑料制品业"两个行业合并为"橡胶和塑料制品业",把 2012—2020 年的"汽车制造业"和"铁路、船舶、航空航天和其他运输设备制造工艺品及其他制造业"两个行业合并为"交通运输设备制造业"。2011 年前后"工艺品及其他制造业"的名称变更为"其他制造业",而"其他采矿业"和"废弃资源和废旧材料回收加工业"数据缺失太多,这里均从样本中予以剔除。

因此,本书最终选取 35 个工业细分行业,以 F1—F35 编序的工业企业当作一个研究样本,工业企业以行业细分从编号 F1 排序如下:煤炭开采和洗选业,石油和天然气开采业,黑色金属矿采选业,有色金属矿采选业,非金属矿采选业,农副食品加工业,食品制造业,饮料制造业,烟草制品业,纺织业,纺织服装、鞋、帽制造业,皮革、毛皮、羽毛(绒)及其制品业,木材加工及木、竹、藤、棕、草制品业,家具制造业,造纸及纸制品业,印刷业和记录媒介的复制,文教体育用品制造业,石油加工、炼焦及核燃料,化学原料及化学制品制造业,医药制造业,化学纤维制造业,橡胶和塑料制品业,非金属矿物制品业,黑色金属冶炼及压延加工业,有色金属冶炼及压延加工业,金属制品业,通用设备制造业,专用设备制造业,交通运输设备制造业,电气机械及器材制造业,通信设备、计算机及其他电子设备制造业,仪器仪表及文化、办公用机械制造业,电力、热力的生产和供应业,燃气生产和供应业,水的生产和供应业。

为了更加深入研究财税政策对工业企业技术创新效率的影响,以期得到更有针对性的结果,本书按照王然等(2010)[1]对技术密集度的做法对行业重新进行了划分,高新技术行业指 F28、F29、F30、F31、F32 行业,其他行业为中低技术行业。这里对具体变量作以下设定:

(1)被解释变量。技术转换效率和技术转化效率是本书研究的核心解释变量,本书拟采用随机前沿(SFA)方法分别对技术转换效率和技术转化效率进行测算(Battese 和 Coelli,1995)[2],具体构建的测算模型如下:

技术转换效率Y_{2it}的测算模型见式(7.15):

$$\ln Y_{1it} = \beta_{01} + \beta_1 \ln K_{1it} + \beta_2 \ln L_{it} + \nu_{it} - u_{it} \qquad (7.15)$$

技术转换效率Y_{2it}的测算模型见式(7.16)、式(7.17):

$$\ln(Y_{2it}) = \beta_{02} + \beta_3 \ln(Y_{1it}) + \nu_{2it} - u_{2it} \qquad (7.16)$$

$$\varepsilon_{it} = \nu_{it} - u_{it} \, i = 1,2,\cdots,35 \, t = 1,2,3,\cdots,14 \qquad (7.17)$$

y_{1it}、y_{2it}的标示方式见式(7.18)、式(7.19):

$$y_{1it} = \exp(-u_{1it}) \qquad (7.18)$$

$$y_{2it} = \exp(-u_{2it}) \qquad (7.19)$$

式(7.15)—式(7.17)中,y_{1it}、y_{2it}分别为各行业技术转换阶段和技术转化阶段的产出变量;L_{it}表示行业研发劳动力投入变量,K_{it}表示行业研发资本投入变量。i为行业序号,t表示时间;β_{01}、β_{02}均为截距项,β_1,β_2,β_3为待估参数。误差项 ε_{it} 由两部分

---

① 王然、燕波、邓伟根:《FDI 对我国工业自主创新能力的影响及机制——基于产业关联的视角》,《中国工业经济》2010 年第 11 期。

② Battese G. E., Coelli T. J., "A Model for Technical Inefficiency Effects in a Stochastic Frontier Production Function", *Empirical Economics*, Vol. 20, No. 2, 1995, pp. 325–332.

组成：第一部分 $v_{it} \in iid$，并服从 $N(0, \sigma_v^2)$；第二部分 $u_{it} \in iid$，并服从截尾正态分布 $N(m_{it}, \sigma_u^2)$，反映那些在第 t 年作用于 i 行业的随机因素。v_{it} 和 u_{it} 之间是相互独立的。

式（7.18）和式（7.19）中，y_{1it}、y_{2it} 表示样本中 i 行业 t 年度技术转换阶段和技术转化阶段的创新效率水平，当 $u_{it} = 0$，$y_{1it} = 1$，$y_{2it} = 1$ 说明该行业处于技术有效状态，此时该行业的生产点位于生产前沿面上；当 $u_{it} > 0, 0 \leqslant y_{1it} < 1, 0 \leqslant y_{2it} < 1$，这种状态为技术非效率，此时该行业的生产点位于生产前沿下。

技术转换效率和技术转化效率的测算方法确定后，需要解决的问题就是投入产出指标的选取和数据收集。专利申请数能够反映将研发资源投入后得到的技术转换成果，新产品销售收入较好地反映了将专利转化为经济绩效的成果。本书采用专利申请数作为技术转换阶段的产出变量，新产品销售收入作为技术转化阶段的产出变量。根据我国统计指标的特点，选取研发人员全时当量为人员投入指标，同时选取研发经费为技术转换效率的经费投入指标。上述指标确定后，采用 SFA 模型进行测算，得到 35 个细分行业工业企业的技术转换效率和技术转化效率，并将其作为本书的被解释变量（见表7-1）。

表7-1　2007—2020 年价值链视角下中国工业企业创新效率变动趋势

年份	技术转换效率	技术转化效率
2007	0.41	0.5
2008	0.425	0.505
2009	0.44	0.515
2010	0.45	0.525

续表

年份	技术转换效率	技术转化效率
2011	0.46	0.535
2012	0.48	0.545
2013	0.49	0.548
2014	0.51	0.55
2015	0.52	0.558
2016	0.54	0.563
2017	0.55	0.567
2018	0.56	0.569
2019	0.57	0.574
2020	0.58	0.583

资料来源:《工业企业科技活动统计资料》《中国科技统计年鉴》《中国统计年鉴》《中国工业经济统计年鉴》《中国税务年鉴》。经整理采用 SFA 模型进行测算所得。

图 7-1 显示了 2007—2020 年行业层面中国工业企业技术转换效率和技术转化效率的变动情况。由图 7-1 可以得到以下结论:一是当前中国工业企业的技术转换效率和技术转化效率均相对偏低,还有较大的提升空间;二是考察期内,工业企业技术转换

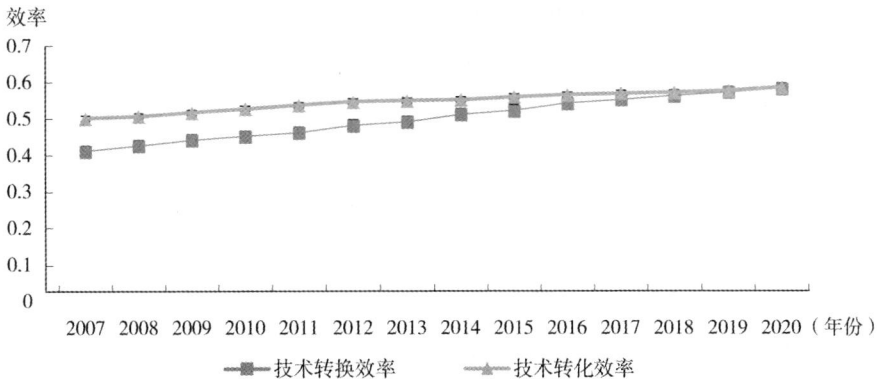

图 7-1 2007—2020 年价值链视角下中国工业企业创新效率变动趋势

效率水平明显小于技术转化效率水平,表明市场化运作对转化环节研发创新激励作用更大,而转换环节受市场因素以外的影响更大。

(2)解释变量。本章的解释变量为财税政策,这里借鉴邓子基和杨志宏(2011)[①]、聂颖和杨志安(2011)[②]、李翠芝和林洲钰(2013)[③]等的做法,对具体变量作以下设定:一是选取行业工业企业财政科技投入来反映财政政策,该值越大表明财政科技投入强度($fsti$)越大,并进行对数处理;二是由于行业层面缺少工业企业的税收优惠数据,选取行业工业企业税负总额与主营业务收入的比值来反映税负水平($taxb$),该值越大表明税收减免的优惠力度越小;三是选取工业企业享受各级政府对技术开发的减免税的对数作为研发费用税收优惠($rdtr$)的衡量变量,该值越高表明研发费用税收优惠力度越大。

(3)控制变量。至于其他几个控制变量的构造作以下设定:企业规模变量(fs),企业规模是影响创新效率的显著因素,这里采用规模以上工业企业销售产值与总成本的比重来衡量;盈利能力变量(cp),用规模以上工业企业成本费用利润率来反映。经济外向度($rdft$),被定义为工业企业出口交货值与主营业务收入的比重;技术消化(tda),我国工业当前自主创新能力还比较薄弱,技术创新能力提升很大程度上依赖消化外来技术,这里选取消化吸收经费与新产品销售收入的比值来衡量;外商直接投资(fdi),对外

---

① 邓子基、杨志宏:《财税政策激励企业技术创新的理论与实证分析》,《财贸经济》2011年第5期。

② 聂颖、杨志安:《企业研发投资财税激励检验的实证分析》,《财经问题研究》2011年第8期。

③ 李翠芝、林洲钰:《政府财税扶持对企业技术创新的影响研究》,《云南财经大学学报》2013年第6期。

商直接投资是否能够促进东道国的自主创新仍存在较大争议，本书选取外资企业主营业务收入占工业企业主营业务收入的比重来反映；技术模仿(tti)，选取工业企业技术改造经费占新产品销售收入比重衡量。

三、数据说明与描述性统计

本书研究的所有数据来源于《工业企业科技活动统计资料》《中国科技统计年鉴》《中国统计年鉴》《中国工业经济统计年鉴》《中国税务年鉴》。经整理笔者利用 Stata15.0 软件计算得出：（1）财政科技投入与技术转换效率总体上存在正相关关系，二者正相关程度可能存在一定范围的差异。（2）企业税负水平与技术转换效率局部存在负向关联关系，意味着减税与技术转换效率具有一定的正向关系。另外二者的负向关联程度存在阶段性差异。（3）企业研发费用税收优惠与工业企业技术转换效率存在一定局部性的正向关联关系，但二者正相关联程度也存在阶段性差异。（4）财政科技投入与工业企业技术转化效率总体上呈正向关联关系，但二者正向关联程度也存在一定阶段范围的差异。（5）企业税负水平与工业企业技术转化效率存在局部性负向关联关系，负向关联程度也存在阶段范围的差异，意味着减税与技术转化效率具有一定的正向关联关系。（6）企业研发费用税收优惠与工业企业技术转化效率有着总体上的正向关联关系，但二者正向关程度也可能存在一定阶段范围的差异。

从价值链视角分析财政科技投入、企业税收水平、企业研发费用税收优惠与创新效率（两个阶段）之间的关系，财税政策激励与创新效率之间既存在总体上的线性趋势，也存在阶段范围的差异。

具体来讲,有以下影响特点:一是财政科技投入对技术转换效率和技术转化效率有一定的正向影响;二是企业税负水平对技术转换效率和技术转化效率有一定的负面作用,反过来说,减税对技术转换效率和技术转化效率有一定的积极影响;三是企业研发费用税收优惠一定程度上推动技术转换效率和技术转化效率的提升。综上,财税政策与创新效率的关系既存在总体特征,也存在局部范围的差异性,因而,本章在下文的实证分析中,结合线性计量模型分析财税政策激励对研发创新效率的总体影响效应,门槛模型分析财税政策激励对研发创新效率的非线性特征。

第二节　财税政策激励企业技术创新
线性效应的实证研究

在计量模型的估计方法方面,这里运用豪斯曼检验的随机效应模型和固定效应模型,检验结果发现,豪斯曼检验拒绝了原假设(随机效应),所以下面采用固定效应模型进行估计,依次验证了财政科技投入、企业税负水平和企业研发税收优惠对工业企业技术转换效率和工业企业技术转化效率的影响,并对这三种财税政策工具在基于价值链的技术创新过程中产生的激励效应进行了比较。

一、财税政策对企业技术转换效率的线性影响研究

(一)基于样本整体的分析

表7-2列示了财税政策对工业企业技术转换效率影响的总

体估计结果,其中,模型 1 考察了财政科技投入对技术转换效率的影响,模型 2 考察了企业税负水平对技术转换效率的影响,模型 3 考察了企业研发费用税收优惠对技术转换效率的影响。根据表 7-2 可得出以下结论:

表 7-2　技术转换阶段企业财税政策的线性创新效应估计结果

变量	模型 1	模型 2	模型 3
C	0.263***	0.469***	0.280***
	(7.371)	(14.647)	(5.448)
fsti	0.039***		
	(7.502)		
taxb		−0.247***	
		(−2.753)	
rdtr			0.040***
			(3.791)
fs	0.112***	0.122***	0.104***
	(7.661)	(6.182)	(5.557)
cp	−0.252***	−0.377***	−0.269***
	(−7.204)	(−9.859)	(−7.242)
rdft	0.013	−0.099	−0.028
	(0.174)	(−0.835)	(−0.072)
tda	0.011	0.038	−0.005
	(0.173)	(0.637)	(−0.022)
fdi	−0.255***	−0.394***	−0.254**
	(−2.848)	(−3.473)	(−2.620)
tti	−0.006***	−0.007***	−0.005***
	(−5.310)	(−9.168)	(−3.690)
A-R^2	0.690	0.593	0.672
F 值	39.010	32.000	44.200

注:***、**、*分别表示统计值在 1%、5%、10%的水平上显著,圆括号内的数值为 t 值。时间截面常数或个体截面常数,因篇幅有限,并未给出,下表同。

资料来源:《工业企业科技活动统计资料》《中国科技统计年鉴》《中国统计年鉴》《中国工业经济统计年鉴》《中国税务年鉴》。经整理笔者利用 Stata15.0 软件计算所得。

第一,模型 1 回归结果显示,财政科技投入变量在 1% 的显著性水平上通过了检验,影响系数为 0.039,说明财政科技投入明显提升了中国工业企业技术转换效率,即财政政策在工业企业技术转换阶段产生了显著的创新溢出。模型 2 的回归结果显示,税负水平变量在 1% 的显著性水平上通过了检验,且影响系数为 -0.247,表明当前的税负水平对中国工业企业技术转换效率产生了明显的抑制影响,也就是说,实施税收减免政策有利于工业企业技术转换效率提升。模型 3 的估计结果发现,企业研发费用税收优惠的影响系数为 0.040,且通过了 1% 的显著性水平检验,说明该政策明显促进了工业企业技术转换效率的提升。

第二,从影响的强度来看,企业税负水平影响系数的绝对值最大,表明税负对技术转换效率的影响强度要大于财政科技投入和研发费用优惠的作用,也表明工业企业技术转换效率的提升要重点从税收减免方面下功夫。财政科技投入对技术转换效率的促进效应明显大于研发费用税收优惠,表明"十四五"时期加强税收减免和财政科技投入仍是提升工业企业技术转换效率提升的重要措施,但也不能忽视实施研发费用税收优惠政策的激励效果。

第三,在控制变量方面。企业规模对技术转换效率的影响系数在 1% 的水平上显著为正,表明企业规模越大越有利于工业企业技术转换效率的提升,这可能与大企业在研发资源投入和管理方面具有优势有关;盈利能力的影响系数显著为负,说明工业企业当前的盈利水平并不利于技术转换效率水平的提升,盈利能力不足可能在一定程度上制约了企业技术转换能力;经济外向度对工业企业技术转换效率的影响结果并不显著,说明在劳动力廉价和商品技术含量较低的条件下,企业通过出口并未能有效促进自身

技术转换能力的提升；技术消化对工业企业技术转换效率的影响结果并不显著，说明当前工业企业对外来技术的消化吸收效果还不明显，并未有效促进其自身技术转换水平的提升；外商直接投资显著抑制了工业企业技术转换效率，说明工业企业并未通过引进外资有效提升自身技术转换能力；技术模仿对工业企业技术转换效率的影响系数为负，说明当前技术模仿并未能有效地促进自身技术转换水平的提升，反而在一定程度上抑制了工业企业的转换效率。

（二）基于行业分组的检验

表7-3经Stata软件计算得到高新技术企业和中低技术企业在技术转换阶段被财税政策激励的线性创新效应估计结果。其中，模型1a和模型1b是财政科技投入分别对高新技术企业（1a）和中低技术企业（1b）创新效应的估计结果，模型2a和模型2b是企业税负水平分别对这两类企业在该阶段影响效应的回归结果，模型3a和模型3b则是企业研发费用税收优惠分别对这两类企业技术转换效率影响效应的估计结果。从表7-3可以得出：

表7-3 技术转换阶段对不同类型企业线性创新效应的估计结果

变量	高新技术企业			中低技术企业		
	模型 1a	模型 2a	模型 3a	模型 1b	模型 2b	模型 3b
C	0.429***	0.467**	0.214	0.265***	0.476***	0.302***
	(11.262)	(4.164)	(1.463)	(5.638)	(16.329)	(5.890)
fsti	0.029***			0.040***		
	(8.131)			(5.447)		

变量	高新技术企业			中低技术企业		
	模型 1a	模型 2a	模型 3a	模型 1b	模型 2b	模型 3b
taxb		-0.606			-0.261 **	
		(-1.342)			(-2.744)	
rdtr			0.052 **			0.036 ***
			(3.518)			(3.789)
fs	0.136 **	0.184 **	0.159 *	0.112 ***	0.105 ***	0.095 ***
	(4.177)	(3.070)	(2.446)	(8.104)	(7.332)	(5.558)
cp	-0.885 **	0.035	-0.334	-0.239 ***	-0.366 ***	-0.264 ***
	(-4.561)	(0.103)	(-0.947)	(-6.843)	(-9.087)	(-7.239)
rdft	-0.151 ***	-0.130	-0.048	0.023	-0.075	-0.005
	(-1.213)	(-0.922)	(-0.374)	(0.347)	(-0.848)	(-0.072)
tda	-15.500	-15.590	-12.030 **	0.013	0.041	0.001
	(-1.569)	(-1.444)	(-3.668)	(0.203)	(0.752)	(0.021)
fdi	-0.100	-0.100	-0.074	-0.308 **	-0.502 ***	-0.329 **
	(-0.923)	(-0.556)	(-0.464)	(-2.711)	(-4.201)	(-2.623)
tti	-0.396	-0.906 **	-0.448	-0.006 ***	-0.007 ***	-0.005 ***
	(-1.292)	(-2.942)	(-1.467)	(-5.212)	(-9.168)	(-3.687)
$A-R^2$	0.932	0.853	0.905	0.678	0.599	0.661
F 值	125.633	19.767	24.266	27.545	35.172	48.093

资料来源:《工业企业科技活动统计资料》《中国科技统计年鉴》《中国统计年鉴》《中国工业经济统计年鉴》《中国税务年鉴》。经整理笔者利用 Stata15.0 软件计算所得。

第一,财政科技投入、企业税负水平和企业研发费用税收优惠对不同类型企业技术转换效率的影响方向同表 7-2 中一致,但影响效应存在明显差异。具体表现在:财政科技投入对中低技术企业在该阶段效率的激励效应明显大于对高新技术企业在该阶段的激励效应;而企业研发费用税收优惠却对高新技术企业在该阶段的激励效应明显要大于对中低技术企业在该阶段的激励效应；企业税负水平对高新技术企业在该阶段的效率没有明显的抑制效应，但对中低技术企业则有抑制效应，而且这种效应均大于财政科技投入和企业研发费用税收优惠在该阶段产生的影响效应。

第二，从控制变量来看，企业规模、盈利能力、经济外向度、技术消化和外商直接投资等变量对不同类型企业的技术转换效率产生了不同的影响效应，具体体现在：企业规模对高新技术企业技术转换效率具有抑制效应，但对中低技术企业在该阶段的激励效应明显；盈利能力对中低技术企业在该阶段的效率有抑制效应，但对高新技术企业技术转换效率是正向激励效应；经济外向度对这两类企业技术转换效率影响均是显著的负向效应，而且对高新技术企业的负向效应大于对中低技术企业的负向效应；技术消化和外商直接投资对上述两类企业的影响情况与样本总体相似；高新技术企业的技术模仿对其技术转换能力的提升有显著的抑制效应，而对中低技术企业来说实施技术模仿策略则能一定程度上激励企业技术转换效率的提升。

二、财税政策对企业技术转化效率的线性影响研究

（一）基于样本总体的分析

表7-4报告了财税政策对工业企业技术转化效率影响的总体估计结果。其中，模型1为财政科技投入对技术转化效率影响的估计结果，模型2为税负水平对技术转化效率影响的估计结果，模型3为研发费用税收优惠对技术转化效率影响的估计结果。根据表7-4可以发现：

表 7-4　技术转化阶段企业财税政策的线性创新效应估计结果

变量	模型 1	模型 2	模型 3
C	0.465 ***	0.528 ***	0.447 ***
	(28.272)	(38.343)	(22.034)
fsti	0.012 ***		
	(4.418)		
taxb		-0.095 **	
		(-2.646)	
rdtr			0.017 ***
			(4.611)
fs	0.065 ***	0.064 ***	0.055 ***
	(8.568)	(7.717)	(6.662)
cp	-0.143 ***	-0.184 ***	-0.140 ***
	(-6.958)	(-9.637)	(-7.114)
rdft	-0.005 ***	-0.038	-0.007
	(-0.202)	(-1.003)	(-0.261)
tda	0.009	0.016	-0.002
	(0.232)	(0.469)	(-0.048)
fdi	-0.184 ***	-0.227 ***	-0.168 ***
	(-5.084)	(-5.183)	(-4.324)
tti	-0.003 ***	-0.003 ***	-0.002 **
	(-3.747)	(-4.843)	(-2.567)
$A-R^2$	0.728	0.694	0.756
F 值	35.103	29.187	51.576

资料来源:《工业企业科技活动统计资料》《中国科技统计年鉴》《中国统计年鉴》《中国工业经济统计年鉴》《中国税务年鉴》。经整理笔者利用 Stata15.0 软件计算所得。

第一,模型 1 中财政科技投入对技术转化效率的影响系数为 0.012,且通过了 1% 的显著性水平检验,表明财政科技投入对技术转化效率产生了积极的影响效果,也说明财政政策在工业企业技术转化阶段产生了显著的创新溢出。模型 2 中税负水平变量的影响系数为 -0.095,通过了 5% 的显著性水平检验,表明工业企业的现有税负水平对其技术转化效率产生了明显的负向效应,也反映出实施税收减免政策对提升工业企业技术转化能力是有效的。模型 3 中企业研发费用税收优惠的影响系数为 0.017,且通过了 1% 的显著性水平检验,表明企业研发费用税收优惠对工业企业技术转化效率的激励效应显著。

第二,从三个变量作用强度比较可知,税负水平影响系数的绝对值最大,研发费用税收优惠影响系数次之,财政科技投入影响系数最小,表明在技术转化阶段,税负水平对技术转化效率影响强度最大且为负,也证明了降低税负对工业企业技术转化效率的重要影响。财政科技投入和研发费用优惠的影响强度相对较小且为正,但后者的促进效应要大于前者。因此,在技术转化阶段,促进工业企业技术创新能力提升的政策选择依次是适当地提高总体税负水平、实施研发费用税收优惠、加强财政科技投入。

第三,对控制变量,企业规模对技术转化效率的影响系数显著为正,表明大企业相比小企业更有利于提升自身技术转化效率;盈利能力显著抑制了工业企业技术转化效率的提升,原因可能是当企业盈利能力提高时,企业很可能加大了在获取盈利方面的资源投入,挤占了研发资源的投资,导致了技术向经济成果的转化能力不高;经济外向度、技术消化对工业企业技术转化效率影响不显著;外商直接投资等均对工业企业技术转化效率产生了明显的负向影响;技术模仿则对工业企业技术转化效率产生了显著的负向影响,这也和中国现阶段企业的创新实际是相吻合的。

（二）基于行业分组的检验

表7-5展示了技术转化阶段财税政策对高新技术企业和中低技术企业创新效率的激励效应估计结果，其中，模型1a和模型1b是财政科技投入分别对这两类企业技术转化效率影响的估计结果，模型2a和模型2b是企业税负水平分别对这两类企业技术转化效率影响效应的回归结果，模型3a和模型3b是企业研发费用税收优惠分别对这两类企业技术转化效率影响的估计结果。从表7-5可以得出：

表7-5　技术转化阶段对不同类型企业线性创新效应的估计结果

变量	高新技术企业			中低技术企业		
	模型 1a	模型 2a	模型 3a	模型 1b	模型 2b	模型 3b
C	0.736***	0.743***	0.712***	0.440***	0.511***	0.436***
	(21.579)	(21.093)	(14.237)	(21.556)	(44.442)	(20.741)
fsti	−0.001			0.013***		
	(−0.603)			(4.087)		
taxb		−0.393			−0.107***	
		(−1.942)			(−3.283)	
rdtr			0.005			0.016***
			(1.147)			(3.887)
fs	0.056**	0.029	0.047*	0.060***	0.057***	0.052***
	(4.068)	(1.343)	(2.579)	(8.668)	(8.487)	(6.534)
cp	−0.309	−0.255	−0.368	−0.135***	−0.181***	−0.138***
	(−1.904)	(−1.516)	(−1.933)	(−6.635)	(−8.794)	(−6.843)
rdft	−0.131**	−0.099**	−0.114**	−0.015	−0.047	−0.017
	(−3.1502)	(−4.156)	(−2.879)	(−0.563)	(−1.086)	(−0.486)

续表

变量	高新技术企业			中低技术企业		
	模型 1a	模型 2a	模型 3a	模型 1b	模型 2b	模型 3b
tda	2.754	2.635	3.070	0.009	0.018	0.001
	(1.163)	(1.264)	(1.358)	(0.254)	(0.568)	(0.034)
fdi	−0.041*	−0.059*	−0.043	−0.218***	−0.285***	−0.211***
	(−2.314)	(−2.448)	(−1.814)	(−5.693)	(−7.457)	(−5.116)
tti	−0.821***	−0.836***	−0.761***	−0.003***	−0.003***	−0.002**
	(−8.587)	(−9.433)	(−8.324)	(−3.614)	(−4.826)	(−2.647)
$A\text{-}R^2$	0.934	0.938	0.936	0.751	0.719	0.766
F 值				39.994	28.947	54.024

资料来源:《工业企业科技活动统计资料》《中国科技统计年鉴》《中国统计年鉴》《中国工业经济统计年鉴》《中国税务年鉴》。经整理笔者利用 Stata15.0 软件计算所得。

第一,从影响方向来看,在技术转化阶段,高新技术企业的财税政策影响效应不显著,中低技术企业的财政科技投入、税负水平和研发费用税收优惠等变量的系数方向均与样本总体表现一致,但仍存在显著的差异性。从企业财税政策的影响强度来看,税负水平对中低技术企业技术转化效率的影响效应最大,研发费用税收优惠次之,财政科技投入最小。

第二,从控制变量来看,各变量对不同类型企业的技术转化效率也产生了一定异质性影响效应。具体表现在:企业规模对高新技术企业的技术转化效率的影响效应并不明显,却明显有利于中低技术企业的技术转化效率提升;盈利能力对高新技术企业技术转化效率的影响效应并不明显,而且对中低技术企业的技术转化效率有抑制效应;经济外向度对高新技术企业技术转化效率的负向影响效应显著,但对中低技术企业的技术转化效率的影响效应并不明显;技术消化对这两类企业技术转化效率的影响都不明显;

外商直接投资对高新技术企业技术转化效率的影响效应不明显，但显著抑制中低技术企业技术转化效率提升；技术模仿对高新技术企业和中低技术企业技术转化效率都有显著的抑制效应。

三、价值链视角下财税政策对技术创新线性影响效应比较研究

上文分别对财税政策影响工业企业技术转换效率和技术转化效率的情况进行了分析，并基于高新技术企业和中低技术企业在这两类企业两阶段视角下财税政策对技术创新线性影响效应进行了研究。本部分将在上述分析的基础上，对价值链视角下财税政策激励企业技术创新的线性影响效应进行比较研究。经对比分析，具体可以得出以下结论：

第一，从财政科技投入激励效应与创新效率两个阶段的比较看，对工业企业技术转换效率的激励效应大于对技术转化效率激励效应。因为从表中具体数据比较来看，财政科技投入对工业企业技术转换效率的影响系数为 0.039（见表 7-2），对技术转化效率的影响系数为 0.012（见表 7-4）。从不同类型企业比较看，它对中低技术企业技术创新效率的激励效应是大于对高新技术企业的激励效应。因为表中财政科技投入对高新技术企业技术转换效率和技术转化效率的影响系数分别为 0.029（见表 7-3）和 -0.001（见表 7-5），而对中低技术企业技术转换效率和技术转化效率的影响系数分别为 0.040（见表 7-3）和 0.013（见表 7-5）。

第二，企业税负水平对工业企业尤其是对高新技术企业在技术转换阶段的抑制效应要大于技术转化阶段的效应，而且企业税负水平对高新技术企业创新效率的抑制效应大于对中低技术企业

的抑制效应。表中具体数据对比如下:税负水平对工业企业技术转换效率的影响系数为-0.247(见表7-2),对技术转化效率的影响系数为-0.095(见表7-4);从不同企业类型来看,税负水平对高新技术企业技术转换效率的影响系数为-0.606(见表7-3),对技术转化效率的影响系数为-0.393(见表7-5);税负水平对中低技术企业技术转换效率的影响系数为-0.261(见表7-3),对技术转化效率的影响系数为-0.107(见表7-5)。

第三,企业研发费用税收优惠对工业企业尤其是对高新技术企业技术转换效率的正向激励效应是大于其对技术转化效率的正向激励效应,但在企业技术转化效率上它对中低技术企业激励效应要大于对高新技术企业的激励效应。从以上表中处理的数据结果来看,企业研发费用税收优惠对工业企业技术转换效率的影响系数为0.040(见表7-2),对技术转化效率的影响系数为0.017(见表7-4);研发费用税收优惠对高新技术企业技术转换效率的影响系数为0.052(见表7-3),对其技术转化效率的影响系数为0.005(见表7-5);研发费用税收优惠对中低技术企业技术转换效率的影响系数为0.036(见表7-3),对技术转化效率的影响系数为0.016(见表7-5)。

第三节　财税政策激励技术创新的
非线性影响效应

前文的研究结果发现,财税政策显著影响了技术创新效率的提升,但这种影响在不同企业间和不同创新阶段存在明显的差异即异质性特征。本部分进一步尝试对二者之间可能存在的非线性关系进行探讨。这里仍然分别以财政科技投入、企业税负水平和企业研发费用税收优惠作为门槛变量,旨在揭示财税政策对两阶段(技术转换和技术转化)创新效率的影响规律和门槛效应及其特征。在使用面板门槛模型前,首先需要检验是否存在门槛效应,以便确定门槛的个数以及模型的形式。这里利用汉森提出的"自举法"(Bootstrap),通过重叠模拟似然比检验统计量 300 次,估计出 Bootstrap P 值。具体分析结果如下:

一、财税政策对技术转换效率非线性影响的门槛特征分析

(一)财政科技投入对技术转换效率的非线性影响

表 7-6 列示了在技术转换阶段的不同面板中(样本总体、高新技术企业和中低技术企业),以财政科技投入作为门槛变量对创新效率影响的门槛检验结果。由检验结果可知,财政科技投入对样本总体、高新技术企业和中低技术企业的技术转换效率影响均存在单个门槛值,门槛值分别是 2.756、5.679 和 2.756。

表 7-6　技术转换阶段财政科技投入的非线性创新效应门槛检验结果

变量	总体样本			高新技术企业			中低技术企业		
检验结果	门槛估计值	F	P	门槛估计值	F	P	门槛估计值	F	P
单门槛	2.756	32.193**	0.030	5.679	24.263***	0.000	2.756	42.049**	0.013

注:***、**、*分别表示在 1%、5%和 10%的水平上显著。

资料来源:《工业企业科技活动统计资料》《中国科技统计年鉴》《中国统计年鉴》《中国工业经济统计年鉴》《中国税务年鉴》。经整理笔者利用 Stata15.0 软件计算所得。

结合门槛估计值，根据表7-7可以看到，财政科技投入对工业企业技术转换效率的影响效应表现出非线性特征，且具有一定的差异性。主要表现如下：

表7-7　技术转换阶段财政科技投入面板门槛数据模型估计结果

变量	总体样本	高新技术企业	中低技术企业
fs	0.118 ***	0.122 ***	0.108 ***
	(12.443)	(4.647)	(10.758)
cp	−0.266 ***	−0.841 ***	−0.251 ***
	(−10.187)	(−3.884)	(−9.388)
$rdft$	−0.010	−0.089	−0.031
	(−0.193)	(−1.467)	(−0.493)
tda	0.017	−18.740 ***	0.017
	(0.334)	(−4.927)	(0.334)
fdi	−0.232 ***	−0.058	−0.267 ***
	(−5.402)	(−1.438)	(−5.224)
tti	−0.006 ***	−0.563 ***	−0.006 ***
	(−6.276)	(−3.276)	(−6.004)
$fsti\_1$	0.065 ***	0.019 ***	0.075 ***
	(11.433)	(5.018)	(6.004)
$fsti\_2$	0.049 ***	0.476 ***	0.054 ***
	(13.511)	(7.513)	(12.283)

注：括号内为 t 统计量，***、**、* 分别表示在1%、5%、10%的水平上显著。$fsti\_1$ 到 $fsti\_2$ 为不同门槛区间财政科技投入变量的系数。

资料来源：《工业企业科技活动统计资料》《中国科技统计年鉴》《中国统计年鉴》《中国工业经济统计年鉴》《中国税务年鉴》。经整理笔者利用Stata15.0软件计算所得。

第一，从样本总体层面看，财政科技投入对工业企业技术转换效率有正向非线性影响效应，且这种效应是边际递减的。主要表现在：当财政科技投入水平低于门槛值2.756（见表7-6）时，其对技术转换效率的激励效应最大,影响系数为0.065(见表7-7),且通过了1%的显著性水平检验;当财政科技投入水平大于该门槛值时,通过了1%的显著性水平检验,影响系数为0.049(见表7-7),其仍对技术转换效率有激励作用,相较于第一门槛区间的影响系数,其影响效应有所减弱。由此可见,财政科技投入促进了工业企业技术转换效率的提升,但其激励效应是随着财政科技投入水平的提高而不断减弱的。

第二,高新技术企业财政科技投入对技术转换效率的影响效应也呈现非线性特征,但与总体样本存在一定程度的差异。当财政科技投入水平小于门槛值5.679(见表7-6)时,其对高新技术企业技术转换效率略有促进效应;当财政科技投入水平大于该门槛值时,其对高新技术企业技术转换效率的激励效应开始显著提高。这说明对高新技术企业来说,财政科技投入水平达到一定规模,对技术转换效率的促进效果才可能有效。

第三,中低技术企业财政科技投入对技术转换效率的影响效应一样是非线性特征,基本和总体样本一致。当财政科技投入水平小于门槛值2.756(见表7-6)时,其对中低技术企业技术转换效率的促进效应较为明显,影响系数是0.075(见表7-7);当财政科技投入水平大于该门槛值时,影响系数略有下降,说明财政科技投入水平对中低技术企业技术转换效率在第二门槛区间的激励效应开始降低。

对控制变量,与前文对比发现,系数符号及显著性与表7-2和表7-3的结果基本一致,且波动较小,这在实证研究中属于可接受的,也说明了本书构建的门槛面板模型的合理性。因此,这里及下文不再对此进行赘述。

（二）税负水平对技术转换效率的非线性影响效应

表7-8列示了技术转换阶段三个不同面板的税负水平对创新效率影响的门槛检验结果。发现总体样本和中低技术企业的税负水平门槛变量均在5%的显著性水平上通过了单门槛检验，而高新技术企业税负水平门槛变量没有通过单门槛检验。这表明总体样本和中低技术企业的税负水平影响效应均有一个门槛值为0.119，故对它们采用单门槛面板模型进行分析是较为合理的。

表7-8　技术转换阶段税负水平的非线性创新效应门槛检验结果

变量	总体样本			高新技术企业			中低技术企业		
检验结果	门槛估计值	F	P	门槛估计值	F	P	门槛估计值	F	P
单门槛	0.119	38.849**	0.023	—	9.124	0.453	0.119	39.487**	0.023

注：***、**、*分别表示在10%、5%和1%的水平上显著。
资料来源：《工业企业科技活动统计资料》《中国科技统计年鉴》《中国统计年鉴》《中国工业经济统计年鉴》《中国税务年鉴》。经整理笔者利用Stata15.0软件计算所得。

表7-9报告了在两个不同面板情况下，企业税负水平对工业企业技术转换效率影响的门槛效应检验结果。可以得出以下结论：

第一，样本总体层面，企业税负水平对工业企业技术转换效率的影响效应呈现出显著的先正后负的倒"U"型非线性特征。企业税负水平影响技术转换效率时的门槛值是0.119（见表7-8）。税负水平低于门槛值时，影响系数是0.399（见表7-9），说明税负总额与主营业务收入的比值小于0.119时，企业税负水平对技术转换效率的影响在该门槛区间内表现出显著的正向效应；当税负水平高于门槛值时，影响系数为负数-0.218（见表7-9），且通过了

1%的显著性水平检验,表明企业税负水平在第二门槛区间内对技术转换效率开始产生了显著的负向效应。由此可见,税负水平并不一定会抑制技术转换效率提升,适度的税负水平反而会促进技术转换效率,但当税负水平超过一定限度时,则会对技术转换效率产生抑制效应。反过来再次印证了税收减免对提升工业企业技术转换效率的有效性,即税收减免并不能自动促进技术转换效率提升,只有当企业税负过重时,减税才会促进技术转换效率的提升。

表7-9 技术转换阶段税负水平面板门槛数据模型估计结果

变量	总体样本	中低技术企业
fs	0.142 ***	0.125 ***
	(11.857)	(10.059)
cp	−0.432 ***	−0.419 ***
	(−13.063)	(−12.638)
$rdft$	−0.109 *	−0.072
	(−1.753)	(−1.024)
tda	−0.071 *	0.059
	(−0.958)	(1.018)
fdi	−0.366 ***	−0.470 ***
	(−7.623)	(−8.614)
tti	−0.006 ***	−0.006 ***
	(−5.908)	(−5.767)
$taxb\_1$	0.399 ***	0.407 ***
	(3.067)	(3.069)
$taxb\_2$	−0.218 ***	−0.222 ***
	(−2.945)	(−2.989)

注:括号内为 t 统计量,***、**、* 分别表示在1%、5%、10%的水平上显著。$taxb\_1$ 到 $taxb\_2$ 为不同门槛区间税负水平变量的系数。

资料来源:《工业企业科技活动统计资料》《中国科技统计年鉴》《中国统计年鉴》《中国工业经济统计年鉴》《中国税务年鉴》。经整理笔者利用 Stata15.0 软件计算所得。

第二,中低技术企业层面,企业税负水平对中低技术企业技术转换效率的影响效应与样本总体基本表现一致。企业税负水平门槛值也为0.119(见表7-8),在第一、二门槛区间的影响系数分别为0.407(见表7-9)和-0.222(见表7-9)。这说明随着税负水平门槛区间的变化,税负水平对中低技术企业技术转换效率的影响呈现出显著的先正后负的倒"U"型非线性效应,即适度的税负水平对技术转换效率有激励效应,而过高的税负水平则会产生显著的抑制效应。所以对中低技术企业技术转换阶段的税收减免存在一个"度"的问题,并非税负减轻就一定能激励企业技术创新效率提升。

(三)研发费用税收优惠对技术转换效率的非线性影响效应

表7-10列示了在技术转换阶段的总体样本、高新技术企业和中低技术企业研发费用税收优惠作为门槛变量进行门槛检验的结果。其中,总体样本的单门槛值为5.303、高新技术企业的单门槛值为4.521,中低技术企业的单门槛值为5.248。

表7-10 技术转换阶段研发费用税收优惠的非线性创新效应门槛检验结果

变量	总体样本			高新技术企业			中低技术企业		
检验结果	门槛估计值	F	P	门槛估计值	F	P	门槛估计值	F	P
单门槛	5.303	33.818[**]	0.047	4.521	28.849[***]	0.000	5.248	32.484[**]	0.037

注:[***]、[**]、[*]分别表示在1%、5%和10%的水平上显著。

资料来源:《工业企业科技活动统计资料》《中国科技统计年鉴》《中国统计年鉴》《中国工业经济统计年鉴》《中国税务年鉴》。经整理笔者利用Stata15.0软件计算所得。

结合门槛估计值,根据表 7-11 的检验结果可以看到,企业研发费用税收优惠对工业企业技术转换效率的影响效应不仅仅是简单的线性关系,而是呈现出非线性特征,且表现出一定的差异。主要表现如下:

表 7-11　技术转换阶段研发费用税收优惠面板门槛数据模型估计结果

变量	总体样本	高新技术企业	中低技术企业
fs	0.104 ***	0.158 ***	0.094 ***
	(10.237)	(5.624)	(8.763)
cp	-0.271 ***	-0.318	-0.266 ***
	(-10.267)	(-1.444)	(-9.767)
$rdft$	-0.003	-0.215 ***	-0.001
	(-0.054)	(-2.949)	(-0.024)
tda	0.004	-12.880 ***	0.014
	(0.078)	(-3.145)	(0.256)
fdi	-0.260 ***	-0.013	-0.359 ***
	(-5.876)	(-0.302)	(-6.778)
tti	-0.005 ***	-0.370 **	-0.005 ***
	(-4.887)	(-2.013)	(-4.887)
$rdtr\_1$	0.034 ***	0.076 ***	0.028 ***
	(8.864)	(8.923)	(6.807)
$rdtr\_2$	0.039 ***	0.057 ***	0.035 ***
	(10.773)	(7.789)	(9.000)

注:括号内为 t 统计量,***、**、* 分别表示在1%、5%、10%的水平上显著。$rdtr\_1$ 到 $rdtr\_2$ 为不同门槛区间研发费用税收优惠变量的系数。
资料来源:《工业企业科技活动统计资料》《中国科技统计年鉴》《中国统计年鉴》《中国工业经济统计年鉴》《中国税务年鉴》。经整理笔者利用 Stata15.0 软件计算所得。

第一,从总体样本层面看,企业研发费用税收优惠对工业企业技术转换效率有正向的非线性影响效应,且边际效应递增。主要表现在:当企业研发费用税收优惠水平低于门槛值 5.303(见表 7-10)时,影响系数是 0.034(见表 7-11),即享受各级政府对技术开发的减免税的对数值小于 5.303 时,其对技术转换效率具有促进作用,但这种激励效应较小;当研发费用税收优惠水平大于这个门槛值时,影响系数在该门槛区间变大,且在 1% 的水平上显著,表明对技术转换效率的激励效应有所增加。这说明企业研发费用税收优惠总体上是有利于工业企业技术转换效率提升的,但这种激励效应具有非线性特征,即只有企业研发费用税收优惠水平提高到一定限度,其对工业企业技术转换效率的提升才是明显的。

第二,高新技术企业研发费用税收优惠对技术转换效率的影响效应也呈现出正向非线性特征,但边际效应递减,和总体样本的情况存在较为明显的差异。当研发费用税收优惠水平小于门槛值 4.521(见表 7-10)时,影响系数为 0.076(见表 7-11),且通过了 1% 的显著性水平检验,表明企业研发费用税收优惠在第一门槛区间内激励高新技术企业技术转换效率的提升。当研发费用税收优惠水平大于 4.521(见表 7-10)时,研发费用税收优惠水平对技术转换效率的影响系数为 0.057(见表 7-11),说明在该门槛区间内激励效应开始降低。由此可见,企业研发费用税收优惠水平并非越高越好,其对高新技术企业技术转换效率的影响呈先升后降边际效应递减的正向非线性特征。

第三,中低技术企业研发费用税收优惠对技术转换效率的影响效应同样是正向非线性特征,和总体样本回归结果存在一定程度的一致。当研发费用税收优惠水平小于门槛值 5.248(见表 7-10)时,影响系数为 0.028(见表 7-11),且通过了 1% 的显著性水平检验,表明在该门槛区间企业研发费用税收优惠对中低技术企业技术转换效率有一定激励效应;当研发费用税收优惠水平大于门槛值 5.248 时,影响系数为 0.035(见表 7-11),其对技术转换效率的正向影响在第二门槛区间进一步增强。这表明,随着不同门槛区间变化和企业研发费用税收优惠水平提高,对中低技术企业技术转换效率的影响效应呈现边际效应递增的趋势。

二、财税政策对技术转化效率影响的非线性效应

(一)财政科技投入对技术转化效率的非线性影响效应

从表 7-12 可知,在技术转化阶段,三个不同面板中财政科技投入作为门槛变量的门槛检验结果是总体样本、高新技术企业存在单门槛值,分别是 5.650 和 5.755,且通过了 5% 的显著性水平检验。对中低技术企业的财政科技投入不存在门槛值。

表 7-12　技术转化阶段财政科技投入的创新效应门槛检验结果

变量	总体样本			高新技术企业			中低技术企业		
检验结果	门槛估计值	F	P	门槛估计值	F	P	门槛估计值	F	P
单门槛	5.650	33.989**	0.030	5.755	14.031**	0.020	—	20.357	0.227

注:***、**、* 分别表示在 1%、5% 和 10% 的水平上显著。
资料来源:《工业企业科技活动统计资料》《中国科技统计年鉴》《中国统计年鉴》《中国工业经济统计年鉴》《中国税务年鉴》。经整理笔者利用 Stata15.0 软件计算所得。

通过上述门槛估计值,从表 7-13 可以发现,财政科技投入对工业企业技术转化效率的影响效应存在非线性和一定程度的差异性特征。主要表现如下:

表 7-13 技术转化阶段财政科技投入面板门槛数据模型估计结果

变量	总体样本	中低技术企业
fs	0.064 ***	0.057 ***
	(14.716)	(4.845)
cp	−0.138 ***	−0.331 ***
	(−11.584)	(−3.389)
rdft	−0.003	−0.099 ***
	(−0.122)	(−3.514)
tda	0.007	0.692
	(0.318)	(0.387)
fdi	−0.189 ***	−0.066 ***
	(−9.586)	(−3.526)
tti	−0.003 ***	−0.700 ***
	(−6.822)	(−8.537)
fsti_1	0.014 ***	0.002
	(9.237)	(0.928)
fsti_2	0.009 ***	−0.002
	(6.078)	(−0.167)

注：括号内为 *t* 统计量，***、**、* 分别表示在 1%、5%、10%的水平上显著。*fsti_1* 到 *fsti_2* 为不同门槛区间财政科技投入变量的系数。
资料来源：《工业企业科技活动统计资料》《中国科技统计年鉴》《中国统计年鉴》《中国工业经济统计年鉴》《中国税务年鉴》。经整理笔者利用 Stata15.0 软件计算所得。

第一，从总体样本层面看，财政科技投入对工业企业技术转化效率有着正向非线性影响效应，影响规律同技术转换阶段相似。主要表现在：当财政科技投入水平低于门槛值 5.650 时（见表 7-12），影响系数为正，且通过了 1%的显著性水平检验，此时其对技术转化效率的激励效应最大；当财政科技投入水平大于门槛值 5.650 时，影响系数为 0.009（见表 7-13），其对技术转化效率的正向影响效应相比第一门槛区间有所减少。这也充分说明财政科技投入显著地促进了工业企业技术转化效率提升,影响规律虽和技术转换阶段大体相同,呈现边际效率递减的规律,但两者有着不同的门槛约束和要求。

第二,高新技术企业财政科技投入对技术转化效率的影响亦呈现较为复杂的非线性关系,影响规律和总体样本恰恰相反,和其在技术转换阶段的情况也存在差异,表现为显著的倒"U"型规律。当财政科技投入水平小于门槛值 5.755(见表 7-12)时,影响系数为 0.002(见表 7-13),说明财政科技投入水平在第一门槛区间对技术转化效率的影响效应为正;当其大于门槛值时,影响系数为 -0.002(见表 7-13),说明随着财政科技投入水平提高对技术转化效率的影响效应是先正后负的。

(二)税负水平对技术转化效率的非线性影响效应

从表 7-14 所示的在技术转化阶段三个不同面板的税负水平对创新效率影响效应门槛检验结果可知,总体样本、高新技术企业和中低技术企业的税负水平门槛变量均通过了单门槛检验,分别在 1%、5% 或 10% 的水平上显著,门槛值分别为 0.119、0.029 和 0.119。这表明对总体样本、高新技术企业和中低技术企业的税负水平均可以采用单门槛面板模型进行研究。

表 7-14 技术转化阶段税负水平的创新效应门槛检验结果

变量	总体样本			高新技术企业			中低技术企业		
检验结果	门槛估计值	F	P	门槛估计值	F	P	门槛估计值	F	P
单门槛	0.119	40.574***	0.007	0.029	20.903***	0.000	0.119	38.620***	0.010

注:***、**、* 分别表示在 1%、5% 和 10% 的水平上显著。

资料来源:《工业企业科技活动统计资料》《中国科技统计年鉴》《中国统计年鉴》《中国工业经济统计年鉴》《中国税务年鉴》。经整理笔者利用 Stata15.0 软件计算所得。

从表7-15可知,在三个面板情况下,企业税负水平对工业企业技术转化效率影响的门槛效应检验结果。可以得出以下结论:

第一,从总体样本来看,企业税负水平对工业企业技术转化效率的影响呈现出显著的先正后负的倒"U"型非线性规律,和技术转换阶段相似,但该阶段税负水平负向影响效应敏感度要小于技术转换阶段。主要发现是:企业税负水平低于门槛值0.119(见表7-14)时,影响系数为0.185(见表7-15),且通过1%的显著性检验,说明税负总额与主营业务收入的比值小于0.119时,企业税负水平对技术转化效率具有显著的激励效应,即企业适度的税负是有利于提升企业技术转化能力的;企业税负水平高于门槛值0.119时,影响系数为-0.082(见表7-15),且在1%的显著性水平上通过了检验,表明随着税负水平门槛区间的变化,在这一门槛区间内企业税负水平对技术转化效率呈现出负向的影响效应。

第二,从高新技术企业看,随着企业税负水平提高,对高新技术企业技术转化效率负向影响效应呈现边际递减的非线性特征。主要发现是:当税负水平低于门槛值0.029(见表7-14)时,影响系数为-0.198(见表7-15),说明企业税负总额与主营业务收入的比值小于0.029时,企业税负水平在该门槛区间对技术转化效率具有显著的负向影响效应;当企业税负水平高于门槛值0.029时,影响系数为-0.195(见表7-15),说明在第二门槛区间内企业税负水平对技术转化效率仍有负向影响效应,且影响系数的绝对值比第一门槛区间系数绝对值要低,意味着在第二门槛区间内随着企业税负水平的提高其负向影响效应有所减弱。因此,意味着在技术转化阶段对高新技术企业实施税收减免政策,激励效应是显著的,但这种正向效应会随着减税水平提高呈现出边际效应递减规律。

表 7-15 技术转化阶段税负水平面板门槛数据模型估计结果

变量	总体样本	高新技术企业	中低技术企业
fs	0.072 ***	0.017	0.065 ***
	(14.244)	(1.178)	(12.544)
cp	−0.208 ***	−0.306 ***	−0.203 ***
	(−14.833)	(−3.288)	(−14.703)
rdft	−0.042	−0.102 ***	−0.046
	(−1.613)	(−1.686)	(−1.578)
tda	0.024	2.661 *	0.026
	(0.978)	(3.778)	(1.056)
fdi	−0.215 ***	−0.051 ***	−0.272 ***
	(−10.583)	(−2.856)	(−11.945)
tti	−0.003 ***	−0.918 ***	−0.003 ***
	(−6.733)	(−12.756)	(−6.674)
*taxb*_1	0.185 ***	−0.198	−0.168 ***
	(3.346)	(−0.949)	(−3.044)
*taxb*_2	−0.082 ***	−0.195	−0.091 ***
	(−2.622)	(−1.189)	(−2.943)

注:括号内为 *t* 统计量,***、**、* 分别表示在 1%、5%、10% 的水平上显著。*taxb*_1 到 *taxb*_2 为不同门槛区间税负水平变量的系数。

资料来源:《工业企业科技活动统计资料》《中国科技统计年鉴》《中国统计年鉴》《中国工业经济统计年鉴》《中国税务年鉴》。经整理笔者利用 Stata15.0 软件计算所得。

第三,从中低技术企业看,企业税负水平对中低技术企业技术转化效率的影响效应与高新技术企业情况是相似的。当税负水平低于门槛值时,影响系数显著为−0.168(见表 7-15),且在 1% 的显著性水平上通过了检验;当税负水平高于门槛值时,影响系数为−0.091(见表 7-15),但其绝对值相比第一门槛区间有所降低,且在 1% 的显著性水平上通过了检验,这说明在第二门槛区间内税负水平对中低技术企业技术转化效率负向影响效应比第一门槛区间有所降低。因此,同理可得,实施税收减免政策对中低技术企业技术转化效率的激励效应是显著的,且边际效应递减。

(三)研发费用税收优惠对技术转化效率的非线性影响效应

表7-16列示了技术转化阶段不同面板中以企业研发费用税收优惠作为门槛变量对创新效率影响的门槛检验结果。其中,研发费用税收优惠水平在总体样本的单门槛值是5.805,在高新技术企业的单门槛值是5.805,在中低技术企业的单门槛值是4.554。因此,可以对它们存在的这一个门槛值进行门槛效应检验。

表7-16 技术转化阶段研发费用税收优惠的创新效应门槛检验结果

变量	总体样本			高新技术企业			中低技术企业		
检验结果	门槛估计值	F	P	门槛估计值	F	P	门槛估计值	F	P
单门槛	5.805	28.089*	0.057	5.805	19.184**	0.043	4.554	25.724*	0.087

注:***、**、*分别表示在1%、5%和10%的水平上显著。
资料来源:《工业企业科技活动统计资料》《中国科技统计年鉴》《中国统计年鉴》《中国工业经济统计年鉴》《中国税务年鉴》。经整理笔者利用Stata15.0软件计算所得。

结合门槛估计值,根据表7-17的检验结果可以看到,企业研发费用税收优惠与工业企业技术转化效率之间存在显著的非线性关联。主要表现如下:

表7-17 技术转化阶段研发费用税收优惠面板门槛数据模型估计结果

变量	总体样本	高新技术企业	中低技术企业
fs	0.054***	0.045***	0.053***
	(12.443)	(4.013)	(11.916)

变量	总体样本	高新技术企业	中低技术企业
cp	−0.137***	−0.349***	−0.141***
	(−12.145)	(−3.989)	(−12.414)
rdft	−0.006	−0.065**	−0.046*
	(−0.244)	(−2.245)	(−1.656)
tda	−0.004	0.006	0.009
	(−0.183)	(0.326)	(0.413)
fdi	−0.166***	−0.063***	−0.184***
	(−8.847)	(−3.578)	(−8.201)
tti	−0.002***	−0.632***	−0.003***
	(−5.167)	(−7.967)	(−5.689)
rdtr_1	0.019***	0.011***	0.011***
	(11.976)	(3.389)	(6.124)
rdtr_2	0.015***	0.009***	0.013***
	(9.613)	(2.974)	(7.967)

注:括号内为 t 统计量,***、**、* 分别表示在1%、5%、10%的水平上显著。rdtr_1 到 rdtr_2 为不同门槛区间研发费用税收优惠变量的系数。

资料来源:《工业企业科技活动统计资料》《中国科技统计年鉴》《中国统计年鉴》《中国工业经济统计年鉴》《中国税务年鉴》。经整理笔者利用 Stata15.0 软件计算所得。

第一,从总体样本层面看,企业研发费用税收优惠在技术转化阶段对工业企业创新效率有着正向的非线性影响效应,且这种激励效应呈现出边际递减的特征。主要表现在:当研发费用税收优惠水平低于门槛值 5.805 时(见表 7-16),影响系数为 0.019(见表 7-17),即享受各级政府对技术开发的减免税的对数值小于门槛值时,其对技术转化效率具有促进作用,而且这种激励效应较大;企业研发费用税收优惠水平大于门槛值时,影响系数为 0.015(见表 7-17),对技术转化效率的激励效应有所减弱,且影响系数也在1%的水平上显著。这也充分说明企业研发费用税收优惠在工业企业技术转化阶段的重要性和适度性问题，即随着企业研发费用税收优惠水平提高，对技术转化效率提升的边际激励效应是递减的。

第二，高新技术企业研发费用税收优惠对技术转化效率的影响效应也呈现正向非线性特征，且边际效应递减，与总体样本情况有一定程度的相似性。在门槛值条件约束下，研发费用税收优惠对高新技术企业技术转化效率均呈现正向影响效应，但第一门槛区间的影响系数要大于第二门槛区间的影响系数，分别是0.011和0.009（见表7-17）。

第三，中低技术企业研发费用税收优惠对技术转化效率的影响同样存在非线性激励效应，但边际效应递增，这和总体样本及高新技术企业的回归结果有差异。主要表现：当企业研发费用税收优惠水平小于门槛值4.554时（见表7-16），其对中低技术企业技术转换效率的影响系数为0.011（见表7-17），且通过了5%的显著性水平检验，此时它对中低技术企业技术转化效率具有一定的正向影响效应，但这种效应较小；当企业研发费用税收优惠水平大于门槛值4.554（见表7-17）时，影响系数为0.013（见表7-17），与第一门槛区间的影响系数相比，此时企业研发费用税收优惠水平的激励效应又进一步增强。

基于价值链视角，利用行业层面的面板数据研究了工业企业财税政策对企业技术创新的线性和非线性影响效应，主要得出以下结论：

第一，整体上，财政科技投入、减税和研发费用税收优惠均显著地促进了技术转换效率和技术转化效率的提升,从财税政策的实施效果上看,总体表现为减税>研发费用税收优惠>财政科技投入这种由大到小的激励效应。

第二,在技术转换阶段,财税政策激励均促进了技术转换效率的提升,激励效应强弱也表现为税收减免>研发费用税收优惠>财政科技投入。但其对高新技术企业的激励效应明显小于对中低技术企业的激励效应。

第三,在技术转化阶段,财税政策对高新技术企业技术转化效率的激励效应不显著,但显著地促进了中低技术企业转化效率的提高。在该阶段依然表现为税收减免促进作用最大,而财政科技投入的激励效应最小。

第四,基于两阶段创新活动的线性影响效应比较可知,财税政策对工业企业技术转换效率的激励效应要大于对技术转化效率的激励效应;在技术转化效率提升上,研发费用税收优惠对中低技术企业的激励效应要大于对高新技术企业的激励效应。

进一步采用门槛回归技术,分析了财税政策对技术转换效率和技术转化效率的门槛效应,如表7-18所示,主要得出以下结论:

表7-18 财税政策激励对企业价值链双环节效率的异质性影响效应

2007—2020 年政府科技投入、税收优惠与企业价值链双环节效率的关系:非线性特征(行业层面的异质性)					
技术转换效率			技术转化效率		
政府科技投入的门槛效应	税负水平的门槛效应	研发费用税收优惠的门槛效应	政府科技投入的门槛效应	税负水平的门槛效应	研发费用税收优惠门槛效应
全国工业企业:边际激励效应递减	全国工业企业:先正后负的倒"U"型特征	全国工业企业:边际激励效应递增	全国工业企业:边际激励效应递减	全国工业企业:先正后负的倒"U"型特征	全国工业企业:边际激励效应递减

续表

2007—2020 年政府科技投入、税收优惠与企业价值链双环节效率的关系:非线性特征(行业层面的异质性)					
技术转换效率			技术转化效率		
政府科技投入的门槛效应	税负水平的门槛效应	研发费用税收优惠的门槛效应	政府科技投入的门槛效应	税负水平的门槛效应	研发费用税收优惠门槛效应
高新技术企业:边际激励效应递增	高新技术企业:无	高新技术企业:边际激励效应递减	高新技术企业:先正后负的倒"U"型特征	高新技术企业:边际抑制效应递减	高新技术企业:与全国样本不同程度一致
中低技术企业:与全国样本不同程度一致	中低技术企业:与全国样本不同程度一致	中低技术企业:与全国样本不同程度一致	中低技术企业:无	中低技术企业:与高新技术企业不同程度一致	中低技术企业:边际激励效应递增

　　首先,财政科技投入对工业企业创新活动两个阶段(技术转换和技术转化)均不同程度呈现边际激励效应递减的非线性单门槛效应和行业层面异质性特征。其中,对高新技术企业在技术转化阶段财政科技投入的激励效应是边际效应递增的,而对中低技术企业的影响效应同全国样本不同程度一致;财政科技投入对高新技术企业技术转化效率的影响效应呈现先正后负的倒"U"型特征,但对中低技术企业技术转化效率影响没发现门槛效应。

　　其次,从企业税负水平对工业企业在两阶段创新效率的影响来看,具有不同程度先正后负的倒"U"型非线性单门槛效应和行业层面异质性特征。其中,企业税负水平对高新技术企业在技术转换阶段的影响没有发现门槛效应,而在技术转化阶段企业税负水平对高新技术企业和中低技术企业均存在不同程度负向的抑制效应。所以,在技术转化阶段减税对工业企业创新效率提升有显著激励效应,而在技术转换阶段(不包括高新技术企业)减税影响效应存在先负后正的"U"型非线性规律,即企业税负水平不高时减税不利于企业技术转换效率提升,因为适度税负反而具有激励效应,但当企业税负水平越来越高时减税则会促进企业技术转换效率的提升。

最后,企业研发费用税收优惠对工业企业技术转换效率的影响呈现出边际激励效应递增的单门槛效应,而对技术转化效率的影响则是边际激励效应递减。行业异质性特征表现:企业研发费用税收优惠对高新技术企业化两阶段创新效率的影响呈现不同程度的边际激励效应递减的非线性特征,而对中低技术企业的影响则是边际激励效应递增;企业研发费用税收优惠对中低技术企业技术转换效率的影响效应同全国样本表现出不同程度的一致性,而对高新技术企业则是在技术转化效率上的影响效应同全国样本有不同程度的一致。

第八章 财税政策激励企业创新绩效的效应分析：
基于制造业增值税税负实证检验

基于制造业增值税税负的财税政策对企业创新绩效影响效应的实证检验，以中国微观企业数据为研究样本，分别考察"营改增"扩围政策对制造业企业的间接影响以及增值税税率下降对制造业企业的直接影响，并将不同增值税政策激励与制造业企业创新绩效的政策效应进行比较，为考察减税的宏观经济作用提供一个微观基础。探讨在企业不同存续期、不同所有制的情况下，增值税改革对企业创新绩效影响的差异性，为评估我国税制改革的政策效应提供了宝贵经验。综合运用固定效应模型、双重差分模型等多种计量经济学方法分析税收改革对企业创新绩效影响效应及作用机制等关键问题，为税收政策激励企业创新实证分析提供一种新的研究范式。

第一节　财税政策激励企业创新绩效的
模型设定与变量说明

一、样本选择和数据来源

为了充分考察我国增值税税制改革对制造业企业绩效和行为的政策效应,本书将研究样本设定为 2010—2021 年沪深 A 股上市公司年度财务数据。其中,财务数据和相关税收数据均来源于国泰安数据服务中心(CSMAR),并按照本书的研究设计和研究目标,对原始数据做了以下筛选和整理:(1)剔除资产负债率大于 1 的企业样本;(2)剔除主要指标缺失的企业样本;(3)剔除 ST、*ST、PT 类企业样本;(4)对所有连续变量在 1% 和 99% 分位上的进行了缩尾处理,以消除异常值的影响。

二、模型设定

针对假设 H1a,为了检验"营改增"扩围政策能够通过影响制造业企业增值税税负这一渠道对企业创新绩效产生间接激励作用,本书借鉴江艇(2022)[①]改进中介效应的思路,构建了以下固定效应模型。其中式(8.1)首先考察了增值税扩围政策对制造业企业绩效的影响作用,式(8.2)进一步考察了增值税扩围政策对制造业企业增值税税负的影响作用,如下:

$$Y_{it} = \alpha + \beta Policy_{it} + \gamma X_{it} + firm_i + year_t + \varepsilon_{it} \qquad (8.1)$$

---

① 江艇:《因果推断经验研究中的中介效应与调节效应》,《中国工业经济》2022 年第 5 期。

$$VATb_{it}(taxb_{it}) = \alpha + \beta Policy_{it} + \gamma X_{it} + firm_i + year_{it} + \varepsilon_{it}$$

$$(8.2)$$

式(8.1)、式(8.2)中,$Policy_{it}$为增值税扩围政策虚拟变量,若实施了政策为1,没有实施则为0。x_{it}为可能影响因变量的指标;$firm_i$是企业的固定效应,用来控制企业层面不随时间变化的影响因素;Y_{it}为与宏观经济相关的企业绩效指标;$VATb_{it}$则为企业i在t年的增值税实际税负。

其次,为了验证 H1,我们在此处构建双重差分模型,如式(8.3)所示:

$$Y_{ipt} = \alpha_1 + \theta_1 Treat_i \cdot Policy1_{pt} + \delta_1 Z_{it} + \pi_i + \rho_p + \varepsilon_{ipt} \quad (8.3)$$

其中,Y_{ipt}仍然代表企业绩效变量,包括总资产报酬率(Roa)、净资产收益率(Roe)、人力投入回报率(Rop)。$Treat_i$变量用以区分实验组与对照组,如果制造业企业所在省市在 2012 年开始实行"营改增"政策,则 $Treat_i$ 取值为 1,如果制造业企业所在省市 2013 年 8 月开始实行"营改增"政策,$Treat_i$ 取值为 0。$Policy1_{pt}$ 变量用以区分"营改增"政策实行时间的先后,$Policy1_{pt} = 1$ 表示企业处于"营改增"政策试点及之后,$Policy1_{pt} = 0$ 表示企业处于试点前。Z_{it} 为控制变量,ε_{ipt} 为随机扰动项。模型的核心变量 $Treat_i \cdot Policy1_{pt}$ 为实验组与试点时间的交叉项,θ_1 为"营改增"政策变量的系数,衡量了实验组和对照组在政策实施前后变动的平均差异。如果 $\theta_1 > 0$,表明"营改增"政策对制造业企业绩效产生正向激励作用,如果 $\theta_1 < 0$,表明"营改增"政策对企业绩效具有负向影响,如果 $\theta_1 = 0$,表明"营改增"政策效应不明显。

对假设 H2 的检验我们需要首先对制造业企业增值税税率进行度量。此处我们使用企业缴纳增值税额占其营业收入的比重作为制造业企业增值税税率($VATrate_{it}$),通过建立式(8.4)考察增值税税率调整对制造业企业是否具有直接激励作用:

$$Y_{it} = \alpha + \beta VATrate_{it} + \gamma X_{it} + firm_i + year + \varepsilon_{it} \qquad (8.4)$$

对假设 H2 的检验仍然采取双重差分的估计方法。在政策虚拟变量中,鉴于改革的对象是制造业,生产性服务业并不受本次改革的影响,因此将制造业作为实验组,生产性服务业作为对照组。在时间虚拟变量中,政策实施之前取 0,政策实施之后取 1。同时由于我国制造业先后实行了 2018 年和 2019 年增值税税率下调政策,因此本书分别建立两个双重差分模型,来依次检验 2018 年、2019 年两次增值税税率下调的政策效果。两次政策模型设定如下:

$$Y_{ipt} = \alpha_2 + \theta_2 Treat_i \cdot Policy2_{pt} + \delta_2 Z_{it} + \pi_i + \rho_p + \varepsilon_{ipt} \qquad (8.5)$$

$$Y_{ipt} = \alpha_3 + \theta_3 Treat_i \cdot Policy3_{pt} + \delta_3 Z_{it} + \pi_i + \rho_p + \varepsilon_{ipt} \qquad (8.6)$$

式(8.5)中,$Policy2$ 为 2018 年增值税税率第一次下降,式(8.6)中,$Policy3$ 为 2019 年增值税税率第二次下降,$Treat_i \cdot Policy$ 为交互项,其系数 θ_2、θ_3 分别反映 2018 年、2019 年增值税税率下降的政策效应,若系数 θ_2、θ_3 显著为正,则说明假设 H2 成立。其他变量同上文。

三、变量设定

(一)被解释变量

企业绩效。本书主要借鉴陆挺、刘小玄(2005)[①],陈昭、刘映

---

① 陆挺、刘小玄:《企业改制模式和改制绩效——基于企业数据调查的经验分析》,《经济研究》2005 年第 6 期。

曼(2019)[1]已有文献中的研究方法,选择总资产报酬率(Roa)、净资产收益率(Roe)和人力投入回报率(Rop)作为衡量制造业企业绩效的主要指标。其中,总资产报酬率(Roa)是企业在一定期限内实现的收益额与该时期企业平均资产总额的比率,衡量了企业运用资产来获取收益的效率,其数值越大反映企业总资产盈利能力越强。净资产收益率(Roe)是指税后净利润与股东权益余额的比重,该指标反映了股东权益的收益水平,指标值越高,说明企业自有资本投资带来的收益越高。可以利用总资产报酬率和净资产收益率来反映企业的财务绩效。同时,员工是企业核心的知识载体和创新主体,是驱动企业可持续发展的内生原动力,因此本书也用人力资本投入回报率(Rop)来衡量企业的创新绩效。

(二)解释变量

企业增值税税负。关于企业增值税税负的测算,首先依据李春瑜(2016)[2]关于税负额的计算公式,结合年度财务间的关联与波动,将企业总税负额的计算公式拟定为:

税负额=支付的各项税费-返还的各项税费+(应交税费期末值-应交税费期初值)

与企业税负测算相比,增值税税负通过上市公司财务报表估算更为困难,只能在有限的资料里尽量缩小误差,经研究认为,范

---

① 陈昭、刘映曼:《"营改增"政策对制造业上市公司经营行为和绩效的影响》,《经济评论》2019年第5期。

② 李春瑜:《制造业上市公司税负实证分析——总体趋势、影响因素与差异比较》,《经济与管理评论》2016年第4期。

子英和彭飞（2017）①，余新创（2020）②相关测算方法均有一定局限性，结合会计、财务及税务相关理论及实务，拟采取下列三步估算方法。具体公式为：

（1）增值税（VATb）＝总税负－利润表营业税金及附加－所得税影响数；

（2）所得税影响数＝利润表中当期所得税费用－递延所得税费用；

（3）递延所得税费用＝（递延所得税负债期末值－递延负债期初值）－（递延所得税资产期末值－递延资产期初值）－（其他综合收益税后净额/0.75）×0.25。

政策变量。交叉项 $Treat×Policy_i$（$i=1,2,3$）是我们双重差分模型中最关心的政策变量。其中，$Treat×Policy$1 反映"营改增"政策实施前后实验组和对照组制造业企业创新绩效的差异；$Treat×Policy$2 反映 2018 年制造业增值税税率下降 1 个百分点时实验组和对照组企业创新绩效的差异；$Treat×Policy$3 反映 2019 年制造业增值税税率下降 3 个百分点时实验组和对照组企业创新绩效的差异。

（三）控制变量

制造业企业的创新绩效不仅受税收政策等外部因素的影响，也受企业本身内部因素的影响。为了缓解其他混杂变量对因果效应估计的干扰，需要对相关变量进行控制。再参考以往范子英和

---

① 范子英、彭飞：《"营改增"的减税效应和分工效应：基于产业互联的视角》，《经济研究》2017 年第 2 期。

② 余新创：《中国制造业企业增值税税负粘性研究——基于 A 股上市公司的实证分析》，《中央财经大学学报》2020 年第 2 期。

彭飞(2017)[①]、曹平和王桂军(2019)[②]、李远慧和陈蓉蓉(2022)[③]、曹越等(2022)[④]文献,本书选择以下变量:(1)企业规模(*Size*),以企业资产总计取自然对数衡量;(2)企业存续期(*Firm Age*),以企业成立时间的对数衡量;(3)资产负债率(*Lev*),以企业负债总额与资产总额的比值衡量;(4)总资产周转率(*Auto*),以企业营业收入与平均资产总额的比值衡量;(5)营业收入增长率(*Growth*),以企业本年营业收入除以上一年营业收入再减去1衡量;(6)固定资产比率(*Fixed*),以企业固定资产与总资产的比例衡量;(7)董事人数(*Board*),以企业董事会人数取自然对数衡量;(8)审计意见(*Opinion*),若企业当年的财务报告被出具了标准审计意见,则取值为1,否则为0。

第二节 财税政策激励企业创新
绩效的实证分析

一、基准回归

(一)"营改增"扩围政策的间接激励效应

从表8-1可知"营改增"扩围政策对制造业企业创新绩效的

---

① 范子英、彭飞:《"营改增"的减税效应和分工效应:基于产业互联的视角》,《经济研究》2017年第2期。

② 曹平、王桂军:《"营改增"提高企业价值了吗?——来自中国上市公司的经验证据》,《财经论丛》2019年第3期。

③ 李远慧、陈蓉蓉:《基于企业研发投入视角的增值税税率下调派生效应研究》,《税务研究》2022年第2期。

④ 曹越、彭丹人、郭天枭:《"营改增"对企业劳动力需求的影响研究》,《管理评论》2022年第11期。

表 8-1　"营改增"税制改革对制造业上市企业的间接激励作用

变量	（1）	（2）	（3）	（4）	（5）
	Roa	*Roe*	*Rop*	*VATb*	*VATb*
Policy	0.545***	0.888*	-19.422***	-0.094*	-0.032**
	(3.320)	(1.652)	(5.176)	(-1.662)	(-2.853)
Size	1.337***	80.526***	75.827***		0.930***
	(13.864)	(4.603)	(4.194)		(66.999)
Firm Age	-2.383***	-8.735*	-179.807***		0.283***
	(-8.615)	(-1.758)	(12.252)		(8.090)
Lev	-16.619***	-2.423**	-364.730***		-0.310***
	(-34.333)	(-2.495)	(15.681)		(-4.804)
Auto	6.746***	10.450***	156.679***		0.639***
	(32.783)	(4.860)	(7.393)		(10.276)
Fixed	-8.498***	-0.005	-211.297***		0.252
	(-13.853)	(-0.007)	(20.885)		(1.610)
Growth	0.331***	1.862***	4.774***		0.015***
	(12.520)	(3.718)	(0.717)		(6.414)
Board	1.096**	-0.742	-0.882		0.021
	(2.550)	(-0.102)	(14.566)		(0.365)
Opinion	6.000***	22.828***	160.429***		0.078
	(15.288)	(18.753)	(10.821)		(1.348)
_cons	-20.106***	-224.922***	-1122.676***	17.046***	-3.787***
	(-9.790)	(-4.479)	(82.999)	(487.930)	(-9.391)
N	9336	9336	9336	9337	9336
R^2	0.240	0.199	0.192	0.088	0.258

注:括号内的数值为 *t* 统计量;***、**和*分别代表在1%、5%和10%的水平上显著。

资料来源:财务数据和相关税收数据均来源于国泰安数据服务中心(CSMAR),经整理笔者利用 Stata15.0 软件计算所得。

间接激励作用。首先该表中列(1)—列(3)分别报告了"营改增"政策对制造业企业创新绩效的影响。结果显示:当被解释变量为总资产报酬率(Roa),核心解释变量系数为0.545,即实行了"营改增"政策,企业的资金使用效率就会提升54.5%;当净资产收益率(Roe)为被解释变量时,核心解释变量系数为88.8,即"营改增"扩围政策后,企业利用自有资本获得收益的能力就会提升88.8%;但当企业人力投入回报率(Rop)为被解释变量时,增值税税负系数为-19.422,即实行了"营改增"政策,会对企业人力资本投入回报率产生显著的负向影响。之所以产生这一结果,原因可能在于:虽然"营改增"扩围政策能够有效促进企业专业化分工(陈钊和王旸,2016)[①],但受到"营改增"政策推行时间有限、产业关联程度较低等因素的影响,分工效应尚不成熟(范子英和彭飞,2017),因此企业人力资本调整的潜能并未能充分释放。从三个政策变量的影响系数来看,总资产报酬率、净资产收益率和人力资本投入回报率受"营改增"扩围政策的影响程度越来越深。这主要是因为:在制造业企业中,可拥有并控制的总资产和可自由支配的净资产受政策影响的敏感程度不同,尤其是人力资本投资具有更高的灵活性和主观能动性,因此对政策的反应程度更强烈。

其次,表8-1中列(4)、列(5)分别报告了"营改增"税制改革对制造业企业增值税实际税负的影响。具体地,表中列(4)中$Policy$的系数为-0.094并通过了10%的显著性检验,说明"营改增"扩围政策可以减少制造业企业的增值税实际税负。列(5)是

---

① 陈钊、王旸:《"营改增"是否促进了分工:来自中国上市公司的证据》,《管理世界》2016年第3期。

加入了所有控制变量后的结果，$Policy$ 的系数为 -0.032，并在 5% 的水平上通过显著性检验，表明控制相关变量后"营改增"政策依旧能够显著降低制造业企业增值税实际税负，证实本书的研究结果具有一定的稳健性。

最后，大多数学者的研究已经证明（杨杨等，2014[①]；汤泽涛和汤玉刚，2020[②]；肖春明，2021[③]），企业增值税税负与企业投资、企业价值或企业经营绩效呈现负向关系，即企业所承担的增值税负担越重，越不利于企业创新绩效的提高。

总之，本书关于"营改增"税制改革对制造业企业有间接激励作用的假设（H1a）是成立的。

（二）"营改增"的政策效应

在明确"营改增"政策对制造业企业绩效具有间接激励效应的基础上，我们进一步构建双重差分模型检验"营改增"的政策效应。表 8-2 是"营改增"政策对制造业企业绩效的影响效应，实证结果主要分为三列。主要关注模型中交互项 $Treat_i \times Policy1$ 系数的正负和绝对值情况。若交互项系数为正，说明"营改增"政策能够很好地提高企业的绩效和发展能力，另外，绝对值越大政策效应越强。结果显示，对总资产报酬率（Roa）和净资产收益率（Roe）来说，增值税扩围政策对制造业企业的利好作用显著。与改革前相

---

① 杨杨、汤晓健、杜剑：《我国中小型民营企业税收负担与企业价值关系——基于深交所中小板上市公司数据的实证分析》，《税务研究》2014 年第 3 期。

② 汤泽涛、汤玉刚：《增值税减税、议价能力与企业价值——来自港股市场的经验证据》，《财政研究》2020 年第 4 期。

③ 肖春明：《增值税税率下调对企业投资影响的实证研究——基于减税的中介效应》，《税务研究》2021 年第 3 期。

比,实验组制造业企业的总资产报酬率和净资产收益率分别上升了0.2%和0.4%,假设H1基本可以得到验证。但当以人力投入回报率(Rop)作为被解释变量时,政策效应系数显著为负,这和前文验证"营改增"政策的间接激励效应中的情况一样,前后结果可以得到相互印证。

表8-2 "营改增"政策对制造业企业绩效的影响效应:双重差分检验结果

变量	（1）	（2）	（3）
	Roa	*Roe*	*Rop*
*Treat$_i$×Policy*1	0.002***	0.004**	−0.098***
	(2.654)	(2.152)	(−4.888)
Size	0.011***	0.023***	0.292***
	(29.968)	(31.940)	(33.481)
Firm Age	−0.010***	−0.013***	−0.347***
	(−8.399)	(−5.781)	(−12.850)
Lev	−0.160***	−0.202***	−2.316***
	(−71.104)	(−46.568)	(−43.807)
Auto	0.039***	0.074***	0.358***
	(43.198)	(42.868)	(17.079)
Growth	−0.000	−0.000	0.000
	(−0.739)	(−0.795)	(0.410)
Fixed	−0.054***	−0.087***	−0.873***
	(−18.163)	(−15.184)	(−12.550)
Board	0.004**	0.006*	−0.123***
	(2.309)	(1.703)	(−2.703)
Opinion	0.043***	0.115***	0.808***
	(17.274)	(23.736)	(13.677)
_cons	−0.173***	−0.473***	−4.102***
	(−20.173)	(−28.625)	(−20.375)

续表

变量	（1）	（2）	（3）
	Roa	*Roe*	*Rop*
N	21019	21019	21019
R^2	0.351	0.274	0.225

注:括号内的数值为 *t* 统计量;***、**和*分别在1%、5%和10%的水平上显著。

资料来源:财务数据和相关税收数据均来源于国泰安数据服务中心(CSMAR),经整理笔者利用 Stata15.0软件计算所得。

（三）增值税税率下调的直接激励效应

表8-3报告了增值税税率下调对制造业上市公司的直接激励效应。结果显示,增值税税率下调对制造业企业绩效具有显著负向影响效应。无论结果变量为总资产报酬率(*Roa*)、净资产收益率(*Roe*)还是人力投入回报率(*Rop*),增值税税率的回归系数均显著为负。即随着增值税税率的下调,对制造业企业的资金使用效率、自有资本获得收益的能力以及人力资本投入回报率都有显著的提升作用。增值税税率下调对制造业企业创新绩效的直接激励作用可以得到验证。

表8-3　增值税税率下调对制造业上市公司的直接激励效应

变量	（1）	（2）	（3）
	Roa	*Roe*	*Rop*
VATrate	−0.026*	−0.053**	−0.036**
	（−1.841）	（−2.504）	（−2.911）
Size	4.895***	6.277***	2.596**
	（17.244）	（13.145）	（3.131）

续表

变量	（1）	（2）	（3）
	Roa	*Roe*	*Rop*
Firm Age	−0.315	−0.483 **	−0.513 ***
	（−1.601）	（−2.324）	（−3.980）
Lev	−0.407 ***	−0.244 ***	−0.385 ***
	（−15.245）	（−9.208）	（−10.001）
Auto	0.749 ***	0.853 ***	0.137
	（12.519）	（9.062）	（1.366）
Fixed	0.108 **	0.104 *	−0.035
	（2.701）	（2.153）	（−0.933）
Growth	0.031 ***	0.040 ***	0.035 ***
	（4.470）	（6.567）	（3.821）
Board	−0.220 *	−0.501	0.233 ***
	（−1.927）	（−1.695）	（3.732）
Opinion	0.332 ***	0.621 ***	1.313 ***
	（12.654）	（7.651）	（13.559）
_cons	−12.466 ***	−15.990 ***	−3.539
	（−13.149）	（−10.338）	（1.296）
N	11861	11861	11861
R^2	0.229	0.192	0.239

注:括号内的数值为 t 统计量;***、**和*分别在1%、5%和10%的水平上显著。

资料来源:财务数据和相关税收数据均来源于国泰安数据服务中心(CSMAR),经整理笔者利用
Stata15.0软件计算所得。

(四)增值税税率下调的政策效应

增值税税率下调影响制造业企业绩效的双重差分检验结果,主要来自式(8.5)、式(8.6)的实证分析结果,具体回归结果见表8-4。

表8-4 增值税税率下调对制造业企业绩效的影响效应:双重差分检验结果

变量	(1) Roa	(2) Roe	(3) Rop	(4) Roa	(5) Roe	(6) Rop
$Treat_i \times Policy2$	0.014***	0.033***	26.029***			
	(3.594)	(5.518)	(4.637)			
$Treat_i \times Policy3$				0.013***	0.031***	22.060***
				(3.917)	(5.557)	(3.590)
Size	0.015***	0.037***	48.491***	0.015***	0.037***	48.128***
	(13.856)	(13.541)	(12.067)	(13.939)	(13.880)	(12.121)
Firm Age	−0.026***	−0.008	−60.263***	−0.025***	−0.007	−58.954***
	(−3.215)	(−0.481)	(−2.795)	(−3.143)	(−0.403)	(−2.739)
Lev	−0.159***	−0.271***	−257.721***	−0.159***	−0.271***	−257.913***
	(−27.250)	(−16.299)	(−12.679)	(−27.023)	(16.233)	(−12.639)
Auto	0.069***	0.134***	98.573***	0.069***	0.134***	98.394***
	(11.385)	(11.919)	(9.875)	(11.322)	(11.842)	(9.788)
Growth	0.028***	0.055***	59.928***	0.028***	0.055***	60.150***
	(12.386)	(14.504)	(13.813)	(12.448)	(14.683)	(13.906)
Fixed	−0.071***	−0.104***	−130.399***	−0.070***	−0.103***	−129.267***
	(−12.152)	(−8.096)	(−7.257)	(−12.143)	(−8.056)	(−7.251)
Board	0.002	0.003	−7.658	0.002	0.003	−7.449
	(0.605)	(0.354)	(−0.811)	(0.618)	(0.371)	(−0.790)
Opinion	0.037***	0.101***	85.575***	0.037***	0.101***	85.942***
	(9.026)	(9.912)	(9.319)	(8.921)	(9.819)	(9.240)
_cons	−0.236***	−0.813***	−823.906***	−0.232***	−0.805***	−817.388***
	(−8.494)	(−12.264)	(−8.166)	(−8.417)	(−12.456)	(−8.159)
N	26451	26451	26451	26451	26451	26451
R^2	0.655	0.543	0.635	0.655	0.543	0.634

注:括号内的数值为 t 统计量;***、**和*分别在1%、5%和10%的水平上显著。

资料来源:财务数据和相关税收数据均来源于国泰安数据服务中心(CSMAR),经整理笔者利用Stata15.0软件计算所得。

表8-4中列(1)、列(2)和列(3)是2018年税率下调政策的结果。当被解释变量依次为总资产报酬率、净资产收益率和人力投入回报率时,税率下调的政策效应系数分别为0.014、0.033和26.029,并全部通过了1%的显著性水平检验。表明增值税税率下调能够减少制造业企业营业成本,提升利润空间,同时能够促进企业专业化分工,充分发挥企业人力资本调整的潜能,使企业盈利能力增强,经营效益提高。列(4)、列(5)、列(6)显示了2019年税率下调政策的回归结果。可以看出,与2018年政策效果相似,税率下调的政策效应系数也显著为正并都通过了1%的显著性水平检验,说明2019年税率下调依旧能提高制造业企业发展能力,假设H2可以得到进一步验证。同时虽然2019年税率调整幅度大于2018年税率调整幅度,但2018年政策回归系数总的来说大于2019年的回归系数。这可能是因为:2019年国家颁布了服务业增值税加计抵减相关政策。因为在增值税税率下调政策中保持6%一档的税率不变,但为了减税政策惠及所有行业,确保所有行业税负只减不增,2019年国家开始对符合条件的服务业企业实行增值税加计抵减政策,以此来平衡税负。由于双重差分的原理是将实验组和对照组进行比较分析,以此来评估政策效果,因此在2019年的回归结果中,增值税税率下调的政策效应相对有限。

从控制变量来看,主要控制指标的系数也符合预期。其中,企业规模与企业总资产周转率系数均为正显著。这说明在一定程度上,企业规模大以及资产周转率速度快的企业在增值税税制改革中受益较大。企业营业收入增长率回归系数同样显著为正,说明企业营业收入的增长速度越快,企业的市场前景和经营绩效越好;董事人数与企业创新绩效之间也存在正相关关系,董事会作为代表多方利益的机构,由来自各行各业的董事会代表组成并通过互补的专业知识统一发挥决策职能。随着董事成员的增加,越能促进企业决策的科学性和合理性,进而提升企业的经营绩效。此外,标准无保留的审计意见能够在一定程度上缓解投资者与管理层的信息不对称问题,提升企业内部管理效率,改善企业经营绩效。而资产负债率系数为负显著,抑制了企业创新绩效的提升,该结果也与预期相符,资产负债率更高的企业可能会承担更高的成本,导致净利润的下降。另外,企业存续期和固定资产比率与企业绩效也存在负向关系,一方面说明存续期越长的企业,其管理模式和生产经营方式越固定,越不易于根据市场变化及时作出改变,因此对企业创新绩效具有一定的负面影响。另一方面也说明随着新一轮科技革命和数字经济时代的到来,现代企业的核心竞争力由依靠固定资产投资向知识、技术等非固定资产转移,因此需要企业及时淘汰落后设备、不断更新工艺技术,才能有效提升企业绩效。

二、内生性处理与稳健性检验

(一)平行趋势检验

在构建双重差分模型评估政策的冲击效应时,必须要满足平行趋势检验,即政策发生前的实验组和对照组的趋势一致,否则将使实证结果的可信度下降,导致交互项系数存在高估的风险,影响结论的科学性。本书通过"营改增"双重差分模型的平行趋势检验结果可知,在"营改增"政策实行前,无论结果变量为总资产报酬率(Roa)、净资产收益率(Roe)还是人力投入回报率(Rop),实验组与对照组均拥有相同的发展趋势。在"营改增"政策实行后,实验组和对照组的总资产报酬率和净资产收益率的增长趋势立即出现了明显的变化,而人力投入回报率在政策发生的 4 年后才开始显著,说明"营改增"扩围政策对人力投入回报率具有一定的滞后效应。

利用 Stata15.0 软件计算。结合两次增值税税率下调情况下 2014—2021 年的系数以及置信区间的变化趋势,可知在增值税税率下调前,实验组和对照组企业的发展绩效大致保持相同增长趋势。而在增值税税率下调后,实验组和对照组的总资产报酬率、净资产收益率和人力投入回报率的增长趋势均出现了明显的变化,改革效应在此体现且该效应至少可以持续 4 期。总的来说,本书选取的对照组在政策冲击发生前和实验组具有可比性,满足平行趋势假设的前提条件。

(二)PSM—DID 检验

为了克服实行增值税改革的样本与未进行改革的样本的变动趋势存在系统性差异,降低双重差分法估计偏误,此处进一步采用 PSM—DID 进行稳健性检验。其基本思路:首先用企业规模(Size)、企业存续期(Firm Age)、企业资产负债率(Lev)、企业资产周转率(Auto)、企业营业收入增长率(Growth)、企业固定资产占比(Fixed)、企业董事人数(Board)以及审计意见(Opinion)8 个指标作为匹配变量,构建 Logit 模型计算倾向得分值,还需进行平衡性检验观察实验组和对照组的各变量在匹配后是否已不存在显著差异,若各变量分布变得平衡,则证明该数据样本支持使用 PSM—DID。表 8-5 报告了增值税税制改革对制造业上市公司的激励效应。其中,表中列(1)、列(2)、列(3)为"营改增"政策下倾向匹配得分的回归估计结果。可以看出,对实验组和对照组进行匹配后,在以总资产报酬率(Roa)和净资产收益率(Roe)为结果变量的回归结果中,$Treat_i \times Policy1$ 政策变量的系数均在 5% 的水平上显著为正,进一步验证了"营改增"扩围政策能够对制造业企业创新绩效产生正向激励效应。同时与基准回归相类似的是,在以人力投入回报率(Rop)为结果变量的回归结果中,"营改增"政策效应系数显著为负。

表8-5　增值税税制改革对制造业上市公司的激励效应:PSM-DID 检验

变量	(1)	(2)	(3)	(4)	(5)	(6)	(7)	(8)	(9)
	Roa	*Roe*	*Rop*	*Roa*	*Roe*	*Rop*	*Roa*	*Roe*	*Rop*
$Treat_i \times Policy1$	0.002**	0.003**	−0.099***						
	(2.527)	(2.041)	(−4.940)						
$Treat_i \times Policy2$				0.017***	0.031***	15.553*			
				(3.515)	(3.851)	(1.723)			
$Treat_i \times Policy3$							0.015***	0.030***	21.500***
							(3.514)	(3.478)	(3.294)
Size	0.011***	0.023***	0.292***	0.016***	0.035***	52.590***	0.016***	0.035***	47.510***
	(29.957)	(31.915)	(33.441)	(7.161)	(7.765)	(9.124)	(7.150)	(7.949)	(12.591)
Firm Age	−0.010***	−0.013***	−0.348***	−0.028**	−0.003	−49.827	−0.028**	−0.003	−57.775**
	(−8.504)	(−5.893)	(−12.888)	(−2.082)	(−0.107)	(−1.322)	(−2.080)	(−0.125)	(−2.639)
Lev	−0.161***	−0.205***	−2.331***	−0.150***	−0.261***	−246.055***	−0.150***	−0.260***	−257.295***
	(−71.998)	(−47.296)	(−44.050)	(−18.997)	(−14.497)	(−8.701)	(−19.238)	(−14.618)	(−13.112)
Auto	0.042***	0.081***	0.391***	0.059***	0.114***	79.554***	0.059***	0.114***	96.383***
	(45.591)	(45.165)	(17.790)	(5.970)	(5.991)	(4.697)	(5.909)	(5.945)	(9.691)
Growth	0.000	0.000	0.005***	0.025***	0.050***	64.024***	0.025***	0.049***	62.892***
	(1.447)	(0.410)	(2.695)	(7.359)	(8.593)	(10.569)	(7.309)	(8.521)	(16.291)

续表

变量	(1)	(2)	(3)	(4)	(5)	(6)	(7)	(8)	(9)
	Roa	*Roe*	*Rop*	*Roa*	*Roe*	*Rop*	*Roa*	*Roe*	*Rop*
Fixed	−0.053 ***	−0.085 ***	−0.864 ***	−0.064 ***	−0.100 ***	−90.002 ***	−0.064 ***	−0.099 ***	−129.832 ***
	(−17.876)	(−14.891)	(−12.421)	(−5.550)	(−3.769)	(−2.854)	(−5.569)	(−3.742)	(−7.244)
Board	0.005 **	0.007 *	−0.121 ***	−0.001	−0.007	−19.968	−0.001	−0.008	−11.342
	(2.375)	(1.767)	(−2.659)	(−0.154)	(−0.602)	(−1.369)	(−0.198)	(−0.638)	(−1.214)
Opinion	0.043 ***	0.114 ***	0.801 ***	0.042 ***	0.104 ***	89.972 ***	0.042 ***	0.104 ***	84.391 ***
	(17.032)	(23.546)	(13.563)	(6.147)	(5.744)	(5.972)	(6.141)	(5.734)	(9.005)
_cons	−0.173 ***	−0.473 ***	−4.105 ***	−0.240 ***	−0.753 ***	−918.148 ***	−0.235 ***	−0.744 ***	−795.929 ***
	(−20.292)	(−28.759)	(−20.399)	(−3.464)	(−5.825)	(−4.958)	(−3.363)	(−5.921)	(−8.310)
N	21010	21010	21010	7694	7694	7694	7694	7694	7694
R^2	0.357	0.280	0.226	0.657	0.564	0.666	0.656	0.563	0.627

注:括号内的数值为 t 统计量;***、**和*分别在1%、5%和10%的水平上显著。

资料来源:财务数据和相关税收数据均来源于国泰安数据服务中心(CSMAR),经整理笔者利用 Stata15.0软件计算所得。

表8-5中列(4)、列(5)、列(6)是2018年税率下降时倾向匹配得分的回归估计结果,表中列(7)、列(8)、列(9)是2019年税率下降时倾向匹配得分的回归估计结果。与未采用倾向得分匹配的样本相比,增值税税率下调对制造业企业创新绩效仍具有显著的促进作用,但提升幅度有所降低。各控制变量的系数情况也与匹配前样本的回归结果基本保持一致,再次证明了实证结果具有稳健性。总体来看,PSM—DID估计结果与前文双重差分结果并未显著差异,甚至更加精确,从而进一步支撑了本书的实证结论。

(三)更换被解释变量

我们在借鉴杨典(2013)[①]、曲亮等(2014)[②]相关文献的基础上,采用以市场价值为基础的托宾 Q 值来衡量企业绩效,并在此基础上开展双重差分模型估计,以检验结果的稳健性,结果见表 8-6。可以看出,将结果变量替换为托宾 Q 后的双重差分模型估计结果显示,"营改增"扩围政策和增值税税率下调仍然对制造业企业绩效具有显著的正向激励效应。具体来看,"营改增"政策对制造业企业创新绩效的政策效应系数为 0.125 且通过了 1% 的显著性水平检验,2018 年、2019 年增值税税率下调对制造业企业创新绩效的政策效应系数分别为 0.135 和 0.178 且通过了 5% 的显著性水平检验。与前文基准回归的估计结果基本一致,说明其结论具有较强的稳健性。

表 8-6　增值税税制改革对制造业上市公司的激励效应:更换被解释变量

变量	(1)	(2)	(3)
	Tobin Q	*Tobin Q*	*Tobin Q*
$Treat_i \times Policy1$	0.125***		
	(3.289)		
$Treat_i \times Policy2$		0.135**	
		(2.375)	
$Treat_i \times Policy3$			0.178**
			(2.461)

① 杨典:《公司治理与企业绩效——基于中国经验的社会学分析》,《中国社会科学》2013年第 1 期。

② 曲亮、章静、郝云宏:《独立董事如何提升企业绩效——立足四层委托—代理嵌入模型的机理解读》,《中国工业经济》2014 年第 7 期。

续表

变量	（1）Tobin Q	（2）Tobin Q	（3）Tobin Q
Size	-0.470^{***}	-0.534^{***}	-0.534^{***}
	(-7.974)	(-14.267)	(-14.143)
Firm Age	1.079^{***}	1.522^{***}	1.520^{***}
	(4.510)	(7.856)	(7.789)
Lev	0.311^{*}	0.443^{***}	0.445^{***}
	(1.937)	(3.455)	(3.495)
Auto	0.670^{**}	0.382^{***}	0.382^{***}
	(2.553)	(4.355)	(4.356)
Fixed	0.567^{*}	0.114^{***}	0.113^{***}
	(1.889)	(3.870)	(3.808)
Growth	-0.000	0.247	0.242
	(-0.308)	(1.154)	(1.132)
Board	-0.130	-0.135^{*}	-0.137^{*}
	(-0.948)	(-1.929)	(-1.953)
Opinion	-0.193	0.064	0.062
	(-1.603)	(1.254)	(1.197)
_cons	9.120^{***}	9.256^{***}	9.284^{***}
	(7.548)	(11.536)	(11.538)
N	20330	26451	26451
R^2	0.625	0.626	0.626

注:括号内的数值为 t 统计量;***、**和*分别在1%、5%和10%的水平上显著。

资料来源:财务数据和相关税收数据均来源于国泰安数据服务中心(CSMAR),经整理笔者利用Stata15.0软件计算所得。

三、"营改增"扩围和增值税税率下降的政策效应对比

前文双重差分实证结果均验证了"营改增"扩围和增值税税率下调对企业创新绩效存在正向激励效应,那么这两种政策对制

造业企业的激励效果孰高孰低呢？对这一问题的考察有助于我们更深入地理解增值税税制改革对制造业发展的影响，也对政策制定者有重要启示。表 8-7 中我们将"营改增"扩围和增值税税率下调的 DID 回归结果放在一起做对比分析，可以发现：除了"营改增"扩围对人力投入回报率(Rop)的政策效应系数为负之外，其他情况下两种税改政策的实施对企业创新绩效的三个代理变量系数都表现出显著的正向作用，但这种正向影响程度大小存在明显的差异，即 2018 年增值税税率下调的政策效应 > 2019 年增值税税率下调的政策效应 > 服务业"营改增"扩围的政策效应。这主要是因为，虽然增值税税率下调和"营改增"扩围都是利好企业的减税降费政策，但两者的作用机制截然不同："营改增"的直接作用对象是服务业企业，是通过上下游企业间进项税额的抵扣间接作用于制造业企业，而两次增值税税率下调则是直接作用于制造业企业，减税效果更加直接有效。同时两种增值税税制改革的政策导向也有所不同："营改增"政策的主要目的是打通增值税抵扣链条，基本消除重复征税，激励企业加大生产设备、技术研发等投资，促进专业化分工协作，推动服务业和制造业转型升级和融合；而税率下调则更多的是将发展的主动权直接交给了企业，因此与"营改增"扩围相比，税率下调对制造业企业的激励效应更加明显，减税效果更加突出。

表 8-7　两种增值税税制改革政策效应对比

变量	服务业"营改增"扩围			2018 年下调制造业增值税税率			2019 年下调制造业增值税税率		
	Roa	*Roe*	*Rop*	*Roa*	*Roe*	*Rop*	*Roa*	*Roe*	*Rop*
$Treat_i \times$ $Policy1$	0.002***	0.004**	-0.098***						
	(2.654)	(2.152)	(-4.888)						

续表

变量	服务业"营改增"扩围			2018 年下调制造业增值税税率			2019 年下调制造业增值税税率		
	Roa	*Roe*	*Rop*	*Roa*	*Roe*	*Rop*	*Roa*	*Roe*	*Rop*
$Treat_i \times$ Policy2				0.014 ***	0.033 ***	26.029 ***			
				(3.594)	(5.518)	(4.637)			
$Treat_i \times$ Policy3							0.013 ***	0.031 ***	22.060 ***
							(3.917)	(5.557)	(3.590)
Controls	YES	YES	YES	YES	YES	YES	YES	YES	YES
_cons	−0.173 ***	−0.473 ***	−4.102 ***	−0.236 ***	−0.813 ***	−823.906 ***	−0.232 ***	−0.805 ***	−817.388 ***
	(−20.173)	(−28.625)	(−20.375)	(−8.494)	(−12.264)	(−8.166)	(−8.417)	(−12.456)	(−8.159)
N	21019	21019	21019	26451	26451	26451	26451	26451	26451
R^2	0.351	0.274	0.225	0.655	0.543	0.635	0.655	0.543	0.634

注:括号内的数值为 t 统计量;***、**和*分别在1%、5%和10%的水平上显著。

资料来源:财务数据和相关税收数据均来源于国泰安数据服务中心(CSMAR),经整理笔者利用 Stata15.0 软件计算所得。

第三节　财税政策激励企业创新
绩效的进一步分析

在不同的内外部制度环境下,企业对增值税税制改革政策的反应是否存在差异,对这一问题的回答有助于我们深入理解政策效应的异质性特征,为今后精准有效施策提供重要启示。为了研究的便利性,此处仅从"营改增"扩围和2018年增值税税率下调的政策前提下进行异质性分析。

一、企业存续期异质性检验

为了考察增值税税制改革对制造业企业创新绩效的影响程度

是否与企业存续期有关,本部分以企业存续期变量(*Firm Age*)的中位数为基准对整体样本进行分组,划分成两个子样本并根据式(8.4)、式(8.5)对每个子样本分别进行双重差分回归。若样本企业存续期小于中位数,则该企业为年轻企业,否则,该样本企业为成熟企业。"营改增"扩围和增值税税率下调的分组回归结果见表8-8。

表8-8 增值税税制改革提升制造业绩效的异质性检验(企业存续期)

变量	"营改增"						税率下调					
	年轻	成熟	年轻	成熟	年轻	成熟	年轻	成熟	年轻	成熟	年轻	成熟
	(1)	(2)	(3)	(4)	(5)	(6)	(7)	(8)	(9)	(10)	(11)	(12)
	Roa	*Roa*	*Roe*	*Roe*	*Rop*	*Rop*	*Roa*	*Roa*	*Roe*	*Roe*	*Rop*	*Rop*
$Treat_i \times$ Policy1	0.003**	0.001	0.006**	0.001	-0.135***	-0.067**						
	(2.313)	(1.228)	(2.515)	(0.424)	(-4.487)	(-2.476)						
$Treat_i \times$ Policy2							0.014**	0.012***	0.029***	0.034***	11.913	27.191***
							(2.286)	(3.087)	(2.687)	(4.399)	(1.183)	(3.878)
Controls	YES	YES	YES	YES	YES	YES	YES	YES	YES	YES	YES	YES
Cons	-0.162***	-0.205***	-0.447***	-0.526***	-3.803***	-4.787***	-0.372***	-0.380***	-0.977***	-1.058***	-1030.272***	-1386.861***
	(-12.472)	(-13.187)	(-18.472)	(17.020)	(-12.240)	(-13.375)	(-7.499)	(-4.250)	(-8.097)	(-6.656)	(-5.516)	(-5.375)
N	11035	9943	11035	9943	11035	9943	13328	12657	13328	12657	13328	12657
R^2	0.356	0.364	0.269	0.301	0.230	0.238	0.701	0.683	0.591	0.589	0.697	0.666

注:括号内的数值为 t 统计量;***、**和*分别在1%、5%和10%的水平上显著。
资料来源:财务数据和相关税收数据均来源于国泰安数据服务中心(CSMAR),经整理笔者利用 Stata15.0软件计算所得。

从表8-8中可以看出,两种政策对不同存续期的制造业企业绩效的影响有着明显差异。具体来说,增值税扩围政策对年轻制造业企业绩效的促进作用更大。而增值税税率下调对成熟企业的正向激励效应更显著。这可能是因为,"营改增"的政策导向在于打通各行业、各企业、各环节的增值税抵扣链条,扩大增值税抵扣范围,从而消除了重复征税。与年轻企业相比,成熟企业受经济、管理和财务等多方面因素影响,附加的服务部门在与主体生产制造业剥离时存在较大困难,因此"营改增"的积极效应相对有限。而增值税税率下调,直接减税效应凸显,真正将发展的主动权交给了企业。成熟企业因为拥有更加雄厚的资产规模、更加完善的管理制度和更加强韧的市场竞争力,因此能够准确地把握市场信息、快速地抢占市场先机,发展更为扩大的市场份额和更为稳定的生意合作伙伴,充分享受减税政策带来的政策红利,在产品销售环节上获得更可观的收益,提升企业创新绩效。

二、企业所有制异质性检验

由于机制和运作的不同,不同股权性质的企业在面对政策冲击时反应程度可能存在差异。因此,我们设置 SOE 这个虚拟变量,若样本企业为中央国有企业或地方国有企业,则 SOE=1,否则 SOE=0,并在此基础上分别进行双重差分回归。表 8-9 反映了不同所有制的制造业企业绩效分别受"营改增"扩围和增值税税率的影响。结果显示,不同股权性质的制造业企业绩效对增值税税制改革的反应存在明显差异。

具体来看,同样受"营改增"政策的冲击,国有企业和非国有企业在总资产报酬率、净资产收益率上的影响系数呈现相反变化,即增值税扩围政策对非国有企业有正向影响效应,但对国有企业却存在一定的抑制效应。之所以出现这个情况,原因可能在于:相比运营成本,人力成本在目前大部分国有企业的总体成本中占据相当大的比例,而人力成本无法抵扣进项税额,因此国有企业税负压力较大。同时,国有企业人力投入回报率的负向影响系数更显著,也能够再次印证上述观点。

表 8-9　增值税税制改革提升制造业绩效的异质性检验(企业所有制)

变量	"营改增"						税率下调					
	国有企业	非国有企业	国有企业	非国有企业	国有企业	非国有企业	国有企业	非国有企业	国有企业	非国有企业	国有企业	非国有企业
	(1)	(2)	(3)	(4)	(5)	(6)	(7)	(8)	(9)	(10)	(11)	(12)
	Roa	Roa	Roe	Roe	Rop	Rop	Roa	Roa	Roe	Roe	Rop	Rop
$Treat_i \times Policy1$	-0.005 ***	0.002 **	-0.010 ***	0.003	-0.193 ***	-0.129 ***						
	(-3.436)	(1.962)	(-2.914)	(1.568)	(-5.564)	(-5.229)						
$Treat_i \times Policy2$							0.012 ***	0.019 ***	0.027 ***	0.042 ***	34.289 ***	27.709 ***
							(2.960)	(5.042)	(2.810)	(7.660)	(3.596)	(4.731)
Controls	YES	YES	YES	YES	YES	YES	YES	YES	YES	YES	YES	YES
Cons	-0.219 ***	-0.205 ***	-0.574 ***	-0.524 ***	-4.815 ***	-5.520 ***	-0.213 ***	-0.322 ***	-0.733 ***	-0.983 ***	-819.567 ***	-1047.579 ***
	(-14.148)	(-18.180)	(-16.309)	(-25.485)	(-13.178)	(-21.007)	(-3.337)	(-9.879)	(-5.650)	(-13.304)	(-3.908)	(-9.716)
N	5584	15391	5584	15391	5584	15391	7857	18536	7857	18536	7857	18536
R^2	0.430	0.330	0.354	0.255	0.293	0.230	0.670	0.659	0.553	0.558	0.699	0.629

注:括号内的数值为 t 统计量;***、**和*分别在1%、5%和10%的水平上显著。
资料来源:笔者利用 Stata15.0 软件计算所得。

增值税税率下调对国有企业和非国有企业均会产生正向影响效应,但非国有企业总资产收益率和净资产收益率的回归系数要明显高于国有企业,即同国有企业相比,增值税税率下调对非国有企业绩效的激励效应更为显著。原因可能在于:相比国有企业,非国有企业拥有更大的决策自主权、更强的管理创新能力以及更灵活的市场应对机制,因此在面对增值税税率下调时,非国有企业能够及时调整生产销售计划,提升企业绩效。但同时也要看到,国有制造业企业人力投入回报率的回归系数大于非国有制造业企业人力投入回报率回归系数。

　　增值税作为我国制造业企业承担的第一大税种，其调整和完善不仅有利于构建规范、统一、有效的现代增值税制度，更能切实减轻企业负担，激发制造业企业发展的活力与创造力，助力制造业高质量发展。本书基于2010—2021年制造业上市公司数据，利用2012年"营改增"扩围政策，2018年5月和2019年4月两次下调增值税税率的政策冲击，通过构建固定效应模型和双重差分模型，分别考察了"营改增"扩围和增值税税率下调对制造业企业绩效的作用机制并进行了政策效应的稳健性检验，进一步从企业存续期、企业所有制角度分别开展"营改增"和税率下调政策效应的异质性分析，得到以下结论：(1)通过对现代服务业和交通运输业实施的"营改增"政策这一渠道能够减轻制造业企业增值税税负，提升制造业企业绩效。即"营改增"扩围政策对制造业企业的发展具有间接激励效应。(2)降低增值税税率对制造业企业绩效提升具有直接的激励作用。同时对比两次税率下调，第一次的政策效果要比第二次显著。(3)相比"营改增"扩围政策，2018年5月和2019年4月两次下调增值税税率对制造业企业绩效提升的政策效果更加显著，对制造业企业绩效的激励效应由大到小依次为2018年增值率下调>2019年增值率下调>"营改增"扩围政策。(4)不同存续期的企业受增值税改革的政策影响存在明显差异。"营改增"扩围政策对年轻制造业企业产生的政策激励效应更显著，而增值税税率下调更有利于成熟企业的绩效提升。(5)不同所有制的企业受增值税改革的政策影响也存在较大差异。"营改增"扩围政策对非国有企业绩效有激励效应，对国有企业有一定的抑制效应。国有企业对降税率的敏感性较弱，非国有企业对降税率政策则非常敏感。总的来说，增值税改革可能更有利于非国

有企业创新绩效提升。根据本书的理论研究和实证结果,提出以下建议:

第一,完善、畅通增值税抵扣链条。"营改增"扩围政策提升制造业企业创新绩效的根源在于该改革解决了服务业和制造业税制不统一的问题,打通了增值税抵扣链条,扩大了增值税抵扣范围,切实减轻了企业税收负担。但目前由于留抵税额的存在以及抵扣范围的不完善,使增值税难以发挥其税收中性的优良特点。因此今后需要一方面优化并完善留抵退税制度。在 2022 年实施力度空前的增值税留抵退税新政的基础上,结合财政可承受能力和目前经济发展情况,考虑进一步扩大按月全额退还增值税增量留抵税额、一次性退还存量留抵税额政策范围,为企业提供现金流支持,缓解企业资金压力。同时构建留抵退税风险防控体系,借助信息化手段和大数据平台畅通部门间信息交换手段,及时掌握纳税人涉税信息,并进一步加大骗税惩处力度,完善增值税失信人名单制度,有效整顿和规范税收秩序,打造优质高效的税收营商环境,提升制造业企业盈利能力和发展绩效水平。另一方面应进一步扩大抵扣范围。目前部分生产经营进项税额未纳入增值税抵扣范围,造成了留抵退税链条的中断,包括银行贷款利息支出的进项税额没有纳入抵扣范围、特定货物和服务的进项抵扣受到限制等情况引人关注,因此应继续扩大增值税抵扣范围,进一步打通抵扣链条,减轻企业税收负担,增强企业发展活力,刺激实体经济高质量发展。

第二,继续下调增值税税率。理论分析和实证结果都证明,增值税税率下调对制造业企业创新绩效具有显著的正向激励作用。因此在考虑我国的经济发展目标、财政收入等多方面因素的情况下,未来应将进一步下调增值税税率作为增值税改革的重要内容。同时优化简并增值税税率,由现行三档税率向二档税率甚至单一税率转变,统一产品和服务适用税率。并设置辅助调节税率,在大多数商品和服务适用于基本税率的前提下,对少数需要调节或照顾的商品和服务适用于低税率或高税率,促进企业间的增值税税负横向公平,保持增值税税收中性。另外,政府还应综合考虑减免税、税收减免、税收返还等多种税收优惠政策的协调与平衡,在减轻企业税收负担的基础上促进社会资源优化配置,提振企业发展信心,增强企业核心竞争力。

第三,实施差异化的税收优惠政策。一方面,针对不同存续期的企业在面对不同的增值税改革时企业创新绩效的提升有所差距的情况,政府需要首先扶持初创企业的发展,通过即征即退、先征后返等增值税优惠政策降低企业创新创业成本,增强初创企业发展动力。同时配合相应的旨在保护中小企业的歧视性行政政策,打好政策"组合拳",保护好降率过程中可能受损的年轻企业,以更好地落实普惠性减税目标。另一方面,不同股权性质的企业在面对税制改革的政策冲击时,企业发展能力提升程度也存在差距:不论是"营改增"扩围还是增值税税率下调的现象,对非国有企业的正向激励作用都高于国有企业。因此,应进一步完善和落实对非国有企业的各项税收优惠政策,提高税收优惠的有效性,切实减轻非国有企业税收负担。同时政府在加大减税降费力度的过程中要明确政策导向,税务机关要不断提升为非国有企业服务的质效,创新服务方式,拓展服务广度,优化税收营商环境,鼓励并支持企业在税率下调后尽快做好税收筹划工作,为企业的可持续健康发展奠定良好的基础。更重要的是,各级地方政府在完善各种税收优惠政策和政府补贴措施的基础上，要减少对不同产权性质企业的直接干预，进一步推行市场化制度，鼓励企业充分参与市场竞争，为释放社会活力打开更大空间。

第四，加快推动税收制度改革以适应新技术。在当前新一轮科技革命和产业革命的孕育与兴起中，数字经济应运而生。以大数据、物联网、云计算、人工智能为核心的新一代信息技术的科技进步，为构建现代化的财政税收制度提供了坚实的技术支持。因此应加快推动我国现代税收体系信息化、数字化、智能化转型，在持续改进税收征管体系顶层设计的基础上，借助"互联网+"东风，构建以大数据分析为支撑的税收数据平台，建立税务部门与其他部门之间制度化、常态化的数据共享协调机制。另外，应不断提高对数字经济的包容程度。在进一步完善增值税制的基础上，重新定义"劳务""无形资产"的内涵，现行税制未曾覆盖的数字产品和服务如电影、音乐、游戏等，理论上来说都要纳入增值税的课征范围。同时以数字经济"用户创造价值"的理念为原则，改变增值税分享的生产地原则，以消费行为发生地作为各地获得增值税税收收入的计算依据，以此来平衡各地增值税税收分配关系。

第九章　财税政策激励企业技术创新的效应分析：基于高新技术企业减税降费实证检验

　　本章将进一步论证减税降费是否提高了高新技术企业技术创新能力。这里是基于 2009—2020 年中国 A 股高新技术企业上市公司数据,实证检验减税降费对高新技术企业技术创新的激励效应。其中,减税政策对企业实质性和策略性创新都产生了正向激励效应,而降费政策只能激励企业策略性创新;相较于企业所得税税负,增值税税负对高新技术企业技术创新能力的激励效应更大;与中国东部地区相比,减税降费对中部地区、西部地区激励效应更明显;对非国有企业、处于成长期和成熟期的高新技术企业,减税降费有更显著的激励效应。进一步研究发现,减税降费通过缓解企业融资约束来提升高新技术企业技术创新能力,其赋能高新技术企业技术创新的中介效应占比为 18.69%。从所研究的结论提出了相关减税降费有针对性的政策建议,有利于提高高新技术企业的实质性创新能力。

第一节 减税降费对高新技术企业 技术创新影响的研究设计

一、计量模型的构建

(一)双重固定效应模型

本书构建以下计量模型来验证减税降费对高新技术企业技术创新的影响:

$$Innov_{it} = \alpha + \beta T_{it} + \gamma Controls_{it} + TE + FE + \varepsilon_{it} \tag{9.1}$$

其中,i 表示企业,t 表示时间,$Innov$ 代表被解释变量,其中包括;T 代表核心解释变量,即包括 Tax、Vat、Cit、Sic,$Controls$ 代表选取的所有控制变量。TE、FE 表示时间和个体固定效应。

(二)中介效应模型

本书参考温忠麟等(2005)[①]的做法,建立以下中介效应模型来研究减税降费促进高新技术企业技术创新的传导机制:

$$Innov_{it} = \alpha_1 + \gamma T_{it} + \lambda Controls_{it} + TE + FE + \theta_{it} \tag{9.2}$$

$$M_{it} = \alpha_2 + \phi T_{it} + \lambda_1 Controls_{it} + TE + FE + \mu_{it} \tag{9.3}$$

$$Innov_{it} = \alpha_2 + \phi T_{it} + \rho M_{it} + \lambda_2 Controls_{it} + TE + FE + \sigma_{it} \tag{9.4}$$

其中,i 表示企业,t 表示时间,T 代表核心解释变量,M 代表中

---

① 温忠麟、侯杰泰、张雷:《调节效应与中介效应的比较和应用》,《心理学报》2005 年第 2 期。

介变量。若中介效应存在,则须满足以下 4 个条件:(1)式(9.2)中的系数 γ 显著;(2)式(9.3)中的 ϕ 系数显著;(3)式(9.4)中的系数 ρ 显著;(4) $|\varphi| < |\gamma|$(见式(9.4)和式(9.2))。

二、变量设定

(一)被解释变量

参考现有文献,本书选取专利申请数量(Innovation)作为高新技术企业技术创新能力的代理变量。相较于专利授予量,专利申请量更能真实地反映企业创新水平,因为专利授予需要检测和缴纳年费,存在更多的不确定性和不稳定性。[1]

本书通过不同的创新动机来划分实质性创新和策略性创新,参照黎文靖和郑曼妮(2016)[2]的做法,选择把企业申请实用新型专利和外观设计专利的行为认定为策略性创新(Patent),把实用新型专利和外观设计专利的申请量作为策略性创新的代理变量;参照孟庆斌(2017)[3]等的研究,以专利他引次数衡量高新技术企业的实质性创新(lnCit)。

(二)解释变量

本书采用总税收负担来衡量企业面临的总税负,同时综合分

---

① 周煊、程立茹、王皓:《技术创新水平越高企业财务绩效越好吗?——基于 16 年中国制药上市公司专利申请数据的实证研究》,《金融研究》2012 年第 8 期。

② 黎文靖、郑曼妮:《实质性创新还是策略性创新?——宏观产业政策对微观企业创新的影响》,《经济研究》2016 年第 4 期。

③ 孟庆斌、杨俊华、鲁冰:《管理层讨论与分析披露的信息含量与股价崩盘风险——基于文本向量化方法的研究》,《中国工业经济》2017 年第 12 期。

析作用于高新技术企业的减税政策,发现增值税和企业所得税对高新技术企业影响最大,而企业所缴纳的社会保险费降低是降费政策最主要的表现。因此,本书选取以下四个变量作为主要解释变量:总税负(Tax)、增值税税负(Vat)、企业所得税税负(Cit)、社会保险费负担(Sic)。其中,企业总税负、增值税税负分别借鉴吴祖光和万迪昉(2012)[①]、李林木和汪冲(2017)[②]的方法,具体计算公式为:企业总税负=(支付的各项税费-收到的税费返还)/营业收入,增值税税负=(支付的各项税费-收到的税费返还-所得税费用)/营业收入,企业所得税税负则借鉴了刘骏和刘峰(2014)[③]的方法,企业所得税税负=所得税费用/利润总额,社会保险费负担=企业基本养老保险费/支付给企业职工的薪酬。

(三)中介变量

融资约束,现有研究主要采用以下三种指数衡量融资约束:KZ指数、WW指数、SA指数。SA指数具有不包含企业内生性金融变量、减少测度误差的优点,因此本书借鉴哈德洛克(Hadlock)和皮尔斯(Pierce,2010)[④]的方法,采用SA指数衡量企业面临的融资约束。

---

① 吴祖光、万迪昉:《企业税收负担计量和影响因素研究述评》,《经济评论》2012年第6期。

② 李林木、汪冲:《税费负担、创新能力与企业升级——来自"新三板"挂牌公司的经验证据》,《经济研究》2017年第11期。

③ 刘骏、刘峰:《财政集权、政府控制与企业税负——来自中国的证据》,《会计研究》2014年第1期。

④ Hadlock C., Pierce J., "New Evidence on Measuring Financial Constraints: Moving Beyond the KZ Index", *Review of Financial Studies*, Vol. 23, No. 5, 2010, pp. 1909-1940.

（四）控制变量

为保证研究结果的一致性和可靠性，本书选取了以下指标作为控制变量：管理层持股比例（*Mshare*）、应收账款占比（*Rec*）、托宾 *Q* 值（*Tobing*）、净资产收益率（*Roe*）、资产负债率（*Lev*）、现金流比率（*Cashflow*）、总资产周转率（*Auto*）。各变量具体定义见表9-1。

表9-1　变量定义

变量性质	变量名称	变量符号	计算方法
被解释变量	技术创新能力	*Innovation*	发明专利、实用新型和外观设计专利的总申请量加上1的自然对数
	实质性创新	ln*Cit*	下一年企业申请专利的它引次数合计数加1的自然对数
	策略性创新	*Patent*	实用新型和外观设计专利的总申请量加上1的自然对数
解释变量	总税负	*Tax*	（支付的各项税费-收到的税费返还）/营业收入
	增值税税负	*Vat*	（支付的各项税费-收到的税费返还-所得税费用）/营业收入
	企业所得税税负	*Cit*	所得税费用/利润总额
	社会保险费负担	*Sic*	企业基本养老保险费/支付给企业职工的薪酬
中介变量	SA 指数	*SA*	$SA = -0.737Asset + 0.043Asset^2 - 0.04Age$

续表

变量性质	变量名称	变量符号	计算方法
控制变量	管理层持股比例	*Mshare*	监管层持股数量/实收资本
	应收账款占比	*Rec*	应收账款净额/资产总计
	托宾 *Q* 值	*Tobing*	公司的市场价值/资产重置成本
	净资产收益率	*Roe*	净利润/平均股东权益
	资产负债率	*Lev*	企业总负债/总资产
	现金流比率	*Cashflow*	经营活动产生的现金流量净额/总资产
	总资产周转率	*Auto*	营业收入/平均资产总额

三、数据来源

我国从 2008 年开始高新技术企业的申报和认定工作,新修订的企业所得税法也于 2008 年实施,考虑到 2008 年国际金融危机对企业活动会有削弱作用,具有滞后效应。故本书选取的样本来自 2009—2020 年中国 A 股高新技术企业上市公司。参考现有文献,本书对数据进行以下处理:一是对样本中财务数据异常或者连续亏损两年以上的企业进行剔除,即剔除掉 ST、*ST、PT 的企业样本,同时剔除连贯年限不足 5 年的企业样本数据;二是剔除掉企业实际所得税税负小于 0 和大于 1 的企业以及增值税税负小于 0 的企业样本;三是对连续变量进行上下 1% 的 Winsorize 处理,以克服极端值对研究结果的影响;四是为消除量纲不同的影响,对本书涉及的非比值变量指标取自然对数。经过处理,最终得到 9872 个观测值的非平衡面板数据。本书使用的数据主要来自国泰安数据库(CSMAR)和万德数据库(Wind)。

第二节　减税降费对高新技术企业 技术创新影响的实证分析

一、描述性统计

本书对数据进行了描述性统计(见表9-2):各高新技术企业间的技术创新能力(Innovation)相差不大,最小的企业是0,最大的企业是9.7306。不同的企业在承担税费的负担方面有差距,高新技术企业总税负的平均值是0.0504,最大值是0.2104,最小值是-0.0716。说明税负在不同企业间的差距会造成资源配置的扭曲,不利于企业的公平竞争。从其他变量看,各变量的标准差较小,说明变量内部差异较小。

表9-2　变量的描述性统计

变量	样本量	平均值	标准差	最小值	最大值
Innovation	9872	3.8195	1.6215	0.0000	9.7306
ln*Cit*	9872	3.0380	1.4264	0.0000	9.1774
Patent	9872	2.4556	1.5399	0.0000	8.0725
Tax	9872	0.0504	0.0444	-0.0716	0.2104
Vat	9872	0.0349	0.0395	0.0000	0.1788
Cit	9872	0.1364	0.1481	0.0000	1.0000
Sic	9872	0.0552	0.0374	0.0000	0.1666
Sa	9872	3.7374	0.2399	2.9162	5.2776
Mshare	9872	0.1766	0.2030	0.0000	0.7059
Rec	9872	0.3767	0.1896	0.0075	1.9566

续表

变量	样本量	平均值	标准差	最小值	最大值
Tobing	9872	2.2324	1.3348	0.8024	17.7287
Roe	9872	0.0602	0.1493	−4.2336	1.6106
Lev	9872	0.3767	0.1896	0.0075	1.9566
Cashflow	9872	0.0454	0.0642	−0.2016	0.2825
Auto	9872	0.6254	0.3674	0.0546	2.9066

资料来源:国泰安数据库(CSMAR)和万德数据库(Wind),经整理笔者利用Stata15.0软件计算所得。

二、减税降费对高新技术企业技术创新的影响效应分析

(一)基准回归分析

经 VIF 检验,表9-3 中的模型1—模型4 不存在多重共线性。本书通过豪斯曼检验,选用双重固定效应模型进行实证分析。由于现阶段我国主要通过企业所得税、增值税两大税种的税收减免来扶持企业的发展,企业所得税和增值税在征收对象与税负转嫁机制上存在很大不同,对微观主体的经营行为也会产生不同影响。因此探讨以企业所得税为主的所得税类税负与以增值税为主的流转税类税负对高新技术企业技术创新能力的影响,就显得尤为必要。表9-3 报告了减税降费对高新技术企业技术创新的基准结果,其中模型1—模型3 的核心解释变量分别为总税负、增值税税负和企业所得税税负,其回归结果与技术创新能力均为负相关关系,且通过 1%的显著性水平,说明较低水平的高新技术企业税费负担能显著提高企业的技术创新能力,即减税能激励高新技术企业技术创新发展;模型4 的核心解释变量为社会保险费负担,其回归结果与技术创新能力为负相关关系,且通过 10%的显著性水

平,说明降费驱动高新技术企业技术创新能力提高。从而验证了假说 H1 的成立,即此时减税降费对高新技术企业技术创新产生正向激励效应。进一步来看,相较于企业所得税税负,增值税税负对高新技术企业技术创新能力的影响系数更大,其原因可能是对以增值税为代表的间接税而言,无论企业是否盈利,只要存在产品增值额和营业收入,都必须要缴纳增值税,即使其税负可以转嫁,但部分现金的流出也会增加其经营负担,因此企业无法避免间接税。而大部分高新技术企业自成立时已经享有足够多的所得税优惠,当所得税政策继续调整时,对高新技术企业技术创新的激励效果没有增值税的激励效应明显。

表 9-3 减税降费对高新技术企业技术创新的影响效应

变量	模型 1	模型 2	模型 3	模型 4
	Innovation	*Innovation*	*Innovation*	*Innovation*
Tax	-1.450***			
	(-2.15)			
Vat		-1.406***		
		(-2.12)		
Cit			-1.245***	
			(-1.69)	
Sic				-0.887*
				(-1.70)
Mshare	-1.625***	-1.327	0.171	0.181
	(-8.75)	(-1.07)	(0.96)	(1.05)
Rec	1.399***	1.687***	0.880***	1.100***
	(3.69)	(4.28)	(2.73)	(3.49)
Tobinq	-0.056***	-0.050***	0.010	0.010
	(-4.45)	(-3.91)	(0.78)	(0.78)

续表

变量	模型 1 *Innovation*	模型 2 *Innovation*	模型 3 *Innovation*	模型 4 *Innovation*
Roe	0. 612 ***	0. 806 ***	0. 1639 ***	0. 1534 ***
	(4. 69)	(3. 74)	(3. 6486)	(3. 4139)
Lev	1. 765 ***	0. 2036 ***	0. 035	0. 2083 ***
	(10. 28)	(4. 9980)	(0. 17)	(5. 0921)
Cashflow	0. 760 ***	1. 090 ***	0. 687 ***	0. 224
	(3. 13)	(4. 37)	(12. 55)	(0. 97)
Auto	−0. 777 ***	−0. 621 ***	−0. 056	−0. 074 **
	(−6. 75)	(−5. 34)	(−0. 56)	(−2. 12)
_cons	−3. 8041 ***	4. 113 ***	−11. 740 ***	−9. 286 ***
	(−19. 3325)	(45. 37)	(−10. 16)	(−7. 99)
年份	YES	YES	YES	YES
行业	YES	YES	YES	YES
N	9872	9872	9862	9521
R^2	0. 274	0. 276	0. 256	0. 261

注：***、**、* 分别表示在 1%、5%、10% 的水平上显著，括号内的系数为 *t* 值，以下各表同。
资料来源：国泰安数据库（CSMAR）和万德数据库（Wind），经整理笔者利用 Stata15. 0 软件计算所得。

从表 9-4 可知减税降费对高新技术企业实质性创新和策略性创新影响的基准结果。表中模型 1 和模型 3 的回归结果显示，总税负对高新技术企业实质性创新的影响系数为−0.690，而对其策略性创新的影响系数为−1.607，且分别通过了 10% 和 1% 的显著性水平检验。这说明较低水平的高新技术企业税费负担既能显著促进企业的策略性创新，又能促进企业的实质性创新，而且减税对促进高新技术企业的策略性创新作用要大于实质性创新的作用。表中模型 2 回归结果显示，社会保险费负担对高新技术企业实质性创新的影响系数为−0.442，未通过显著性水平检验；模型 4

回归结果显示,社会保险费负担对高新技术企业策略性创新的影响系数为-0.788,且通过了10%的显著性水平检验,说明较低水平的高新技术企业社会保险费负担只能提升企业的策略性创新,对企业实质性创新能力的提升没有明显作用。综上所述,减税政策对企业创新行为产生了正向激励效应,而降费政策对企业策略性创新行为有激励效应,对企业实质性创新激励效应并不明显。因此待验证假设 H2 是成立的。

表 9-4　减税降费对高新技术企业实质性创新和策略性创新的影响效应

变量	模型 1	模型 2	模型 3	模型 4
	ln*Cit*	ln*Cit*	*Patent*	*Patent*
Tax	-0.690*		-1.607***	
	(-1.65)		(-2.67)	
Sic		-0.442		-0.788*
		(-1.10)		(-1.69)
Mshare	0.487***	-0.353**	-1.553***	0.052
	(11.36)	(-2.46)	(-9.70)	(0.33)
Rec	0.528**	0.131	0.977***	0.990***
	(2.00)	(0.45)	(2.98)	(3.48)
Tobinq	0.034***	-0.007	-0.056***	0.020
	(3.32)	(-0.65)	(-4.92)	(1.63)
Roe	-0.024	0.316***	0.505***	0.614***
	(-0.36)	(4.38)	(4.73)	(13.14)
Lev	0.150	0.810***	1.761***	0.2083***
	(1.15)	(6.06)	(11.32)	(5.0921)
Cashflow	0.397**	0.245	0.654***	0.122
	(2.58)	(1.51)	(2.97)	(0.58)

续表

变量	模型 1	模型 2	模型 3	模型 4
	ln*Cit*	ln*Cit*	*Patent*	*Patent*
Auto	−0.104	−0.192**	−0.574***	−0.206***
	(−1.22)	(−2.29)	(−5.82)	(−4.74)
_*cons*	−8.760***	1.389***	2.435***	−8.844***
	(−9.61)	(14.16)	(24.53)	(−8.55)
年份	YES	YES	YES	YES
行业	YES	YES	YES	YES
N	9202	9076	9872	9521
R^2	0.460	0.427	0.246	0.254

资料来源:国泰安数据库(CSMAR)和万德数据库(Wind),经整理笔者利用Stata15.0软件计算所得。

(二)稳健性检验

为了检验基准回归结果的稳健性,本书将采取滞后核心解释变量和分地区样本回归法进一步分析。

滞后核心解释变量。因为减税降费政策的实施效果存在一定的时间滞后,所以本书将总税负分别滞后1期、2期进行回归,将社会保险费负担滞后1期进行回归。在增强本书结果的可信度的同时能缓解模型所存在的内生性问题。表9-5中列(1)、列(2)分别展示了总税负滞后1期、2期的结果,列(3)展示了社会保险费负担滞后1期的结果,减税降费对高新技术企业技术创新仍然具有显著的促进效应,这与前文的结论一致。

表 9-5 稳健性检验回归结果

变量	(1) Innovation	(2) Innovation	(3) Innovation
L.Tax	−0.8995***		
	(−6.5282)		
L2.Tax		−0.2708*	
		(−1.8051)	
L.Sic			−0.3050**
			(−2.2622)
控制变量	YES	YES	YES
_cons	−3.7883***	−3.6082***	−3.8081***
	(−16.6775)	(−13.1062)	(−16.7170)
年份	YES	YES	YES
行业	YES	YES	YES
N	8661	7472	8661
R^2	0.545	0.495	0.543

资料来源:国泰安数据库(CSMAR)和万德数据库(Wind),经整理笔者利用 Stata15.0 软件计算所得。

分地区样本回归法。本书将所有样本按照企业所在省市划分成中国东部地区、中部地区和西部地区 3 个子样本,分别对方程 9.1 进行回归估计,旨在揭示不同经济地区减税降费政策与高新技术企业技术创新的影响效应。回归结果见表 9-6。

从表 9-6 的回归结果我们可以发现,无论在东部地区、中部地区还是西部地区,核心解释变量总税负与社会保险费负担的估计系数都为负,且都在 1% 的水平上显著,说明减税降费政策显著提升了东部地区、中部地区和西部地区的高新技术企业技术创新。通过表中影响系数可知:减税降费政策更能激励中部地区和西部地区技术创新提升。其原因在于这三个区域在市场竞争环境、税率政策、税收计划和产业结构等方面存在较大差异,东部沿海地区的高新技术企业基础较好,对外开放程度高,交通更便利,更易获取新的信息和技术,创新意识和能力可能更强,导致东部地区的高新技术企业在技术创新方面始终走在前面,减税降费的提升作用有限。而中西部地区的高新技术企业囿于资金、市场规模等原因发展受限,减税降费政策能降低企业负担,提高企业盈利空间,释放高新技术企业的投资需求,促进企业技术创新发展。综上所述,减税降费政策对东部地区企业技术创新提升效果没有中部地区、西部地区显著。

表 9-6　中国东部地区、中部地区、西部地区减税降费
对高新技术企业技术创新的影响效应

变量	(1)	(2)	(3)
	东部地区	中部地区	西部地区
Tax	-0.7531^{***}	-2.6944^{***}	-1.7760^{***}
	(-4.5011)	(-9.4007)	(-3.1533)
Sic	-1.0968^{***}	-1.0760^{***}	-1.1390^{***}
	(-7.9888)	(-5.6802)	(-3.1560)
控制变量	YES	YES	YES
年份	YES	YES	YES
行业	YES	YES	YES
N	5944	1727	475

资料来源:国泰安数据库(CSMAR)和万德数据库(Wind),经整理笔者利用 Stata15.0 软件计算所得。

(三)异质性检验

本书将从企业所有制和生命周期两个维度进行异质性分析,旨在更好地理解减税降费政策对高新技术企业技术创新的影响。

第一,基于高新技术企业所有制性质的检验。从表9-7中列(4)和列(5)的结果可以看出:无论是国有企业还是非国有企业,减税降费均显著提高了高新技术企业技术的创新能力,但是减税对非国有企业的提升作用相对更大,而降费对国有企业和非国有企业影响没有差异。造成这一结果的可能原因是:国有企业和非国有企业由于产权性质不同、股权结构不同,其面临的市场环境、资源条件、竞争状况、投融资方面享受的政策待遇存在差异,企业的激励、监督和评价约束机制也有较大差别。相较于国有企业,非国有企业面临更加激烈的市场竞争环境和严苛的融资条件,因此减税政策对非国有企业技术创新能力提升效果更明显。

第二,基于企业生命周期的检验。本书借鉴李云鹤等(2011)[1]的综合得分判别法,采用销售收入增长率、存留收益率、资本支出率、企业存续期四个变量的得分情况衡量企业生命周期将高新技术企业生命周期划分为成长期、成熟期和衰退期,从这三个阶段考察减税降费对高新技术企业技术创新的影响。根据表9-7中的列(1)—列(3)可知:减税降费对处于成长期和成熟期高新技术企业技术创新均有显著影响,减税降费对处于成熟期企业的技术创新能力的作用系数分别为-1.1626和-1.0168,且均通过了1%的显著性水平检验,而对处于成长期的企业影响系数偏小,减税降费对衰退期的高新技术企业影响不显著。其原因可能在于:处于成长期的高新技术企业,倾向于投入大量的资金到固定资产来增加企业规模,由于研发经验不足、创新成功率较低,成长

---

① 李云鹤、李湛、唐松莲:《企业生命周期、公司治理与公司资本配置效率》,《南开管理评论》2011年第3期。

期企业通常采取保守的创新策略规避风险,而且成长期的企业享受实质性税收优惠难度较大[①],减税降费对成长期技术创新提升较小;处于成熟期的高新技术企业在生产经营模式、组织结构、研发创新方面都日趋成熟,企业盈利能力、创新意愿和能力进一步提升,减税降费能进一步缓解成熟期企业的融资约束,显著提升企业技术创新;处于衰退期的高新技术企业存在制度僵化、科层冗余、管理层卸责、创新意识不足等问题[②],这部分企业更关注生存问题,因此减税降费对衰退期企业没有影响。

表 9-7 异质性分析

变量	（1）成长期	（2）成熟期	（3）衰退期	（4）国有企业	（5）非国有企业
Tax	−0.2439*	−1.1626***	−0.1741	−0.7105***	−1.7445***
	(−0.4500)	(−3.1492)	(−0.4700)	(−2.6603)	(−3.3200)
Sic	−0.5789**	−1.0168***	0.1212	−0.7102***	−0.7105***
	(−2.0561)	(−3.8400)	(0.3101)	(−3.0363)	(−2.6603)
控制变量	YES	YES	YES	YES	YES
年份	YES	YES	YES	YES	YES
行业	YES	YES	YES	YES	YES
N	2622	3308	3932	2081	7781

资料来源:国泰安数据库(CSMAR)和万德数据库(Wind),经整理笔者利用 Stata15.0 软件计算所得。

三、减税降费对高新技术企业技术创新的传导机制分析

根据以上实证分析得到减税降费能够显著促进高新技术企

① 刘诗源、林志帆、冷志鹏:《税收激励提高企业创新水平了吗? ——基于企业生命周期理论的检验》,《经济研究》2020 年第 6 期。
② 李云鹤、李湛、唐松莲:《企业生命周期、公司治理与公司资本配置效率》,《南开管理评论》2011 年第 3 期。

272

业技术创新能力,那么减税降费是通过何种传导机制对高新技术企业技术创新产生影响的呢? 本书拟从融资约束的角度进行探讨。

本书使用 SA 指数来衡量融资约束,主要是因为 SA 指数具有不包含企业内生性金融变量,能够减少测度误差。SA 越大,说明企业融资约束程度越高。表 9-8 中展示了融资约束作为中介效应的结果。其中 Tax 回归系数显著为负,SA 的回归系数显著为正,且都在 1% 的水平上显著,加入 SA 变量之后,相比列(1),列(3)中 Tax 的回归系数有所降低,说明在提高高新技术企业技术创新能力的过程中,融资约束起到了部分中介效应,并通过了 Sobel 检验,z 值为 -3.8400,其中介效应占比为 18.69%,H3 得以证实,即减税降费通过缓解融企业的融资约束促进高新技术企业技术创新。说明在实施了减税降费政策后,大多数高新技术企业能获得减税降费的成效,企业通过减税降费,获得了更多的现金流,减轻了企业从内部和外部获取融资的压力,从而缓解了企业的融资约束。

表 9-8 以融资约束为中介的传导机制分析

变量	(1) Path c Innovation	(2) Path a SA	(3) Path b and c' Innovation
Tax	−1.1306***	0.3986***	−0.8479***
	(−17.76)	(4.39)	(−13.65)
SA			−0.3916***
			(4.51)
控制变量	YES	YES	YES

续表

变量	（1） *Path c* *Innovation*	（2） *Path a SA*	（3） *Path b and c'* *Innovation*
年份	YES	YES	YES
行业	YES	YES	YES
N	9862	9862	9862
R^2	0.7030	0.8484	0.7031
Sobel 检验	0.0001 *** (z=-3.8400)		
Goodman 检验 1	0.0001 *** (z=-3.8011)		
Goodman 检验 2	0.0001 *** (z=-7.8000)		
中介效应占比	18.69%		

资料来源：国泰安数据库（CSMAR）和万德数据库（Wind），经整理笔者利用 Stata15.0 软件计算所得。

本书利用最近 10 年中国 A 股高新技术企业上市公司数据对减税降费创新激励效应进行了实证研究。研究表明：总体上减税降费对高新技术企业技术创新能力的激励效应是显著的，但政策效应也表现出不同程度的差异性。其中，增值税减免比所得税减免的政策激励效应大；降费政策对企业策略性创新比实质性创新的激励效应更明显；减税降费政策对中部地区和西部地区企业创新的激励效应比东部地区更大；减税降费对处于衰退期高新技术企业没有影响效应。进一步可知，减税降费政策的激励效应主要是通过缓解企业融资压力进而提高高新技术企业技术创新能力的。根据以上研究结论，可以得到以下三个方面的政策启示：

第一，优化税制结构，切实减轻高新技术企业税收负担。增值税与企业所得税是企业经营活动中涉及的两大主要税种。在增值税方面，简并税率级次，扩大增值税抵扣范围并降低适用门槛，调整清除当前低效、零散的税收优惠政策,降低高新技术企业的税负压力。在企业所得税方面,增加研发费用抵扣,对不同规模的高新技术企业实施差异性减税政策,鼓励处于成长期的企业通过内部技术创新与机制改革发展壮大,提升企业技术创新。此外,对处于中西部地区的高新技术企业,应该给予更多政策扶持,发挥好财政资金的精准补短板作用。

第二,合理调整高新技术企业法定社保缴费率,降低企业制度性交易成本。社会保险费是企业人力资本的主要非税支出,过高的社保缴费率会加重企业的成本负担,而过低的社保缴费率会危害企业职工的社会保障,因此需要将社会保险费率调整到合理的水平上,规范征缴程序,提高缴费工作的信息化、标准化水平,加强我国社保法规在企业部门的贯彻力度。同时,进一步优化和调整针对企业规费征收、项目管理政策,科学设计用工制度,降低工会经费费率,减轻企业非税负担。

第三,以提升企业实质性创新能力为宗旨制定有差异化的减税降费政策。政府在制定减税降费政策时,应考虑企业的所有制性质、生命周期和所属区域等特征,探索更适合不同高新技术企业的减税降费政策。对中西部地区企业、非国有企业以及处于成长期和成熟期的企业给予更多的税收优惠,提供更大力度的减税降费政策,以便更好地发挥政策促进高新技术企业技术创新能力的激励效果。

第十章　财税政策激励企业技术
创新的对策建议

现实证明,财税政策作为一种常用的政策工具对企业技术创新具有激励作用,在实施过程中对企业创新效率的影响也呈非线性关系,对不同区域和行业企业的正向激励效应具有明显的异质性,还存在一定抑制效应。通过本书的理论研究、现实考察和实证检验,给出以下政策建议供大家参考。

第一节　确立企业技术创新的主体地位

中国科技体制改革 30 多年,但科技与经济的融合仍有待加强,主要原因在于企业尚未真正成为市场竞争中的技术创新需求主体。目前,中国企业的在技术创新仍然没能跳出成果应用的模式,与发达经济体的企业从自身需求角度出发产生技术创新动力不同,中国政策需求多引导企业从自身角度出发创新技术。[①] 因此,本节从市场需求来看如何确立企业在技术创新体系建设中的主体地位。

一、企业从技术应用主体向技术创造主体转换

在经济全球化和知识经济快速发展、竞争加剧的现实环境,利用传统的线性模型已经不能对现代企业技术创新的本质特征进行清楚地描述。近年来中国研发投入比例不断上升,外界普遍认为该手段是促进企业实现技术创新主体地位、实现技术自主创新强国地位的手段,而且根据研发经费、发明专利等指标,目前中国企业已经实现技术创新的供给主体地位,但是在市场化进程中使其成为新技术、新产品和新工艺的需求主体更为重要。一是企业的技术创新必须能够满足市场需求,只有满足市场需求的技术创新才能够产生超额利润。企业必须拥有一定的市场竞争能力和技术积累能力,才能具备技术创新需求的能力,并引领企业技术创新努力。二是企业需要具备满足市场需求的自主研发或搜索外部技术信息的能力,这样才有可能把有效的市场需求转换成为企业技术创新的动力。三是企业需拥有对自身产品的整合能力以及对自身与其他技术的集成能力。对自身企业技术的需求企业能够集成内外部的各种技术资源,对其进行整合,进而形成有核心竞争力的产品。总之,企业作为技术创新主体不仅是成果应用的主体,还要从市场潜在的客户需求中自发产生技术创新需求的努力动机。那么,在市场化进程中企业要想成为技术创新需求的主体需要综合

[①] 孙玉涛、刘凤朝:《中国企业技术创新主体地位确立——情境、内涵和政策》,《科学学研究》2016 年第 11 期。

上述三种能力,只有拥有上述三种能力才能形成切合自身实际的技术需求,并为之付出技术创新努力,并最终根据市场需求整合产品资源和技术集成。

二、加强公平的企业技术创新市场环境建设

企业的成长和市场主体地位确立离不开市场环境的作用。政府既是市场秩序的维护者,又是市场环境的建设者。与发达经济体相比,中国的市场机制还不够完善,还需要不断完善,我国政府的首要任务不是直接干预市场主体而是要找准自身定位,建立一个市场机制并不断去完善它,鉴于此,进一步深入体制改革的主要目标就是加强政府职能转变,约束政府权力,并尽可能挖掘市场的潜力。政府首要任务应该通过间接的政策工具来完善和维护市场机制。在政府主导型国家创新体系的建设下,要加快中国市场化进程。市场化和经济全球化是世界潮流,中国企业必须通过市场竞争参与到其中获益,尤其要提高资本市场和人力资本市场的市场化程度。为了保护中国的自主利益,政府应尽量避免实施直接干预或去市场化的政策,否则不但会抑制本国企业技术创新,而且使外资企业纷纷撤离中国,带走技术资源。

简言之,企业技术创新的活力和效率很大程度上取决于政府能否建成有利于企业技术创新的市场环境,从而为企业技术创新努力提供激励条件,尤其对后发经济体中国而言关键在于创造激励结构。

三、加快建设创新要素向企业集聚的平台

企业要增强技术创新能力,必须有充足的创新资源。一是加

快建设有利于企业科技资源积累的平台。如企业、大学和科研院所可以共建、组建产学研战略联盟，并在联盟中搭建创新平台用以解决企业创新的薄弱问题。二是加强科技人才资源向企业集聚。企业可以全职调入或灵活使用高等院校、科研院所的人才；也可以让高等院校、科研院所的人才有偿为企业提供技术开发、培养科技人才和咨询等服务；还可以借助产学研战略联盟机制共享科技人才资源。三是实现产学研协同创新效应。主要通过产学研之间的资源协同、利益协同、目标协同和行动协同等协同关系尽可能创造"1+1>2"的协同效应。总之，以企业为主体的技术创新体系建设，是以创新要素向企业集聚，积累足够的创新资源为主要特征。只有不断促进创新要素向企业流动和集聚，企业才能进行技术资源的集成和产品的整合，进而提高其核心竞争力。

另外，各级政府可以通过隐性或显性的财政竞争对要素的流动和集聚施加干预和调控，促成企业成为技术创新需求主体。一方面，各级政府可以进行税收优惠、税种结构调整来引导资本、劳动力、土地等生产要素进行流转，引导其投向有技术创新需求的企业。另一方面，地方政府可以通过提高公共物品供给的数量和质量、提高公共服务质量，来吸引生产要素向这个区域流动和集聚，为企业提供有利于积累创新资源的条件，以促进企业技术创新能力的提升。

第二节　推进地方政府的制度创新

在政府激励企业技术创新活动中，政府职能、行政效率等都会影响企业技术创新动力和效率。政府和企业之间需要建立一种激励兼容、良好的长期合作关系,在熊彼得式的"破坏性创新"中,使整个经济社会得以稳定、有序运转和不断进步。

一、创新拓展政府职能

产业技术创新战略联盟成为推进企业技术创新、建设创新型国家的第三方新生力量。创新拓展政府向第三方转移部分职能有利于政府提高治理效能,通过"简政放权"降低企业制度交易成本,是加快建设服务型、法治化政府的重要内容,也是建设创新型国家的重要措施。产业技术创新战略联盟具有独立性和自主性,可以充分利用各种社会科技资源,弥补政府和市场的失灵,成为有别于政府和市场的第三种推进技术创新的重要力量。一是它主要面向高科技产业和战略性新兴产业的重点领域中行业龙头或骨干企业的技术创新,联合进行科技攻关和成果转化。二是它可以鼓励具备相应技术创新能力的产业组织协调相关市场主体,共同制定满足市场和创新需要的产业技术标准,并形成盟员单位公共技术支撑平台,有利于知识产权共享。三是它与政府建立合作伙伴关系,取长补短,发挥各自的优势。在产业创新联盟发展中政府可以以项目支持的方式带动产学研双方的合作,最终形成多方合作决策的均衡状态。

二、优化政府科技行为

目前,中国各个地方已形成了促进科技创新的崭新局面。建议如下:首先,要树立"大科技观",即科技一盘棋思想。统筹安排有限资源,使其发挥出最大效益,以企业为核心主体进行创新体系建设和科技成果转化,尽可能在经济社会重点领域加大财税扶持力度,使科技创新有新的突破。其次,可以进行管理职能的归并和协议制管理。与科技创新相关的政府职能部门进行互相约束,可以协商签订部门间的合作协议,将不同部门之间的合作制度化、规范化,促进以企业为创新主体的技术创新体系建设。最后,在以企业为主体的技术创新体系建设中不断提升政府的服务水平和协同治理能力。各级政府应树立服务型政府的理念,尽可能为促进创新要素进入企业提供支持与帮助,为企业提供创新管理咨询和创新技法培训,协助企业规划未来发展路线,甚至还可以为企业技术创新提供技术前瞻信息和风险预警。

三、建立新型政企合作关系

需要调整政府绩效考核方式和内容,加速政府角色转型,与企业建立一种长期、良性循环发展的合作关系。

第一,通过透明的制度化形式来实现政企合作,有效避免和防止"权力寻租"。从产业风险防范和信息沟通的角度来界定和建立新型的政企合作关系,为了提高决策的科学性与准确性,要求政府和企业之间尽量掌握对方充分的信息,创新系统各个参与者之间的信息流动并使交流尽可能顺畅。同时,提高信息的透明度,减少信息不对称产生的不利影响,建立一个行之有效的政府信息公开平台,及时、准确、清楚、明白地向各方公示税收优惠、税种、财政补贴信息,通过产生高度透明的"鱼缸效应"来规范和监督政府行为。

第二,激发政府与企业等各参与主体合作的积极性,从而形成政府与企业间的协同效应。政府设定的激励机制一定是支持做大蛋糕的行为。政府的制度必须保证企业具有和长久保持技术创新和发展的动力,实现政企关系的良性循环发展,而不能发生为了眼前利益破坏这种动力的短期行为。

总之,新型政企合作关系建立实质上是新技术、新产品能够带来超额回报,资本就会成为一种不竭的动力,而政府通过征税不但能满足自身利益,还能解决企业技术创新外部性问题,同时为企业间竞争维护市场环境和创造技术创新的条件,最终推动整个经济社会上升式的良性、持久运行。

第三节　促进有效激励的财税政策改革

一、缩小区域间技术创新能力差距的财税对策

第一,加大中央财政对中西部地区的专项转移支付力度。中西部地区是中国经济发展水平和科技水平较低的区域,且与东部地区形成了较大差距。为了缩小与东部地区技术创新能力的差距,应该适度加大地方财政科技拨款,尤其在企业研发、技术成果转换阶段加大财政直接投入的力度。同时中西部地区经济实力不强,地方科技投入将给地方财政带来巨大的压力,甚至出现为提高科技投入资金而削减医疗卫生、社会保障、教育等基本公共服务方面的财政支出的情况,从而扭曲了财政支出结构。因此,中央政府有必要单独针对中西部地区的特殊情况,加大对其财政转移支付力度并建立对应的监督机制,保证财政科技资金的专款专用,优化财政科技支出结构。

第二,有针对性地实施中西部地区技术创新的税收优惠及减

税政策。除了直接财政投入外还需要出台相应的税收优惠政策解决中西部科技资金短缺的问题,尤其在企业技术创新成果市场化阶段给予适度的加速折旧、税收抵免等税收优惠不但适应科技发展的需要,还不会过度干预市场,扭曲其激励。对中西部地区的企业,最好在企业研发阶段实施减税政策,如对研发费用税前加计扣除调高其比例,其中研发费用计入当期损益未形成无形资产的,应允许对当年的应纳税所得额进行再次抵扣,尤其对传统中低技术企业减税力度要大才能激励其加大研发投入。

第三,重视区域间科技交流的财政扶持。为促进中西部地区科技创新水平的提升,在创新实力强的东部地区与技术落后的中西部地区间,应建立相应的技术科技交流机制。如东部地区各省市可以与中西部地区各省市定期举办科技展览交流会和技术人员培训,财政补贴主动进行人力资本开发的高新技术等企业,开展可促进中西部地区自主创新能力发展的课题、研究、项目,东部地区可以以入股的形式提供财政资金给中西部地区可行性高、效益好但缺乏资金支持的项目。

二、加强财政科技支出绩效管理

第一,建立确保财政科技支出与经济增长相关联的机制。一个国家技术进步及科技实力的提高与财政科技支出规模是直接相关的。为保证财政科技支出的稳定性,同时根据中国相关法律规定,各级财政应建立科技支出与经济增长相关联的机制,把财政科技支出与财政总支出相关联、财政科技支出与 GDP 相关联,并纳入政府一般性预算支出管理和目标考核体系中,确保财政科技支出与经常性财政收支的联动上升。

第二,健全财政科技支出绩效考核体系。引入财政科技支出的绩效评价,对所支持项目定期进行评价,进一步提高财政资金的使用效率。财政科技支出项目绩效评价工作有其自身特点,构建绩效评价指标体系,主要从财政支持企业项目的角度按照项目属性,分类建立评价指标体系,然后再进行综合评价。评价方法可以采用综合运用层次分析法、综合指数法和模糊综合评价法等,主要目的是提高绩效评价的客观性、公平性和公正性,还需要实践的进一步检验。

第三,优化财政科技支出结构。受制于财政收入的约束,仅仅依靠政府预算支持来实现提高财政科技支出规模在现实中是行不通的。我们可以转变思想观念,在有限的政府财政科技支出条件下,改变支持结构,提高资金使用效率。基础研究带动了技术创新,体现了国家的潜在实力,是国家全面发展的根基。同时,基础性研究的政府补贴没有违反世界贸易组织协议中关于补贴措施的规定。因此,政府应当在基础性研究上发挥更大的积极作用。通过加大政府投入的方式,解决市场投入不足的问题,建设创新型国家。除了财政加大对基础性和公益性科研项目的经费投入外,还应该对高新技术产业和新兴战略性产业的共性技术予以支持。另外,还可以通过军民融合方式帮助本国企业获得具有自主知识产权的专有技术。

第四,丰富财政科技支出形式,有针对性地、阶段性地进行适度的科技投入。政府支持科技活动的手段是多样的和相互配合的,在创新的不同发展阶段、不同行业及不同区域都要有针对性地灵活运用,还要把握好"度"的问题才能起到更好的效果。财税政策工具在激励技术创新的初期由于风险大和研发成本高税收优惠政策效果较明显,而在技术成果市场化、产业化阶段则使用针对强的税收优惠政策效果较好。另外,每个财税政策激励工具在使用中的资金规模上也应该有一个合理的区间或上限,资金支持不足或过多均会对企业技术创新效率产生"扭曲效应",带来消极影响。

企业成为技术创新的主体是市场经济发展的根本要求,是其成为新技术、新产品和新工艺的需求主体成熟的市场竞争的结果。同时,政府要为企业技术创新建设公平的市场环境,需要对其采取间接的干预手段,对不同性质的企业采用同样待遇和加快推进资本市场和劳动力市场化进程。通过市场和政府的力量加速生产要素的流动和集聚为企业技术创新提供动力和增强创新能力。

在加快建设服务型政府过程中,建立产业创新联盟成为重要的促进企业技术创新第三方力量,政府要具有"大科技观"意识,改变官员晋升考核评价体系,建立一种新型的政企合作关系,既激励兼容又合作与竞争共存。

在进一步深化财税体制改革中,建立中国式财政分权,进一步完善分税制;发展新型地方政府关系,引导地方政府由竞争走向合作,并采取一系列向中西部地区倾斜的财税政策,使区域间企业技术创新水平协调发展;建立健全财政科技支出项目的绩效评价体系,优化财政科支出结构,丰富财政科技支出形式及其适用的阶段、行业和相互配合适度性,以期提高财政资金的使用效率,对企业技术创新达到较好的激励效应。

第十一章 结 论

通过对财税政策激励企业技术创新的影响效应在理论与实证方面的深入研究,不难发现政府的宏观调控政策对企业微观主体行为的影响无论是在空间上还是在行业上都具有明显的非线性关系和异质性特征,或多或少地会呈倒"U"型或"U"型的门槛激励效应。本书的主要结论如下:

一、基于区域层面的主要结论

一是财政政策激励效应:在全国和东部地区层面,政府科技投入对企业技术创新凸显出"挤出效应",在中西部地区,存在区间条件或整体的"激励效应",在企业技术创新的不同阶段,全国、东部地区和中部地区的财政激励表现出较好的一致性,但在西部地区明显的财政激励效应只体现在技术转换环节。二是税收政策激励效应:一方面,减税对全国和东部地区企业在研发创新转化阶段具有区间条件性的"激励效应",但在研发创新转换阶段凸显"挤出效应";另一方面,企业研发费用税收优惠对全国、东部、中部地区企业转换效率都呈不显著倒"U"型特征的激励效应,只有适度的研发费用税收优惠才能有效提升企业技术转换效率,而西部地区则凸显"扭曲"效应。研发费用税收优惠对企业转化效率的影响具有显著的倒"U"型特征,中部地区和西部地区与全国表现出较好的一致性,说明这些地区在创新的转化阶段要注意研发费用税后减免的"度"的问题,而东部地区在该阶段则表现为显著的"U"型特征,即只有研发费用税收减免达到一定强度时,才能有利于创新转化阶段的企业技术创新。

二、基于行业层面的主要结论

一是财政政策激励方面,财政科技投入整体上对企业创新效率两阶段有积极的影响效应,不同程度呈现边际效应递减的非线性特征,且在高新技术企业和中低技术企业中也表现出一定的差异。财政科技投入对高新技术企业在技术转换阶段的影响是边际效应递增,在技术转化阶段则是呈倒"U"型的激励效应,而对中低技术企业在技术转化阶段的激励效应不显著。二是税收减免方面,适度税负总体上能自动促进企业创新效率提升,当企业税负水平过高时减税对企业技术创新有显著的激励效应,呈现倒"U"型非线性特征。减税在技术转换阶段对高新技术企业激励效应不显著,在技术转化阶段减税的激励效应对高新技术企业和中低技术企业是有限的。三是企业研发费用税收优惠整体上对技术转换效率的激励效应呈正向边际效应递增的非线性规律,而对技术转换效率影响是正向边际效应递减的非线性关系。研发费用税收优惠对高新技术企业在技术转换阶段激励效应同总体样本有差异,是边际效应递减的非线性特征;对中低技术企业则是在技术转化阶段同总体样本不一致,呈现有条件的正向边际效应递增的特征。

三、基于制造业层面的主要结论

一是对现代服务业和交通运输业实施的"营改增"扩围政策对制造业的发展有间接激励效应,而降低增值税税率对制造业具有直接激励作用,且第一次降低税率的政策效果比第二次要显著。二是不同存续期的企业受增值税改革的政策效果存在明显差异。"营改增"扩围政策更有利于年轻制造业发展,而增值税税率下调则更有利于成熟制造业。三是不同所有制的企业受增值税改革的政策效果也存在较大差异,非国有企业对降税率更敏感,受税制改革的正向激励影响更强。

四、基于高新技术企业层面的主要结论

一是减税降费对高新技术企业创新激励效应很明显。从企业主要税种来看,减免增值税比减免所得税的激励效应更大。从企业创新行为来看,降费政策激发了企业策略性创新,对企业实质性创新激励效应不明显。从中国东部地区、中部地区、西部地区来看,减税降费政策更有利于中西部地区技术创新能力提升。值得注意的是,减税降费对衰退期高新技术企业没有影响,有利于成长型和成熟型企业技术创新能力提升,主要原因是能缓解企业融资约束。

总之,发挥企业技术创新的财税政策激励主作用,要坚定不移地推进市场化改革,激发企业自觉地从事技术创新活动,这是创新的必要条件。同时,政府财税政策激励企业技术创新还要控制好几个"度"的问题:一是政策的区域空间"度"的问题。各个地区市

场化程度不同,不同区域、不同行业企业技术创新财税政策实施差异也较大,往往在市场化程度较高的地区政府应该采取税收优惠等间接的干预手段,而在经济欠发达地区则加大政府直接扶持的力度。尤其是经济欠发达的西部地区需要格外重视税收优惠政策,其激励效果不明显甚至会带来负的影响。二是财税激励手段选择和其资金支持"度"的问题。激励企业技术创新的财政补贴等直接干预手段和税收优惠等间接干预手段在不同区域、行业及创新的不同发展阶段的使用过程中,都体现了市场激励与非市场激励在市场经济中互为补充的作用和"此消彼长"的关系。因此,需要根据市场化程度有针对性地、动态地采取不同的财税激励手段,而且无论是哪种财税激励手段,其支持力度不足或过多都将会降低企业技术创新效率。三是减税并不必然意味着一定会促进企业技术创新。虽然在经济新常态下减轻企业税负的呼声很高,但是需要理性、科学辩证地认识税收的作用和效果。减税的激励效果在企业技术创新的初期阶段并不明显,但是在技术成果市场化阶段的确能大大促进技术成果转化。其实,一定税负水平在企业的技术创新初期阶段,由于面临成本竞争的压力,反而会促进其技术创新的努力,有着正向影响效应。同样地,减税对高新技术行业的激励效果较明显,但是其效果会逐渐下降,而对传统行业必须达到一定减税规模才能提高企业技术创新效率。

参 考 文 献

［1］［英］阿尔弗雷德·马歇尔:《经济学原理》,刘生龙译,中国社会科学出版社 2007 年版。

［2］艾冰:《日韩政府采购促进自主创新特色研究》,《湖南科技大学学报(社会科学版)》2012 年第 1 期。

［3］保永文、华锐、马颖:《财政激励政策与企业创新绩效:综述及展望》,《经济体制改革》2021 年第 5 期。

［4］［美］彼得·德鲁克:《创新和企业家精神》,《世界经济科技》周刊编辑室译,企业管理出版社 1989 年版。

［5］蔡春林:《美国先进制造业全球竞争力提升战略评析与借鉴》,《亚太经济》2011 年第 6 期。

［6］曹平、王桂军:《"营改增"提高企业价值了吗?——来自中国上市公司的经验证据》,《财经论丛》2019 年第 3 期。

［7］曹勇、罗紫薇、周红枝:《众包战略、模糊前端与产品创新绩效:基于开放式创新视角的实证分析》,《科学学与科学技术管理》2018 年第 10 期。

［8］曹越、彭可人、郭天枭:《"营改增"对企业劳动力需求的

影响研究》,《管理评论》2022 年第 11 期。

［9］陈共:《财政学对象的重新思考》,《财政研究》2015 年第
4 期。

［10］陈和、黄依婷:《政府创新补贴对企业数字化转型的影
响——基于 A 股上市公司的经验证据》,《南方金融》2022 年第
8 期。

［11］陈抗、Hillman A.、顾清扬:《财政集权与地方政府行为变
化》,《经济学季刊》2002 年第 10 期。

［12］陈太义、张月义:《质量管理创新对产品创新影响实证
研究》,《科研管理》2023 年第 4 期。

［13］陈钊、王旸:《"营改增"是否促进了分工:来自中国上市
公司的证据》,《管理世界》2016 年第 3 期。

［14］陈昭、刘映曼:《"营改增"政策对制造业上市公司经营
行为和绩效的影响》,《经济评论》2019 年第 5 期。

［15］成力为、吴薇:《研发政策组合对突破性与渐进性创新
影响——基于异质性 R&D 投资的渠道分析》,《科学学研究》2023
年第 5 期。

［16］成琼文、丁红乙:《税收优惠对资源型企业数字化转型
的影响研究》,《管理学报》2022 年第 8 期。

［17］储德银、纪凡、杨珊:《财政补贴、税收优惠与战略性新
兴产业专利产出》,《税务研究》2017 年第 4 期。

［18］储德银:《中国式现代化背景下的财税体制改革与经济
高质量发展》,《税务研究》2023 年第 3 期。

［19］［美］道格拉斯·C.诺思:《经济史中的结构与变迁》,陈
郁、罗华平译,上海人民出版社 1994 年版。

［20］邓力平、何巧、王智烜:《减税降费背景下企业税负对创新的影响研究》,《经济与管理评论》2020 年第 6 期。

［21］邓向荣、羊柳青、冯学良:《企业国际合作研发能否促进科技成果转化——从知识创新到产品创新》,《中国科技论坛》2022 年第 8 期。

［22］邓悦、蒋琬仪:《工业机器人、管理能力与企业技术创新》,《中国软科学》2022 年第 11 期。

［23］丁方飞、谢昊翔:《财税政策能激励企业的高质量创新吗?——来自创业板上市公司的证据》,《财经理论与实践》2021 年第 4 期。

［24］丁焕峰、张蕊、周锐波:《制造业企业智能化转型及其创新效应研究——基于企业生命周期理论的视角》,《产业经济研究》2023 年第 2 期。

［25］丁芸:《促进新能源产业发展的财税政策选择》,《税务研究》2016 年第 6 期。

［26］范子英、彭飞:《"营改增"的减税效应和分工效应:基于产业互联的视角》,《经济研究》2017 年第 2 期。

［27］范子英、赵仁杰:《财政职权、征税努力与企业税负》,《经济研究》2020 年第 4 期。

［28］方东霖:《促进新能源汽车产业发展的税收优惠政策分析》,《税务研究》2022 年第 12 期。

［29］冯俏彬、白雪苑、李贺:《支持碳达峰、碳中和的财税理论创新与政策体系构建》,《改革》2022 年第 7 期。

［30］付轼辉、焦媛媛、鲁云鹏:《产品创新设计思维:结构维度、量表开发与检验》,《南开管理评论》2023 年第 4 期。

［31］傅勇、张晏：《中国式分权与财政支出结构偏向：为增长而竞争的代价》，《管理世界》2007 年第 3 期。

［32］高鸿业：《西方经济学》，中国人民大学出版社 2007 年版。

［33］高培勇：《公共财政：概念界说与演变脉络——兼论中国财政改革 30 年的基本轨迹》，《经济研究》2008 年第 12 期。

［34］高培勇：《现代财税体制：概念界说与基本特征》，《经济研究》2023 年第 1 期。

［35］古安伟、蒋慧慧、鲁喜凤等：《数字化情境下用户参与产品创新组态效应研究——基于 TOE 框架的 fsQCA 分析》，《科技进步与对策》2022 年第 22 期。

［36］顾群、谷靖、吴宗耀：《财政补贴、代理问题与企业技术创新——基于 R&D 投资异质性视角》，《软科学》2016 年第 7 期。

［37］顾穗珊、周旭、刘俊等：《企业产品创新保证要素及量化评价研究》，《工业技术经济》2020 年第 8 期。

［38］顾昕、张建军：《挑选赢家还是提供服务？——产业政策的制度基础与施政选择》，《经济社会体制比较》2014 年第 1 期。

［39］郭炬、叶阿忠、陈泓：《是财政补贴还是税收优惠？——政府政策对技术创新的影响》，《科技管理研究》2015 年第 15 期。

［40］郭新宝：《制造创新方法链中市场创新、技术创新与管理创新三维协同研究》，《科技进步与对策》2014 年第 10 期。

［41］郭月梅、欧阳洁：《地方政府财政透明、预算软约束与非税收入增长》，《财政研究》2017 年第 7 期。

［42］郭玥：《政府创新补助的信号传递机制与企业创新》，《中国工业经济》2018 年第 9 期。

［43］国际货币基金组织:《财政透明度》,人民出版社 2001年版。

［44］［美］哈维·S.罗森、［美］盖亚:《财政学》(第十版),郭庆旺译,中国人民大学出版社 2015 年版。

［45］韩凤芹、陈亚平:《税收优惠真的促进了企业技术创新吗？——来自高新技术企业 15% 税收优惠的证据》,《中国软科学》2021 年第 11 期。

［46］韩树煜、李士梅:《共同富裕视角下的现代财税体制构建》,《财政科学》2021 年第 11 期。

［47］何爱、艾永明、李炜文:《税收激励与企业创新:CEO 通用能力的调节作用》,《研究与发展管理》2023 年第 1 期。

［48］何代欣:《大国转型背景下的新能源领域财税政策》,《税务研究》2016 年第 6 期。

［49］何培旭、王晓灵、李泽:《市场创新关键资源、市场创新模式、战略地位优势与企业绩效》,《华东经济管理》2019 年第2 期。

［50］［美］亨利·切萨布鲁夫:《开放式创新的新范式》,陈劲等译,科学出版社 2010 年版。

［51］侯世英、宋良荣:《财政激励、融资激励与企业研发创新》,《中国流通经济》2019 年第 7 期。

［52］胡善成、靳来群、魏晨雨:《政府所得税减免促进高新技术企业创新了吗?》,《浙江社会科学》2022 年第 9 期。

［53］黄恒学:《市场创新》,清华大学出版社 1998 年版。

［54］黄宏斌、翟淑萍、陈静楠:《企业生命周期、融资方式与融资约束——基于投资者情绪调节效应的研究》,《金融研究》

2016 年第 7 期。

［55］黄威、陆懋祖：《我国财政支出政策冲击效应的动态变化——基于包含随机波动的时变参数模型的考察》，《数量经济技术经济研究》2011 年第 10 期。

［56］黄先海、宋学印、诸竹君：《中国产业政策的最优实施空间界定——补贴效应、竞争兼容与过剩破解》，《中国工业经济》2015 年第 4 期。

［57］黄晓珊：《欧盟中小企业税收优惠政策情况借鉴意义浅析》，《国际税收》2018 年第 10 期。

［58］黄阳华：《德国"工业 4.0"计划及其对我国产业创新的启示》，《经济社会体制比较》2015 年第 2 期。

［59］惠宁：《技术进步、人力资本溢出、政府作用与西部经济增长》，《西北大学学报（哲学社会科学版）》2004 年第 5 期。

［60］吉生保、卢潇潇、马淑娟等：《外资研发嵌入是苦口良药还是糖衣炮弹？——中国市场创新绩效提升视角》，《南方经济》2017 年第 6 期。

［61］贾建锋、刘伟鹏、杜运周等：《制度组态视角下绿色技术创新效率提升的多元路径》，《南开管理评论》2023 年第 4 期。

［62］江希和、王水娟：《企业研发投资税收优惠政策效应研究》，《科研管理》2015 年第 6 期。

［63］姜红、高思芃、刘文韬：《创新网络与技术创新绩效的关系：基于技术标准联盟行为和人际关系技能》，《管理科学》2022 年第 4 期。

［64］姜君蕾、夏恩君、贾依帛：《数字化企业如何重构能力实现数字融合产品创新》，《科学学研究》2023 年第 4 期。

[65] 姜忠辉、赵迪、孟朝月等:《绿色人力资源管理对绿色技术创新的影响:绿色动态能力与组织调节定向的中介及调节作用》,《科技进步与对策》2023 年第 4 期。

[66] 解垩、陈昕:《财税政策对不平等和贫困的影响研究》,《经济社会体制比较》2023 年第 1 期。

[67] 金相郁、张换兆、林娴岚:《美国创新战略变化的三个阶段及对中国的启示》,《中国科技论坛》2012 年第 3 期。

[68] 靳春平:《财政政策效应的空间差异性与地区经济增长》,《管理世界》2007 年第 7 期。

[69] 靳卫东、任西振、何丽:《研发费用加计扣除政策的创新激励效应》,《上海财经大学学报》2022 年第 2 期。

[70] [法]拉丰、[法]梯诺尔:《政府采购与规制中的激励理论》,石磊,王永钦译,上海人民出版社 2004 年版。

[71] 黎文靖、郑曼妮:《实质性创新还是策略性创新?——宏观产业政策对微观企业创新的影响》,《经济研究》2016 年第 4 期。

[72] 李彬:《日本财政政策的调整轨迹:1989~2010 年》,《日本研究》2011 年第 4 期。

[73] 李创、叶露露、王丽萍:《新能源汽车消费促进政策对潜在消费者购买意愿的影响》,《中国管理科学》2021 年第 10 期。

[74] 李春瑜:《制造业上市公司税负实证分析——总体趋势、影响因素与差异比较》,《经济与管理评论》2016 年第 4 期。

[75] 李加鹏、胡晓、刘首策等:《传统中药材企业的市场创新——基于惠森药业平台建设的案例研究》,《技术经济》2015 年第 8 期。

［76］李林木、汪冲:《税费负担、创新能力与企业升级——来自"新三板"挂牌公司的经验证据》,《经济研究》2017 年第 11 期。

［77］李苗苗、肖洪钧、傅吉新:《财政政策、企业 R&D 投入与技术创新能力——基于战略性新兴产业上市公司的实证研究》,《管理评论》2014 年第 8 期。

［78］李树文、罗瑾琏、葛元骎:《大数据分析能力对产品突破性创新的影响》,《管理科学》2021 年第 2 期。

［79］李维安、李浩波、李慧聪:《创新激励还是税盾?——高新技术企业税收优惠研究》,《科研管理》2016 年第 11 期。

［80］李香菊、杨欢:《财税激励政策、外部环境与企业研发投入——基于中国战略性新兴产业 A 股上市公司的实证研究》,《当代财经》2019 年第 3 期。

［81］李彦勇、林润辉:《知识网络结构、跨界搜索对组织突破性创新的影响:美国人工智能技术领域专利的分析》,《科技管理研究》2020 年第 23 期。

［82］李永友、严岑:《服务业"营改增"能带动制造业升级吗?》,《经济研究》2018 年第 4 期。

［83］李远慧、陈蓉蓉:《基于企业研发投入视角的增值税税率下调派生效应研究》,《税务研究》2022 年第 2 期。

［84］李云鹤、李湛、唐松莲:《企业生命周期、公司治理与公司资本配置效率》,《南开管理评论》2011 年第 3 期。

［85］李子伦、马君:《新比较经济学视角下产业结构升级中的政府职能选择——基于美国、日本、拉美地区的历史数据研究》,《当代经济科学》2017 年第 3 期。

［86］梁俊娇、李羡於、刘亚敏:《我国区域税收负担与区域经

济增长关系的实证分析》,《中央财经大学学报》2017 年第 6 期。

[87] 梁彤缨、冯莉、陈修德:《税式支出、财政补贴对研发投入的影响研究》,《软科学》2012 年第 5 期。

[88] 梁英建:《财税政策对经济增长效应的统计考察》,《统计与决策》2018 年第 6 期。

[89] 廖民超、金佳敏、蒋玉石等:《数字平台能力与制造业服务创新绩效——网络能力和价值共创的链式中介作用》,《科技进步与对策》2023 年第 5 期。

[90] 林毅夫、刘志强:《中国的财政分权与经济增长》,《北京大学学报(哲学社会科学版)》2000 年第 4 期。

[91] 林毅夫:《〈新结构经济学〉评论回应》,《经济学(季刊)》2013 年第 3 期。

[92] 林志帆、刘诗源:《税收负担与企业研发创新——来自世界银行中国企业调查数据的经验证据》,《财政研究》2017 年第 2 期。

[93] 林志帆、刘诗源:《税收激励如何影响企业创新?——来自固定资产加速折旧政策的经验证据》,《统计研究》2022 年第 1 期。

[94] 刘放、杨筝、杨曦:《制度环境、税收激励与企业创新投入》,《管理评论》2016 年第 2 期。

[95] 刘福垣:《中等收入陷阱是一个伪命题》,《南风窗》2011 年第 16 期。

[96] 刘贵鹏、韩先锋、宋文飞:《基于价值链视角的中国工业行业研发创新双环节效率研究》,《科学学与科学技术管理》2012 年第 6 期。

[97] 刘建民、薛妍、熊鹰:《减税降费背景下地方财政可持续发展水平测度与时空分异——以湖南省为例》,《经济地理》2022年第12期。

[98] 刘骏、刘峰:《财政集权、政府控制与企业税负——来自中国的证据》,《会计研究》2014年第1期。

[99] 刘啟仁、赵灿、黄建忠:《税收优惠、供给侧改革与企业投资》,《管理世界》2019年第1期。

[100] 刘尚希:《新经济数字化金融化趋势与财税体制改革——以构建确定性应对新趋势下的不确定性》,《地方财政研究》2021年第4期。

[101] 刘诗源、林志帆、冷志鹏:《税收激励提高企业创新水平了吗？——基于企业生命周期理论的检验》,《经济研究》2020年第6期。

[102] 刘双柳、陈鹏、程亮等:《碳达峰碳中和目标下可再生能源产业财税金融支持政策研究》,《中国环境管理》2022年第4期。

[103] 刘晓路:《财政分权与经济增长:第二代财政分权理论》,《财贸经济》2007年第3期。

[104] 柳卸林等:《寻找创新发展的新理论思维——基于新熊彼特增长理论的思考》,《管理世界》2017年第12期。

[105] 陆施予、李光勤:《税收征管与企业创新——基于世界银行中国企业调查的经验证据》,《北京社会科学》2022年第7期。

[106] 陆挺、刘小玄:《企业改制模式和改制绩效——基于企业数据调查的经验分析》,《经济研究》2005年第6期。

[107] 罗福凯、狄盈馨:《技术创新产权制度:一个文献综述

（2000—2021）》，《科技管理研究》2023年第3期。

［108］吕光桦、宋文飞、李国平：《考虑空间相关性的我国区域研发全要素生产率测算——基于1999—2008年省际空间面板数据》，《科学学与科学技术管理》2011年第4期。

［109］马蔡琛、白铂：《助力构建新发展格局的财税政策路径选择》，《地方财政研究》2021年第10期。

［110］马海涛、任强、孙成芳：《改革开放40年以来的财税体制改革：回顾与展望》，《财政研究》2018年第12期。

［111］马海涛、肖鹏：《借力预算管理一体化 提升财政管理水平》，《行政管理改革》2022年第8期。

［112］马菊花：《共同富裕视角下我国公共文化服务的财税政策研究》，《税务与经济》2023年第2期。

［113］马文聪、翁银娇、陈修德等：《研发补贴、税收优惠及其组合对企业研发投入的影响——基于融资约束的视角》，《系统管理学报》2022年第3期。

［114］［美］曼瑟·奥尔森：《权力与繁荣》，苏长和译，上海人民出版社2005年版。

［115］孟惊雷、修国义：《地方财政收入与经济增长关系的实证分析》，《统计与决策》2019年第16期。

［116］孟庆斌、杨俊华、鲁冰：《管理层讨论与分析披露的信息含量与股价崩盘风险——基于文本向量化方法的研究》，《中国工业经济》2017年第12期。

［117］孟雪靖、杨永健、朱美容：《基于OLS模型的新能源与传统能源消费选择及财税政策研究》，《企业经济》2018年第8期。

［118］倪红日：《营改增的供给侧结构性改革效应明显》，《税

务研究》2017 年第 3 期。

[119] 欧阳晨慧、马志强、朱永跃:《工作场所数字化对员工创新行为的影响:一个被调节的中介模型》,《科技进步与对策》2023 年第 4 期。

[120] 欧阳洁、张静堃、张克中:《促进生态创新的财税政策体系探究》,《税务研究》2020 年第 9 期。

[121] 彭晓洁、张建翔、王光旭:《减税降费对企业数字化转型的影响》,《金融与经济》2023 年第 5 期。

[122] P.斯通曼:《技术变革的经济分析》,北京机械工业出版社 1988 年版。

[123] 曲亮、章静、郝云宏:《独立董事如何提升企业绩效——立足四层委托—代理嵌入模型的机理解读》,《中国工业经济》2014 年第 7 期。

[124] 尚洪涛、房丹:《政府补贴、风险承担与企业技术创新——以民营科技企业为例》,《管理学刊》2021 年第 6 期。

[125] 邵传林:《制度环境、财政补贴与企业创新绩效——基于中国工业企业微观数据的实证研究》,《软科学》2015 年第 9 期。

[126] 沈梓鑫:《美国的颠覆性技术创新:基于创新型组织模式研究》,《福建师范大学学报(哲学社会科学版)》2020 年第 1 期。

[127] 石党英:《美国先进制造业财税支持体系经验与借鉴》,《财会通讯》2015 年第 26 期。

[128] 石秀、侯光明、王俊鹏:《管理创新与技术创新的动态协同——系统耦合视角》,《中国科技论坛》2022 年第 5 期。

[129] 史青春、徐慧:《开放式创新提升企业绩效的中介路径

探讨——基于沪深 A 股上市公司统计数据的实证分析》,《中央财经大学学报》2022 年第 9 期。

[130] 宋宝琳、张航、胡欣蕊:《数字金融发展对地方财政收入的影响及区域差异研究——基于中国 282 个地级市面板数据的中介效应检验》,《财政科学》2022 年第 5 期。

[131] 宋建、包辰:《税收优惠政策能否激励中国企业创新？——基于创新链视角的探究》,《南京审计大学学报》2023 年第 1 期。

[132] 宋凌云、王贤彬:《政府补贴与产业结构变动》,《中国工业经济》2013 年第 4 期。

[133] 苏畅、李志斌:《财税激励政策对企业研发投入的促进机制研究——财务资源视角》,《税收经济研究》2019 年第 1 期。

[134] 粟立钟、张润达、王靖宇等:《税收优惠与研发投资动态调整》,《中国科技论坛》2022 年第 6 期。

[135] 孙玉涛、刘凤朝:《中国企业技术创新主体地位确立——情境、内涵和政策》,《科学学研究》2016 年第 11 期。

[136] 孙正:《服务业的"营改增"提升了制造业绩效吗?》,《中国软科学》2020 年第 9 期。

[137] 汤旖璆、苏鑫、刘琪:《地方财政压力与环境规制弱化——环境机会主义行为选择的经验证据》,《财经理论与实践》2023 年第 3 期。

[138] 汤泽涛、汤玉刚:《增值税减税、议价能力与企业价值——来自港股市场的经验证据》,《财政研究》2020 年第 4 期。

[139] 唐大鹏、王凌、江琳:《多个"国家队股东"与企业技术创新——基于准财政政策视角》,《财经问题研究》2023 年第 1 期。

［140］唐松、伍旭川、祝佳:《数字金融与企业技术创新——结构特征、机制识别与金融监管下的效应差异》,《管理世界》2020年第5期。

［141］唐玮、赵星竹、周畅:《税收征管与企业创新:抑制或激励——A股医药制造业上市公司的证据》,《数理统计与管理》2022年第6期。

［142］田祥宇、杜洋洋、刘书明:《推动实现共同富裕的财税改革研究——基于收入分配视角》,《宏观经济研究》2022年第11期。

［143］王淳:《产业发展的财税支持体系:基于美欧与日本模式分析与启示》,《经济问题》2011年第2期。

［144］王大树:《财税政策与共享发展》,《北京大学学报(哲学社会科学版)》2016年第2期。

［145］王倩、柳卸林:《企业跨界创新中的价值共创研究:基于生态系统视角》,《科研管理》2023年第4期。

［146］王然、燕波、邓伟根:《FDI对我国工业自主创新能力的影响及机制——基于产业关联的视角》,《中国工业经济》2010年第11期。

［147］王胜伟、蒋岩波:《互联网市场创新发展及其规制问题研究》,《山东社会科学》2019年第6期。

［148］王婷、吴剑琳、张淑林等:《双向开放式创新如何提升新产品市场绩效——基于资源基础理论》,《大连理工大学学报(社会科学版)》2020年第1期。

［149］王羲、张强、侯稼晓:《研发投入、政府补助对企业创新绩效的影响研究》,《统计与信息论坛》2022年第2期。

［150］王小平:《财政政策组合与企业创新:"增强"还是"削弱"? ——基于上市公司年报文本分析的经验证据》,《企业经济》2023 年第 1 期。

［151］王瑶、彭凯、支晓强:《税收激励与企业创新——来自"营改增"的经验证据》,《北京工商大学学报(社会科学版)》2021 年第 1 期。

［152］王一卉:《政府补贴、研发投入与企业创新绩效——基于所有制、企业经验与地区差异的研究》,《经济问题探索》2013 年第 7 期。

［153］［美］威廉·杰克·鲍莫尔:《福利经济及国家理论》,郭家麟、郑孝齐译,商务印书馆 2013 年版。

［154］温忠麟、侯杰泰、张雷:《调节效应与中介效应的比较和应用》,《心理学报》2005 年第 2 期。

［155］吴剑峰、杨震宁:《政府补贴、两权分离与企业技术创新》,《科研管理》2014 年第 12 期。

［156］吴文锋、吴冲锋、芮萌:《中国上市公司高管的政府背景与税收优惠》,《管理世界》2009 年第 3 期。

［157］吴翌琳:《技术创新与非技术创新的协同发展——中国工业企业协同创新的微观实证》,《求是学刊》2019 年第 1 期。

［158］吴祖光、万迪昉:《企业税收负担计量和影响因素研究述评》,《经济评论》2012 年第 6 期。

［159］夏后学、谭清美、白俊红:《营商环境、企业寻租与市场创新——来自中国企业营商环境调查的经验证据》,《经济研究》2019 年第 4 期。

［160］肖春明:《增值税税率下调对企业投资影响的实证研

究——基于减税的中介效应》,《税务研究》2021 年第 3 期。

[161] 肖志超、郑国坚、蔡贵龙:《企业税负、投资挤出与经济增长》,《会计研究》2021 年第 6 期。

[162] 谢卫红、屈喜凤、李忠顺等:《产品模块化对技术创新的影响机理研究:基于组织结构的中介效应》,《科技管理研究》2014 年第 16 期。

[163] 徐涛、尤建新、邵一磊:《风险视角下银行产品创新绩效评价模型》,《中国管理科学》2021 年第 6 期。

[164] 许国艺:《政府补贴和市场竞争对企业研发投资的影响》,《中南财经政法大学学报》2014 年第 5 期。

[165] 许楠、刘雪琴:《支持企业科技创新的财税政策工具及其组合模式研究》,《经济纵横》2022 年第 8 期。

[166] 薛薇:《发达国家支持企业创新税收政策的特点及启示》,《经济纵横》2015 年第 5 期。

[167] 闫坤、于树一:《促进我国供给侧结构性改革效能提升的财税政策研究》,《国际税收》2016 年第 12 期。

[168] 严成樑、龚六堂:《税收政策对经济增长影响的定量评价》,《世界经济》2012 年第 4 期。

[169] [英]亚瑟·赛斯尔·庇古著:《福利经济学》,何玉长、丁晓钦译,上海财经大学出版社 2009 年版。

[170] 杨灿明、赵福军:《财政分权理论及其发展述评》,《中南财经政法大学学报》2004 年第 4 期。

[171] 杨典:《公司治理与企业绩效——基于中国经验的社会学分析》,《中国社会科学》2013 年第 1 期。

[172] 杨公朴、王春晖:《产业经济学》,复旦大学出版社 2005

年版。

[173] 杨国超、芮萌:《高新技术企业税收减免政策的激励效应与迎合效应》,《经济研究》2020 年第 9 期。

[174] 杨林、沈春蕾:《税收优惠研究演进轨迹与趋势展望——基于文献可视化分析》,《税务研究》2022 年第 7 期。

[175] 杨世信、刘卫萍、邹紫云:《激励效应 VS 挤出效应？——财政政策的有效性及其机理研究》,《会计之友》2021 年第 15 期。

[176] 杨杨、汤晓健、杜剑:《我国中小型民营企业税收负担与企业价值关系——基于深交所中小板上市公司数据的实证分析》,《税务研究》2014 年第 3 期。

[177] 杨杨、杨兵:《税收优惠、企业家市场信心与企业投资——基于上市公司年报文本挖掘的实证》,《税务研究》2020 年第 7 期。

[178] 杨洋、魏江、罗来军:《谁在利用政府补贴进行创新？——所有制和要素市场扭曲的联合调节效应》,《管理世界》2015 年第 1 期。

[179] 杨玉霞、张颖:《日本财政投融资制度及对我国的启示》,《日本研究》2006 年第 3 期。

[180] 姚林香、冷讷敏:《财税政策对战略性新兴产业创新效率的激励效应分析》,《华东经济管理》2018 年第 12 期。

[181] 姚毓春、郝俊赫:《中国新兴汽车企业的市场创新问题研究》,《税务与经济》2014 年第 5 期。

[182] 尹磊、汪小婷:《资源税优化:基于税制设计和征管改进的视角》,《税务研究》2022 年第 5 期。

［183］应千伟、何思怡:《政府研发补贴下的企业创新策略:"滥竽充数"还是"精益求精"》,《南开管理评论》2022 年第 2 期。

［184］应倩滢、陈衍泰:《数字化新情境下高管认知对产品创新的影响》,《科研管理》2023 年第 3 期。

［185］于博、王云芳:《政策性负担、企业寻租与创新挤出》,《软科学》2022 年第 10 期。

［186］余新创:《中国制造业企业增值税税负粘性研究——基于 A 股上市公司的实证分析》,《中央财经大学学报》2020 年第 2 期。

［187］袁建国、后青松、程晨:《企业政治资源的诅咒效应——基于政治关联与企业技术创新的考察》,《管理世界》2015 年第 1 期。

［188］[美]约瑟夫·E.斯蒂格利茨:《发展与发展政策》,纪沫、仝冰、海荣译,中国金融出版社 2009 年版。

［189］[美]约瑟夫·熊彼特:《经济发展理论》,何畏等译,商务印书馆 1990 年版。

［190］[美]约瑟夫·熊彼特:《资本主义、社会主义与民主》,吴良健译,商务印书馆 1999 年版。

［191］云虹、卞井春、韩佳芮:《财税激励政策、R&D 投入与创新绩效——基于 AHP 模型和中介效应检验》,《会计之友》2021 年第 10 期。

［192］[美]詹姆斯·M.布坎南:《自由、市场和国家》,平新乔、莫扶民,北京经济学院出版社 1988 年版。

［193］张波:《日本促进战略性新兴产业发展的财政政策研究》,《现代经济信息》2014 年第 13 期。

［194］张帆:《财税激励政策对企业创新效率的影响研究——基于行业性质与融资约束的调节作用》,《财会通讯》2022年第18期。

［195］张峰、邱玮:《探索式和开发式市场创新的作用机理及其平衡》,《管理科学》2013年第1期。

［196］张贺:《地方政府专项债、公共投资与经济增长》,《经济问题探索》2022年第11期。

［197］张杰、郑文平:《创新追赶战略抑制了中国专利质量么?》,《经济研究》2018年第5期。

［198］张杰、周晓艳、李勇:《要素市场扭曲抑制了中国企业R&D》,《经济研究》2012年第8期。

［199］张晶、刘琼、于渤:《创新生态系统模式对新创企业创新绩效的影响研究——基于平台与产品的双重视角》,《工业技术经济》2023年第3期。

［200］张静波、齐建国:《激励机制与技术创新》,《数量经济技术经济研究》1995年第2期。

［201］张梁梁、张盼:《需求信息不对称下供应链中流程与产品创新模式选择研究》,《运筹与管理》2022年第9期。

［202］张玲:《融资约束、政策支持与企业创新》,《财会通讯》2023年第7期。

［203］张瑞琛、杨思鋆、宋敏丽等:《税收优惠对高新技术企业融资约束的影响研究》,《税务研究》2022年第6期。

［204］张同斌、高铁梅:《财税政策激励、高新技术产业发展与产业结构调整》,《经济研究》2012年第5期。

［205］张夏准(Ha-Joon Chang):《富国陷阱:发达国家为何踢

开梯子》,黄飞君译,社会科学文献出版社 2007 年版。

［206］张新、任强:《我国企业创新财税政策效应研究:基 3SLS 方法》,《中央财经大学学报》2013 年第 8 期。

［207］张馨艺:《新常态下的产业结构特征与财税政策选择》,《税务研究》2015 年第 7 期。

［208］张宇:《从马克思主义的观点看"中等收入陷阱"》,《光明日报》2015 年 5 月 6 日。

［209］赵斌:《促进南北区域协调发展的财税政策研究——基于财税资源配置视角》,《地方财政研究》2021 年第 12 期。

［210］赵勇、白永秀:《知识溢出:一个文献综述》,《经济研究》2009 年第 1 期。

［211］赵越、李英、孙旭东:《技术创新与制度创新协同驱动制造企业演化的实现机理——以光明家具为例的纵向扎根分析》,《管理案例研究与评论》2019 年第 2 期。

［212］赵哲、谭建立:《中国地方财政支出的碳减排效应研究——基于新型城镇化调节效应的实证分析》,《财经论丛》2022 年第 11 期。

［213］赵祖新:《基于财税政策的经济增长质量实证研究》,《武汉理工大学学报》2010 年第 7 期。

［214］郑春荣、望路:《德国制造业转型升级的经验与启示》,《人民论坛·学术前沿》2015 年第 11 期。

［215］郑良海:《促进我国城镇化发展的财税政策建议》,《税务研究》2020 年第 2 期。

［216］周程:《日本官产学合作的技术创新联盟案例研究》,《中国软科学》2008 年第 2 期。

[217] 周小川、杨之刚:《论产业政策的概念与选择》,《财贸经济》1992 年第 7 期。

[218] 周煊、程立茹、王皓:《技术创新水平越高企业财务绩效越好吗?——基于 16 年中国制药上市公司专利申请数据的实证研究》,《金融研究》2012 年第 8 期。

[219] 周业安、赵晓男:《地方政府竞争模式研究》,《管理世界》2002 年第 12 期。

[220] 周宇、惠宁、高卓远:《减税对企业技术创新的影响研究——基于价值链的中国工业企业的非线性分析》,《宏观经济研究》2022 年第 7 期。

[221] 朱平芳、徐伟民:《政府的科技激励政策对大中型工业企业 R&D 投入及其专利产出的影响——上海市的实证研究》,《经济研究》2003 年第 3 期。

[222] 朱勇:《新增长理论》,北京商务印书馆 1999 年版。

[223] 庄芮:《美国重振制造业:动因、成效及其影响》,《现代国际关系》2013 年第 8 期。

[224] 邹洋、聂明明、郭玲、闫浩:《财税政策对企业研发投入的影响分析》,《税务研究》2016 年第 8 期。

[225] Adizes I., *Corporate Life Cycles: How and Why Corporations Grow and Die and What to Do about It*, Prentice Hall, 1988.

[226] Aghion P., Howitt P., "A Model of Growth Through Creative Destruction", *Econometrica*, Vol. 60, No. 2, 1992.

[227] Allyn A. Young, "Increasing Returns and Economic Progress", *The Economic Journal*, Vol. 38, No. 152, 1928.

［228］Alonso-Villar O., "Urban Agglomeration: Knowledge Spillovers and Product Diversity", *Annals of Regional Science*, 2002.

［229］Arrow K. J., "The Economic Implication of Learning by Doing", *Review of Economic Studies*, Vol. 29, 1962.

［230］Axel Johne, "Using Market Vision to Steer Innovation", *Technovation*, Vol. 19, No. 4, 1999.

［231］Barro R. J., "Government Spending in a Simple Model of Endogenous Growth", *Journal of Political Economy*, Vol. 98, No. 5, 1990.

［232］Battese G. E., Coelli T. J., "A Model for Technical Inefficiency Effects in a Stochastic Frontier Production Function", *Empirical Economics*, Vol. 20, No. 2, 1995.

［233］Bennis Wai Yip So., "Reassessment of the State Role in the Development of High-Tech Industry: A Case Study of Taiwan's Hsinchu Science Park", *East Asia*, Vol. 23, No. 2, 2006.

［234］Berliant M., Reed R. R., Wang P., "Knowledge Exchange, Matching, and Agglomeration", *Journal of Urban Economics*, Vol. 60, No. 1, 2006.

［235］Bloom N., Griffith R., Van Reenen J., "Do R&D Tax Credits Work? Evidence from a Panel of Countries 1979–1997", *Journal of Public Economics*, Vol. 85, No. 1, 2002.

［236］Brawn E., Wield D., "Regulation as a Means for the Social Control of Technology", *Technology Analysis and Strategic Management*, Vol. 6, No. 3, 1994.

［237］Brennan G., Buchanan J. M., *The Power to Tax: Analytical*

Foundations of a Fiscal Constitution. Cambridge：Cambridge University Press，2006.

［238］Chen Y.，Xu J.，"Digital Transformation and From Cost Stickiness：Evidence from China"，*Finance Research Letters*，Vol. 52，No. 3，2023.

［239］Czarnitzki D.，Hanel P.，Rosa J. M.，"Evaluating the Impact of R&D Tax Credits on Innovation：A Microeconometric Study on Canadian Firms"，*Research Policy*，Vol. 40，No. 2，2011.

［240］Démurger S.，Jeffrey D. Sachs，Wing T. Woo，Shuming Bao，Gene Chang，Andrew Mellinger，"Geography Economic Policy and Regional Development in China"，*Asian Economic Papers*，Vol. 1，No. 1，2002.

［241］Doloreux D.，"What We Should Know about Regional Systems of Innovation"，*Technology in Society*，Vol. 24，No. 3，2002.

［242］Drucker P.，"The Theory of the Business"，*Harvard Business Review*，September-October，1994.

［243］Estache A.，Gaspar V.，*Why Tax Incentives do not Promote Investment in Brazil*，Oxford：Oxford University Press，1995.

［244］Feldman M. P.，Audretsch D. B.，"Innovation in Cities：Science-Based Diversity，Specialization and Localized Competition"，*European Economic Review*，Vol. 43，No. 1，2009.

［245］Fleisher Belton M.，Jian Chen，"The Coast - noncoast Income Gap，Productivityand Regional Economic Policy in China"，*Journal of Comparative Economics*，Vol. 25，No. 2，1997.

［246］Fujita M.，Thisse J. F.，"Globalization and the Evolution of the Supply Chain: Who Gains and Who Loses", *International Economic Review*, Vol. 47, No. 3, 2006.

[247] Fujita M., Thisse J. F., *Economics of Agglomeration: Cities, Industrial location, and Regional Growth*, Cambridge: Cambridge University Press, 2002.

[248] Gill I., Kharas H., *An East Asian Renaissance: Ideas for Economic Growth*, World Bank, Washington, D.C.: World Bank Publications, 2007.

[249] Greenwald B. C., Stiglitz J. E., "Externalities in Economies with Imperfect Information and Incomplete Markets", *The Quarterly Journal of Econnomics*, Vol. 101, No. 2, 1986.

[250] Grossman G. M., Helpman E., *Innovation and Growth in the Theory*, MIT Press, 1991.

[251] Guellec D., De La Potterie B. V. P., "The Effectiveness of Public Policies in R&D", *Revued' Économie Industrielle, Programme National Persée*, Vol. 94, No. 1, 2001.

[252] Guellec D., BVPDL Potterie, "The Impact of public R&D Expenditure on business R&D", *Economic s of Innovation and New Technology*, Vol. 12, No. 3, 2003.

[253] Hadlock C., Pierce J., "New Evidence on Measuring Financial Constraints: Moving Beyond the KZ Index", *Review of Financial Studies*, Vol. 23, No. 5, 2010.

[254] Ha-joon Chang, *The Political Economy of Industrial Policy*, London: Macmillan Press, 1994.

[255] Hansen B. E., "Threshold Effects in Non-Dynamic

Panels: Estimation, Testing and Inference", *Journal of Econometrics*, Vol. 93, No. 2, 1999.

[256] Hansen B. E., "Sample Splitting and Threshold Estimation", *Econometrica*, Vol. 68, No. 3, 2000.

[257] Hausman J. A., "Specification Tests in Econometrics", *Econometrica*, Vol. 46, No. 6, 1978.

[258] Herreral, Sanchez-Gonzalez G., "Firm Size and Innovation Policy", *International Small Business Journal*, Vol. 37, No. 2, 2013.

[259] Hewitt-Dundas N., Roper S., "Output Additionality of public support for innovation: Evidence for Irish Manufacturing Plants", *European Planning Studies*, January, 2010.

[260] Himmerlfarb C., Petersen B., "R&D and Internal Finance—A Panel Study of Small Firms in High-technology Industries", *Review of Economics and Statistics*, Vol. 76, No. 1, 1994.

[261] Jin H., Qian Y., *Weignast* B. R., "Regional Decentralization and Fiscal Incentives: Federalism, Chinese Style", *Journal of Public Economics*, Vol. 89, No. 9, 2005.

[262] Jones C. I., Williams J. C., "Measuring the Social Return to R&D", *The Quarterly Journal of Economics*, Vol. 113, No. 4, 1998.

[263] Keely C., "Exchanging Good Ideas", *Journal of Economic Theory*, Vol. 111, No. 2, 2003.

[264] Keen M., "Fiscal Competition and the Pattern of Public Spending", *Journal of Public Economics*, Vol. 66, No. 1, 1997.

[265] Kim N., Atuahene-Gim A. K., "Using Exploratory and Exploitative Market Learning for New Product Development", *Journal*

of Product Innovation Management, Vol. 27, No. 4, 2010.

［266］Kim Y. G., Fukao K., "Matsuno T., The Structural Causes of Japan's 'Two Lost Decades'", *RIETI Policy Discussion Paper Series*, Vol. 61, No. 3, 2010.

［267］Landes D. S., *Revolution in Time: Clocks and the Making of the Modern World*, Boston: Harvard University Press, 1983.

［268］Lin J. Y., Li F., "Development Strategy, Viability, and Economic Distortionsin Developing Countries", *World Bank Policy Research Working Paper Series*, Vol. 4906, No. 4, 2009.

［269］Lucas R. E. Jr., "On the Mechanics of Economic Development", *Journal of Monetary Economics*, Vol. 22, 1988.

［270］March J. G., "Exploration and Exploitation in Organizational Learning", *Organization Science*, Vol. 2, No. 1, 1991.

［271］Martinez-Vazquez J., McNab R. M., "Fiscal Decentralization and Economic Growth", *World Development*, Vol. 31, No. 9, 2003.

［272］Mayra R., Sandonis J., "The Effectiveness of R&D Subsidies", *Economics of Innovation & New Tichnology*, Vol. 10, No. 4, 2012.

［273］Ming-Chin Chen, Gupta S., "The Incentive Effects of R&D Tax Credits: An Empirical Examination in an Emerging Economy", *Journal of Contemporary Accounting & Economics*, Vol. 13, No. 4, 2017.

［274］Mokyr J., "Punctuated Equilibria and Technological Progres", *American Economic Review*, Vol. 80, No. 2, 1990.

［275］Niskanen W. A., *Bureaucracy and Representative Government*,

Chicago：Aldine-Atherton，Inc.，1971.

［276］OECD，*Perspectiveson Global Development* 2013：*Industrial Policies in a Changing World*，Paris：OECD Development Centre，Jan.，2013.

［277］Onishi K.，Nagata A.，"Does Tax Credit for R&D Induce Additional R&D Investment? Analysis on the Effects of Gross R&D Credit in Japan"，*Journal of Science Policy and Research Management*，Vol. 24，No. 5，2009.

［278］Qian Y.，Weingast B. R.，"China'S Transitionto Markets：Market - Preserving Federalism，Chinese Style"，*Journal of Policy Reform*，Vol. 1，No. 2，1996.

［279］Rebelo S.，"Long-Run Policy Analysis and Long-Run Growth"，*Journal of Political Economy*，Vol. 99，No. 3，1991.

［280］Rodden J.，"Reviving Leviathan：Fiscal Federalism and the Growth of Government"，*International Organization*，Vol. 57，No. 4，2003.

［281］Rodden J.，*Hamilton's Paradox：the Promise and Peril of Fiscal Federalism*，Cambridge：Cambridge University Press，2006.

［282］Rodrick D.，"Industrial Policy：Don't Ask Why，Ask How"，*Middle East Development Journal*，Vol. 1，2009.

［283］Rodrik D.，"Why We Learn Nothing From Regressing Economic Growth on Policies"，*Seoul Journal of Economics*，Vol. 25，No. 2，2012.

［284］Romer P. M.，"Endogenous Technological Change"，*Journal of Political Economy*，Vol. 98，No. 5，1990.

[285] Romer P. M., "The Origins of Endogenous Growth", *Journal of Economic Perspectives*, Vol. 8, No. 1, 1994.

[286] Romer P. M., "Increasing Returns and Long Run Growth", *Journal of Political Economy*, Vol. 94, No. 5, 1986.

[287] Rosenberg N., "Inside the Black Box: Technology & Economics", *Southern Economic Journal*, Vol. 125, No. 4, 1984.

[288] Schumpeter J. A., *Capitalism, Socialism and Democracy*, New York: Harper & Brothers, 1942.

[289] Schumpeter J. A., *The Theory of Economic Development: An Inquiry into Profits, Capital, Credit, Interest, and the Business Cycle*, Boston: Harvard University Press, 1934.

[290] Kuznets S. S., *Secular Movements in Production and Prices*, Boston and New York: Houghton-Mifflin, 1930.

[291] Slemrod Joel B., *Behavioral Simulation Methods in Tax Policy Analysis*, Chicago: University of Chicago Press, 1983.

[292] Solow R. M., "Contribution to the Theory of Economic Growth", *Quarterly Journal of Economics*, Vol. 70, No. 1, 1956.

[293] Solow R. M., "Technical Change and the Aggregate Production Function", *Review of Economics and Statistics*, Vol. 39, No. 3, 1957.

[294] Tassey G., "Tax Incentives for Innovation: Time to Restructure the R&D Tax Credit", *Journal of Technology Transfer*, Vol. 32, No. 6, 2007.

[295] Tong T., He W., He Z. L., Lu J., "Patent Regime Shift and Firm Innovation: Evidence from the Second Amendment to China's

Patent Law ", *Academy of Management Proceedings*, Vol. 2014, No. 1,2014.

[296] Yigitcanlar T., Sabatini – Marques J., Da – Costa E. M., Kamruzzaman M., Ioppolo G., " Stimulating Technological Innovation Through Incentives: Perceptions of Australian and Brazilian Firms ", *Technological Forecasting and Social Change*, Vol. 146,2019.

后　记

《财税政策激励对企业技术创新的影响效应研究》是在我的博士学位论文《企业技术创新财税激励的效应研究》基础上扩增和修改而成的。在书稿付梓之际我要特别感谢赋予我力量和支持过、帮助过我的师生好友。

感谢学校。在西北大学我接受了先贤和后辈学者名师们的教化，使我拥有了甘于寂寞、扎实、严谨的学术研究精神和富有使命感的社会责任及担当。

感谢导师。在众多的博士生候选人中，我有幸成为惠宁教授的弟子之一。无论是课题的申请、外出调研，还是研究报告、论文的撰写，都离不开他的谆谆教导和耐心指导。经他之手修改的论文和报告，总有"妙手回春"之力，彰显了大家风范。同时，惠宁教授也是我的人生成长导师，从他的言传身教中使我领悟了做学问先做人的道理。另外，再次感谢我曾经的硕士生导师、西安交通大学何雁明教授，他虽已步入晚年生活但仍经常在微信上分享最新、最前沿的全球经济、金融和科技等资讯，给我的写作带来许多灵感。

感谢同学。攻读博士学位期间我再次结识了许多新同学,其中,2013 级经济管理学院 31 名博士生同学和导师所带的数十名硕士研究生和博士研究生都给予了我极大的帮助和鼓励。即使毕业后大家天各一方为自己的事业打拼,但同学的友谊之情将铭记一生。

感谢经济管理学院的老师和工作人员。从 2013 年入学到 2017 年顺利毕业,整个学业完成过程有幸遇到了许多名师,他们治学严谨,让我更加系统地学习了经济学的经典著作。感谢他们对学生孜孜不倦地教诲、对学位论文提出中肯的修改意见,感谢工作人员对本职工作的一丝不苟、默默奉献。

感谢工作单位的领导和同事。攻读博士学位期间我没有辞掉可以安身立命的工作,在此感谢西安财经大学在政策上给予极大的扶持,感谢经济学院王军生、铁卫、李社宁等学院领导和系主任,特意没有给我安排太多的工作任务,感谢同事们代劳了许多事务,尤其是他们在我学业上的殷殷关切之语,常暖人心。

感谢亲朋好友。在平日里来往和通信的亲戚朋友都是我的挚爱,嘘寒问暖,礼尚往来,浓浓的人间真情无法言表,在此只能略表谢意。值得一提的是,西安的杨联辉女士和陈中根先生,在求学和工作上都给予了我极大的关照;珠海的夏芸博士,专寄她的专著《股权激励与研发投资的激励效应研究》供我写作参考。

感谢家人。感谢父母、公婆和爱人替我担负了生活的重任,才使我有充裕的时间静下心来撰写论文;感谢八岁女儿虫虫,从四岁起就经常安静地绕在我的膝前玩耍或摊开纸一张张地涂鸦,陪我度过了一个个枯燥的写作夜晚,给了我心灵上极大的滋养。

在出版《财税政策激励对企业技术创新的影响效应研究》一

书过程中,得到了西安财经大学科研处、经济学院的大力支持,在此表示衷心的感谢!在书稿的修改写作过程中,师妹刘鑫鑫博士、宁楠博士、杨金璇博士、袁欣融硕士和师弟王嘉琛硕士帮助查找资料,做了大量的基础性工作,在此表示深深的谢意。此外,参阅了国内外许多经济学方面的论著、教材和论文,吸收了其中的部分研究成果,谨向这些论著、教材和论文的作者表示感谢!人民出版社郑海燕编审对本书提出了许多修改意见,做了大量的编辑工作,在此表示深深的谢意。校稿过程中,我的硕士研究生孙毅靖、曹文尊、李彦、刘宇豪、刘宇航和朱仪桐等同学,也付出了努力和辛勤的汗水。

由于现实发展日新月异,许多新问题、新情况和新动态需要进一步探讨,本书难免存在一些疏漏,诚请同人、读者批评指正,使我的研究不断完善,经济学理论不断发展。